JN089361

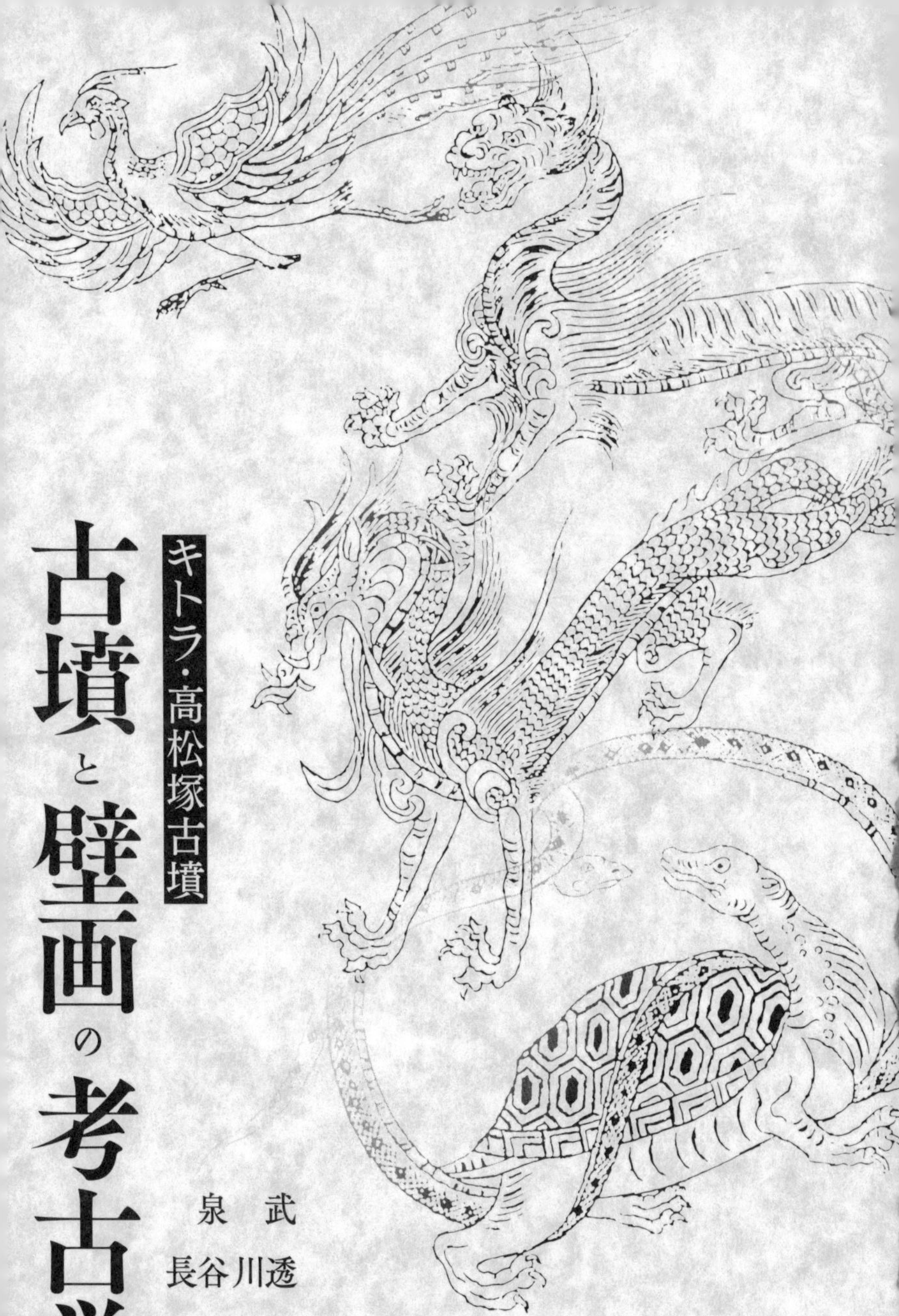

キトラ・高松塚古墳

古墳と壁画の考古学

泉　武
長谷川透

法藏館

【キトラ古墳】

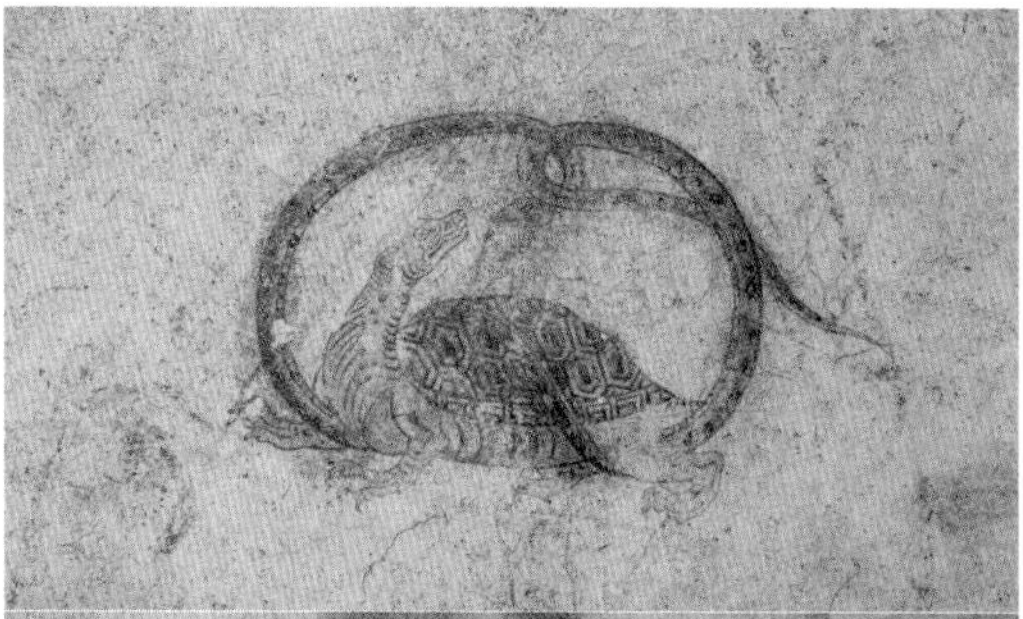

北壁―玄武像
（写真　奈良文化財研究所）

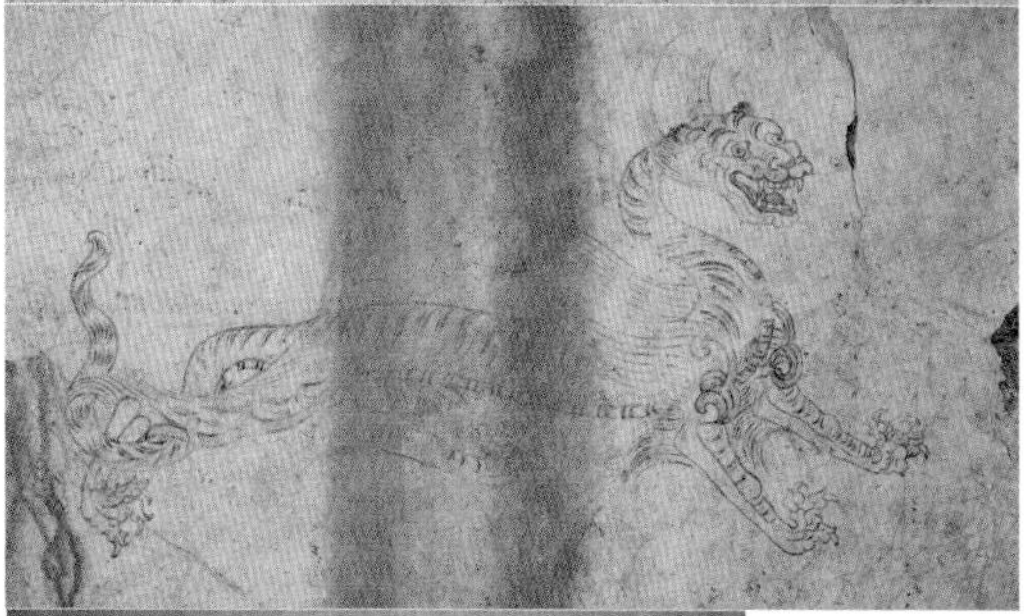

西壁―白虎像
（写真　奈良文化財研究所）

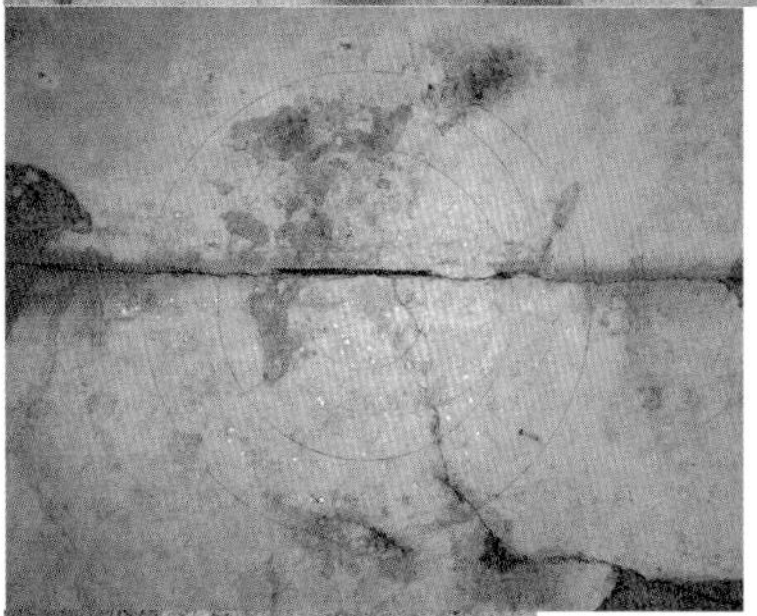

天井―天文図
（写真　奈良文化財研究所）

十二支像―寅
（写真　奈良文化財研究所）

出土品
金銀装帯執金具残欠、銀装大刀残欠、ガラス製小玉など（写真　奈良文化財研究所）

キトラ古墳　第126－1次調査　墳丘と墓道（写真 奈良文化財研究所）

キトラ古墳　第130次調査　墓道からみた石室正面（写真 奈良文化財研究所）

【高松塚古墳】

東壁―青龍像
（写真　明日香村教育委員会）

西壁―男子群像（写真 明日香村教育委員会）

西壁―女子群像（写真 明日香村教育委員会）

出土品
海獣葡萄鏡、銀装大刀金具類、ガラス製小玉、金銅製棺金具など（写真　奈良文化財研究所）

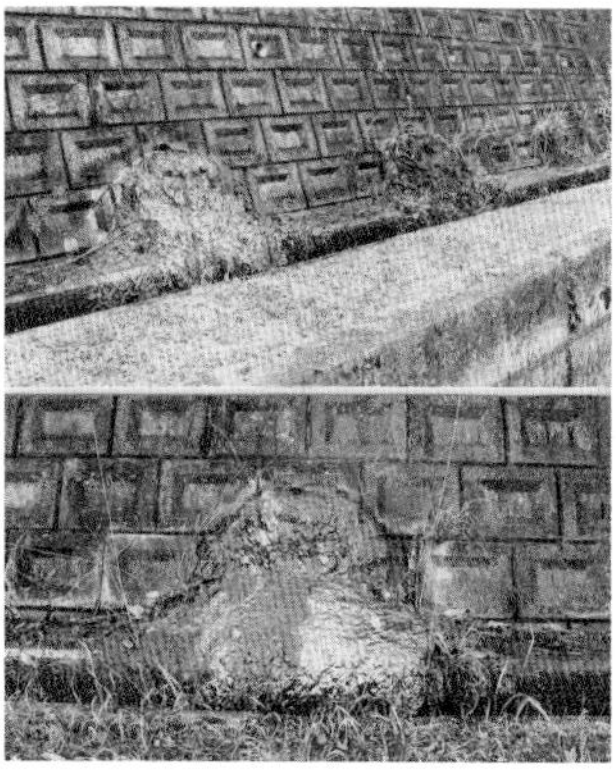

長谷池の築堤下の鉄バクテリア集塊
高松塚古墳壁画をはじめ、古代に使用されたベンガラの原料（本書一六七頁参照）

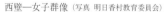

高松塚古墳　下位版築頂部（写真 奈良文化財研究所）

高松塚古墳　石室周囲の版築層（写真 奈良文化財研究所）

目次

明日香村“檜隈”近辺を南から北に望む
(google earth を加工)

古墳と壁画の考古学

キトラ・高松塚古墳

プロローグ

孔を広げているうちに、光が射してきたので、ちょっと頭をかたむけると、孔の中に光が射し込みました。

するとと、壁のところに、なにか色がついているようなんです。

（中略）

じっと目を凝らして見ていると、紐みたいなものが、ダラーンと下がっているのがわかりました。

木の根っこかなあ、と思っていると、上に何か顔みたいなものが見えるんです。三センチぐらいの大きさの顔。

幻想かな、と思いました。狐につままれているんじゃないのかな、と思って、頬っぺたをつねってみたんです。痛かった。大丈夫でした。

おかしいなあ、青いものがあったり、茶色いものが垂れていたり、顔みたいなのも見えるし……。

あれ、これ服を着てるやないか、人物の絵やないか、と思って見ていると、明らかにそう見えるんです。

（網干二〇〇七、八九〜九〇頁）

今からおよそ五〇年前の一九七二年三月二一日、奈良県高市郡明日香村においてわが国で最初の古墳壁画が発見された。引用文は、このとき高松塚古墳の発掘調査を指揮し、第一発見者となった網干《あぼし》善教《よしのり》氏（一九二七〜二〇〇六）の回想である。数多くの古墳の発掘調査に携わってきた網干氏にとっても、壁画の発見は想定外のことであり、戸惑いを隠しきれなかった様子が伝わる。

高松塚古墳壁画は、考古学上、戦後最大の発見であり、「焼失した法隆寺金堂壁画に匹敵」するものとして一躍脚光を浴びることとなる。「考古学ブーム」「古代史ブーム」を巻き起こし、極彩色の「飛鳥美人」の姿とともに人々に記憶されることとなった。壁画の発見後、子の命名に「飛鳥」「明日香」という名前を選ぶ親が急増したといわれている。社会現象とはいえないまでも、多くの人々に驚きを与え、関心を呼ぶ発見であった。

このような高松塚古墳壁画の発見から一一年後の一九八三年には第二の古墳壁画と目されるキトラ古墳壁画が発見され、古墳壁画をめぐる議論がさらに高まることとなった。

高松塚古墳壁画発見から五〇年、キトラ古墳壁画発見から四〇年を経て、両古墳の存在は人口に膾《かい》炙《しゃ》し、両古墳に関する研究が蓄積してきたように思われる。しかし、これら古墳が、どのような地域に、いつごろ、どのような人がいかなる技術で、誰が誰を埋葬するものとして制作したのかを明確に答えられる人は、よほどの考古学ファン、古墳ファンでもないかぎり、きわめて少ないであろう。実際のところ、いくつかの問題には確実といえる回答がいまだ用意されていない。

本書はこれらの諸問題について、これまでに蓄積されてきた考古学的知見を踏まえて考察し、なるだけ平易なかたちで紹介しつつ、その具体相に迫ることを目的としている。本書をとおして、両古墳がさらに身近な存在となることを願っている。


以下では、高松塚古墳とキトラ古墳の壁画発見から現在にいたるまでに行われてきた発掘調査や保存管理の施策の概要を示しておくことにしたい。

高松塚古墳壁画の発見

高松塚古墳の発掘調査は、奈良県立橿原考古学研究所職員が担当し、当時関西大学助教授であった網干善教氏が指揮し、学生が動員されて行われた。学生は関西大学生三八名、龍谷大学生二名が調査に加わった。一九七二年(昭和四七)三月一日に現地入りし、土日関係なく進められた。

調査は、この古墳の発見のきっかけとなった生姜《しょうが》の貯蔵穴で見つかった凝灰岩《ぎょうかいがん》の切石の性格解明からはじめられ、続けて調査区を北に拡幅し墳丘部にかかり、そして盗掘坑へと調査のメスが入れられた。ここまでは通常の古墳の発掘と何ら変わらない手順で進められていた。

三月二一日火曜日正午過ぎ、昼食時を交替で作業しているときだった。高松塚古墳の石室が口を開いた。網干氏が石室の内部を覗くと、石室の壁面に絵画らしきものが見えた。日本ではじめて古墳壁画が発見された瞬間であった。

この世紀の大発見は、発見の五日後に設定された記者発表で公にされることが決まったが、わずか五日間で石室内の調査と図面作成、写真撮影などを行うことになった。古墳の調査としては十分な時間はなかったものの、この調査によって古墳と壁画の概要が明らかにされた。

その後、高松塚古墳に関する基本的な歴史的事実や東アジアの壁画文化をテーマとした学際的研究が一気に進められ、発見からわずか七か月後には、橿原考古学研究所編『壁画古墳　高松塚　調査中間報告』（一九七二）として結実した。

保存施設設置に伴う発掘調査

壁画発見の翌月、高松塚古墳の管理は国に委ねられ、翌年の一九七三年（昭和四八）には古墳が特別史跡に指定され、さらに七四年には石室壁画が〝絵画〟として国宝に、また出土品は〝考古資料〟として重要文化財に指定された。

こうした文化財指定と同時に、文化庁の主導のもとに古墳壁画の保存対策が進められた。考古学をはじめ、保存科学や土木工学、構造力学、修理技術などの第一線の研究者が結集し、壁画の保存についての学際的検討が行われ、ときには壁画の保存修理で多くの経験値を有するイタリアやフランスの専門家を招聘し意見を聴取した。こうして壁画を古墳現地で保存し修理する方針が決った。

現地で保存修理することにしたのは、発見当初から壁画の漆喰が脆弱な状態であり、壁画を取り外すことは技術的に困難であったからである。この決定に関連し、石室内での修理や安全点検のための準備空間として、石室の前（南側）に保存施設の設置が決まり、同年のうちに石室前の発掘調査が行われ、盗掘坑や墳丘の築成方法、墓道部の形状や構造が明らかにされた。

やがて一九八一年（昭和五六）三月には保存施設が建設され、本格的な壁画の管理と修理が進められていくことになった。しかしながら、保存施設完成後、考古学調査が本格的に実施されることはなかった。

壁画恒久保存対策検討のための発掘調査

その後、石室内や石室と保存施設との間の取合部に、カビなどの微生物による被害が確認された。このときの被害は一時的に減少し、壁画漆喰の剥落止めの処置も進められたことから大事には見えなかった。しかし、二〇〇一年（平成一三）に再度大量発生し、壁画の図像上の汚染も顕著となり、深刻な状態となった。こうした状況を受け、文化庁は二〇〇三年（平成一五）に緊急保存対策の検討会を設置。検討会内にある作業部会は古墳に対してさまざまな調査を行い、墳丘土壌の含水率の高さと偏り、墳丘土の損傷による雨水の浸透が壁画に影響を及ぼしている可能性を指摘した。これを受けて、二〇〇四年一〇月、墳丘土の損傷の有無を確認し、墳丘部に対する抜本的な改善措置を採るとともに、墳丘を整備するための基礎資料収集を目的とした発掘調査がはじまった。

この発掘調査は、多くの人々の注目を集めることになった。この背景には同年六月、文化庁監修による写真集『国宝 高松塚古墳壁画』（二〇〇四）が出版されたことがある。この写真集には、壁画発見三〇年を迎えて再撮影された壁画のカラー写真が掲載された。ところが、そこには輪郭線の薄れた白虎像や、壁画全体を覆うカビによる汚れ、漆喰に細かく走る亀裂といった痛ましい状況が露呈されていた。文化庁の保存管理体制に問題があったという批判のなかで、高松塚古墳壁画は再び世間の注目を集めることになったのである。

発掘調査では、古墳の旧状をとどめる墳丘北半部を中心に面的な調査が実施された。調査対象区域は一九七二年と七四年の調査区と重複したが、墳丘の規模と形態が確定するとともに、石室が歪んでいるという新知見を得ることとなった。また墳丘には過去の大地震による亀裂や断層が確認され、壁画劣化の原因を解明する手掛かりとなる成果も得られた。

墳丘部の発掘調査と併行して行われた石室内調査では、カビなどの微生物被害のほか、漆喰層の粉状化や中空化も認められ、壁面の崩落や崩壊の恐れが顕著となった。

古墳と壁画の劣化は想像以上に深刻であった。これまでは古墳壁画を現地で保存修理する方針だったが、現在の技術では、現地において壁画の劣化を食い止められないという現実に直面した。そこで壁画保存の方針の抜本的な見直しの必要に迫られた。古墳として保存するか、壁画を取り出して保存するかというジレンマを抱えながら検討に検討を重ね、二〇〇五年（平成一七）六月、ついに文化庁は苦渋の選択として、壁画を石室石材とともに古墳から取り出し、安全な環境が確保された施設において修理する方針を決定した。当面は修理施設での保存管理となるが、将来的にカビ等の影響を受けない環境が整えられたとき、修理を終えた壁画と石室石材を現地に復旧する方針も盛り込まれた。

高松塚古墳石室解体事業に伴う発掘調査

二〇〇六年（平成一八）一〇月、石室の取り出しに向けた発掘調査（以下、石室解体に伴う発掘調査）がはじまった。石室を解体して安全に石材を取り出すためには、石室全体をむき出しにしなければならない。ただ石室をむき出しにするだけではなく、その石室の周囲で人が作業できる一定の空間も必要となる。そのため、墳丘上部は通常どおりの発掘を行い、途中から竪坑《たてあな》を掘るようにして墳丘を掘り下げ、石室とその周囲に作業空間を確保した。そして、外気の影響を受けないように古墳全体を覆いかぶせる保護覆屋が設置され、屋内調査さながらの発掘調査が進められた。

壁画保存という特殊事情による発掘のためには、石室を覆う墳丘土をすべて取り去らなければならない。これによって築造当時の墳丘構築技術が失われてしまう恐れがある。それゆえ、築造技術を示す痕跡を見逃さないように、厚さ三㎝という細かい版築層を一層ごとに精査し、図面を作成し記録に残した。石室解体に伴う発掘調査は、古墳として未来に残すべき墳丘を取り除くという犠牲を払いつつ、漏れ落ちがないほど緻密に掘り下げ、そして丹念に記録に残すことで、築造過程や諸技術の全容が解明され、全国の終末期古墳を理解するうえで重要なサンプルを得ることとなった。

現在、高松塚古墳の壁画は修理を終え、国営飛鳥歴史公園高松塚地区の仮設修理施設で管理されている。壁画は仮設修理施設内にある見学通路から年四回定期公開されており、壁画の実物を窓越しに見学することができる。古墳の墳丘は仮整備され、築造当時の姿に復元されている。

キトラ古墳壁画の発見

今から四〇年前の一九八三年（昭和五八）一一月七日、明日香村大字《おおあざ》阿部山《あべやま》にある小さな古墳で第二の古墳壁画が発見された。NHKが企画番組で埋もれた古墳の石室を探査するため、墳丘の窪みから地中にファイバースコープを入れたところ、モニターに「Q」のような図柄が映し出された。それは四神のひとつ玄武だった。この古墳がある山を地元の人が「キトラ」と呼んでいたことから、古墳は「亀虎古墳」と名づけられた。後に、「亀虎」の漢字の根拠が乏しいことから、「キトラ」古墳とカタカナ表記に変更された。

キトラ古墳は、壁画が発見されてもすぐに発掘調査されなかった。キトラ古墳の下をとおる道は阿部山大字に入る唯一の道であるため、これに替わる新たな村道を敷設してから発掘調査できるよう、段階的に環境が整えられた。その間、一九九五年（平成七）には阪神淡路大震災が発生し、古墳壁画にも影響がないか危惧された。明日香村では翌年に保存対策検討委員会を発足し、現況の地形図作成や古墳周辺の植生の調査、道路法面《のりめん》の防災面についての検討を指示した。それを受け明日香村教育委員会は墳丘周辺の範囲確認調査、石室内のカメラによる観察、道路法面保護の応急工事を行った。

キトラ古墳――はじめての学術調査

このような段階的な準備が整えられたうえで、一九九七年から九八年にかけて、キトラ古墳ではじめての発掘調査が実施された。このときの発掘調査は、墳丘裾部を中心に東側の平坦部を対象とし、墳丘の規模と形態、墳丘築成技術のひとつである堰板《せきいた》痕跡や墳丘内暗渠《あんきょ》などが明らかにされた。一九九八年（平成一〇）三月、盗掘坑から石室内に向かってガイドパイプを挿入し、そこから石室内部に入れられた四〇万画素の小型ＣＣＤカメラによって石室内が鮮明に映し出され、青龍像、白虎像、日像、月像、天井点図が確認された。しかし、このときの撮影では壁画の漆喰の状態まではよくわからなかった。

二〇〇〇年（平成一二）七月には史跡指定、同年一一月には特別史跡に指定され、二〇〇一年（平成一三）三月には石室内の三回目の探査が行われた。この調査では、三三四万画素のデジタルカメラが使用され、はじめて石室南壁に朱雀像、各側壁に獣頭の十二支像が存在することがわかった。ただ、壁画の漆喰は崩落こそしてなかったが、亀裂があり、壁画の保存状態が決して良好ではないこともわかってきた。早急に壁画の状況を確認し、緊急に保存修理する必要があることが認識された。同年七月、文化庁はキトラ古墳の調査研究委員会を設置し、キトラ古墳の調査保存は明日香村から国に委ねられることになった。

キトラ古墳の保存・活用に伴う発掘調査——墳丘・墓道部

国の委員会では当初、壁画を石室内で修復、保存することを決定した。壁画に影響を与えずに石室内の発掘調査や壁画の修復作業を行うには、石室内部の環境を一定に保たなければならない。環境が変化することで亀裂や剝離がみえる漆喰に大きなダメージを与えてしまうからである。このため、古墳に空調施設を備え、微生物などの雑菌の侵入を防ぐ機能を備えた仮設保護覆屋（以下覆屋と略）の設置が決まった。この覆屋の建設のために墳丘部の発掘調査がはじまった。この調査は文化庁から委託された独立行政法人文化財研究所、奈良県立橿原考古学研究所、明日香村教育委員会の三者によって共同で進められた。覆屋の設計にあたってキトラ古墳の基礎資料を得るため、二〇〇二年（平成一四）五月には石室の入口にあたる墓道部の発掘調査、そして同年八月には墳頂部の発掘調査が行われた。これらの調査では墓道床面のコロレールの痕跡、盗掘坑の形状が明らかとなった。この成果を受けて南側に開口する古墳の特徴を活かし、墳丘の頂部から南側一帯を覆うように二階建ての覆屋の建設が決まった。こうして二〇〇三年（平成一五）二月、いよいよ覆屋建設工事がはじまるが、これにともなって墳丘西南部でも発掘調査が行われ、墳丘内暗渠が再確認された。同年七月に完成した覆屋は、仮設とはいえ外気の温湿度や気圧、土中温湿度、二酸化炭素濃度などのあらゆる観測装置や空調設備が取り付けられた。

翌年一月から覆屋の作業室内での盗掘穴および墓道部の発掘調査がはじまった。この調査で鎌倉時代の盗掘以来、はじめて石室が開口された。その後、墓道埋土を掘削して閉塞石が露わとなり、石室の正面がみえるようになった。盗掘坑から人の出入りが可能であることから、石室内に入って壁画を目視で確認したところ、壁画が壁面から浮き上がり、いつ剝落してもおかしくない状況となっていることが判明した。一刻を争うなか、壁画の修復作業を行うために必要な安定した足場を確保するため、石室内の流入土を取り除かなければならなかった。

キトラ古墳の保存・活用に伴う発掘調査――石室

二〇〇四年五月から石室内の調査がはじまった。石室内には盗掘以降に盗掘穴から石室内に流れこんだ土砂（流入土）が堆積していた。流入土は雨水とともに窪んだ盗掘坑をつたって石室内に流れこみ、盗掘坑付近では分厚く堆積していた。流入土の下層では盗掘者が真っ暗な石室内で灯りをとった灯明皿が一枚転がっていた。この灯明皿の年代が鎌倉時代であることから盗掘の時期が判明した。

流入土の下には床面一体に壊された漆塗木棺の破片が幾重にも堆積していた。石室内での調査時間を省略するため、漆膜堆積層をブロックに分け、そのブロックごとに堆積層を切り取って石室外に持ち出し、別の屋内施設で堆積層の調査をすることとなった。石室内の調査は石室内現地で行わず、位置情報を記録した漆膜堆積層を現地から離れた研究所内に持ち込んで行った。これにより壁画の修復作業に速やかに移行することができた。

そして同年七月、壁画の浮き上がりをそのまま壁石に貼り、壁画とその周囲の余白を含む壁面漆喰をすべて取り外すことが決まった。

その後、数年かけて石室内の壁画および漆喰がすべて取り外された。侵入による壁画損傷の恐れもなくなり石室内侵入装置がはずされ、この装置のためにできなかった墓道床面や石室内床面の再調査、石室外面の採拓作業が行われた。採拓によって石室内に微細な振動を与えず、石室外面にカビを誘発してしまわないよう見送られてきた調査がなされた。キトラ古墳は石室を解体しないことから、石室石材の目地に鍵の手形の細い棒を差し入れて構造調査が行われた。

こうしてキトラ古墳の調査は終了し、将来的に壁画を石室内に戻せるよう滅菌対策を施したうえ、石室の盗掘坑が塞がれ、そして墓道も版築工法によって埋め戻された。

二〇二三年三月、文化庁はキトラ古墳壁画の調査において蛍光エックス線を照射し、新たな壁画が発見されたことを明らかにした。泥に覆われた東壁から「辰」、南壁から「巳」、西壁から「申」の獣頭人身十二支像である。

現在、キトラ古墳は、国営飛鳥歴史公園キトラ周辺地区で、復元された墳丘をみることができる。また隣接する「四神の館」にはキトラ古墳に関する資料が展示されている。取り外された壁画も二〇一九年（令和元）に国宝に指定され、年四回の定期公開がなされている。

キトラ・高松塚古墳の発掘は壁画保存をメインに行われた。その結果、壁画は守られたが、墳丘を失うという大きな代償を払うことになった。しかし、この代償によってきわめて貴重な考古学的知見が得られた。

両古墳の発掘は、日本の考古学研究の発展に大きく寄与し、文化財保存の意義とは何かを問いかけているといえよう。

本書の執筆は主に以下のように分担した。

長谷川は現在、明日香村教育委員会文化財課係長として日々この地域の文化財の調査・管理に務めるとともに、文化講座の場などをとおして人々に考古学の魅力を伝えている。本書では、キトラ・高松塚古墳の実地調査に携わってきた経験・知識に基づき、その築造技術を中心に両古墳の魅力を紹介する。

泉はこれまで高松塚壁画館学芸員、奈良県立橿原考古学研究所共同研究員として考古学的調査・研究を行っており、長年にわたってその古墳・壁画をめぐる事々に思いをめぐらせてきた。本書ではとくに両古墳の壁画の制作技術にスポットをあてるとともに、さらに被葬者像にも迫りたい。

【皇族相関図】

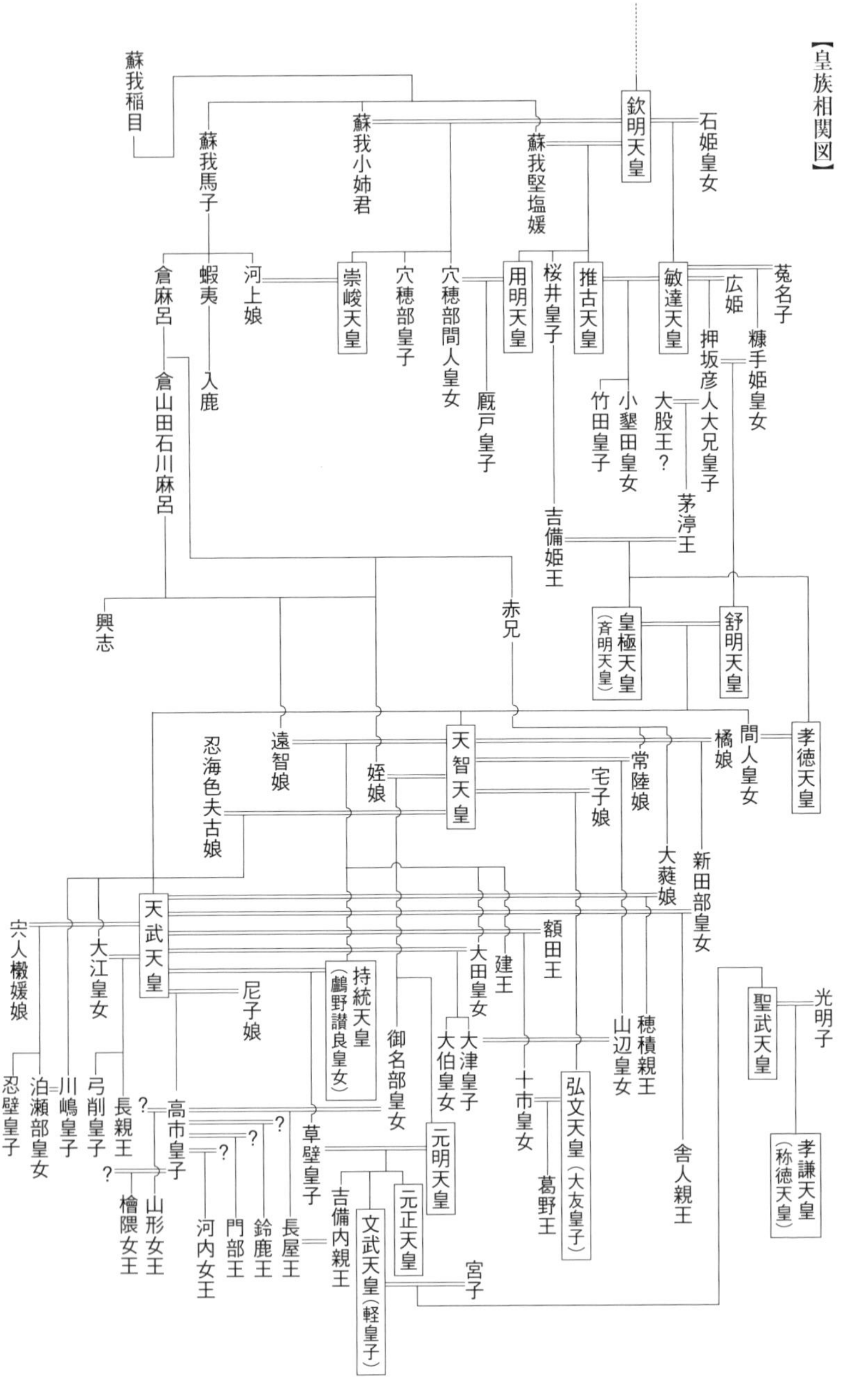
欽明天皇
石姫皇女
蘇我堅塩媛
蘇我小姉君
蘇我稲目
蘇我馬子
敏達天皇
推古天皇
用明天皇
穴穂部間人皇女
穴穂部皇子
崇峻天皇
河上娘
蝦夷
倉麻呂
入鹿
菟名子
広姫
糠手姫皇女
押坂彦人大兄皇子
大股王？
小墾田皇女
竹田皇子
桜井皇子
厩戸皇子
茅渟王
吉備姫王
倉山田石川麻呂
興志
赤兄
皇極天皇
（斉明天皇）
舒明天皇
孝徳天皇
間人皇女
橘娘
天智天皇
遠智娘
姪娘
忍海色夫古娘
常陸娘
宅子娘
大蕤娘
新田部皇女
額田王
天武天皇
宍人欙媛娘
大江皇女
建王
大田皇女
持統天皇
（鸕野讃良皇女）
尼子娘
御名部皇女
大伯皇女
大津皇子
山辺皇女
穂積親王
十市皇女
弘文天皇
（大友皇子）
葛野王
舎人親王
聖武天皇
光明子
孝謙天皇
（称徳天皇）
忍壁皇子
泊瀬部皇女
川嶋皇子
弓削皇子
長親王
高市皇子
草壁皇子
元明天皇
元正天皇
吉備内親王
文武天皇（軽皇子）
宮子
檜隈女王
山形女王
河内女王
門部王
鈴鹿王
長屋王

第 1 章

西飛鳥の古墳と
キトラ・高松塚古墳

本章では、キトラ古墳と高松塚古墳（以下、キトラ・高松塚古墳と表記）が築かれた西飛鳥には、どのような古墳が分布し、それらの古墳にはどのような特色があるのかみていくことにしたい。西飛鳥の古墳の種々の姿を理解することは、キトラ・高松塚古墳をより深く理解することにつながるであろう。

西飛鳥の古墳は古墳時代が終わるころ、六世中ごろから八世紀はじめに築かれた。これはキトラ・高松塚古墳も例外ではない。そのうちのほとんどは七世紀中ごろから八世紀はじめに造られた古墳で、藤原京の南西の丘陵地に分布する。甘樫丘《あまかしのおか》から西にのびた丘陵の一群と、谷をはさんだ南の檜隈《ひのくま》、高取川から西の越智《おち》から真弓《まゆみ》にかけての地域を墓域としている。

これらの古墳が造られた時代は「飛鳥時代」にあたる。この呼称は、飛鳥の地に都がおかれたことに由来する。ちょうど推古天皇の時代から平城京遷都までの時期をいう。この間、多くの天皇が飛鳥の地に宮殿を築き政治を行った（図1参照）。

藤原宮は六九四年（持統天皇八）に持統天皇が飛鳥浄御原宮《あすかのきよみはらのみや》より遷都し、七一〇年（和銅三）に平城京へ遷都されるまでの間、持統天皇・文武天皇・元明天皇の三代の都であった。その造営の開始は六七六年（天武天皇五）のことであり、造営期間は長期にわたった。

大和三山とよばれる香久山《かぐやま》・畝傍山《うねびやま》・耳成山《みみなしやま》と南の甘樫丘に囲まれた盆地に、天皇の宮殿や多くの皇子、官僚たちが住む邸宅と役所が造られたのである。都の造営にあたっては、それまであった古墳はすべて破壊され、新たに墓を造ることは禁止された。また都では悪臭を放つようなことや忌み事

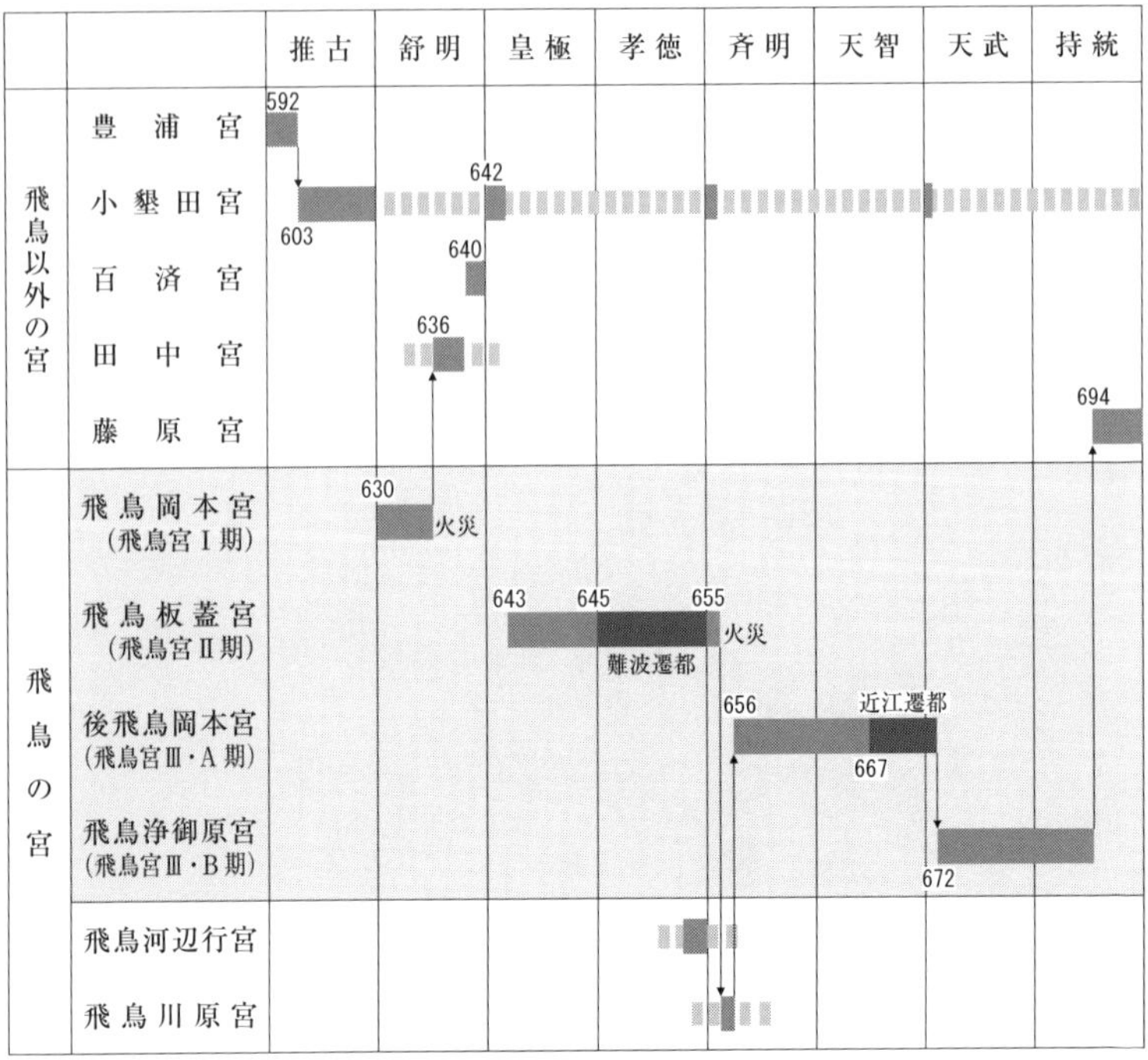

図１　飛鳥時代の宮殿変遷

が避けられ、清浄な地であることが求められた。こうして都での古墳造りが制限されたことで、西飛鳥の地域が葬地となったのである。藤原宮から甘樫丘までは三kmほど離れているが、甘樫丘に立って北を遠望してもそこに古墳の姿を見いだすことはむずかしい。

　次頁の地図は、キトラ・高松塚古墳が造られた西飛鳥に分布する主な古墳を示したものである。これらの古墳は外形や石室の構造の特徴から次のように類別できる。

（1）古墳時代最後の前方後円墳……一基

（2）八角墳……三基

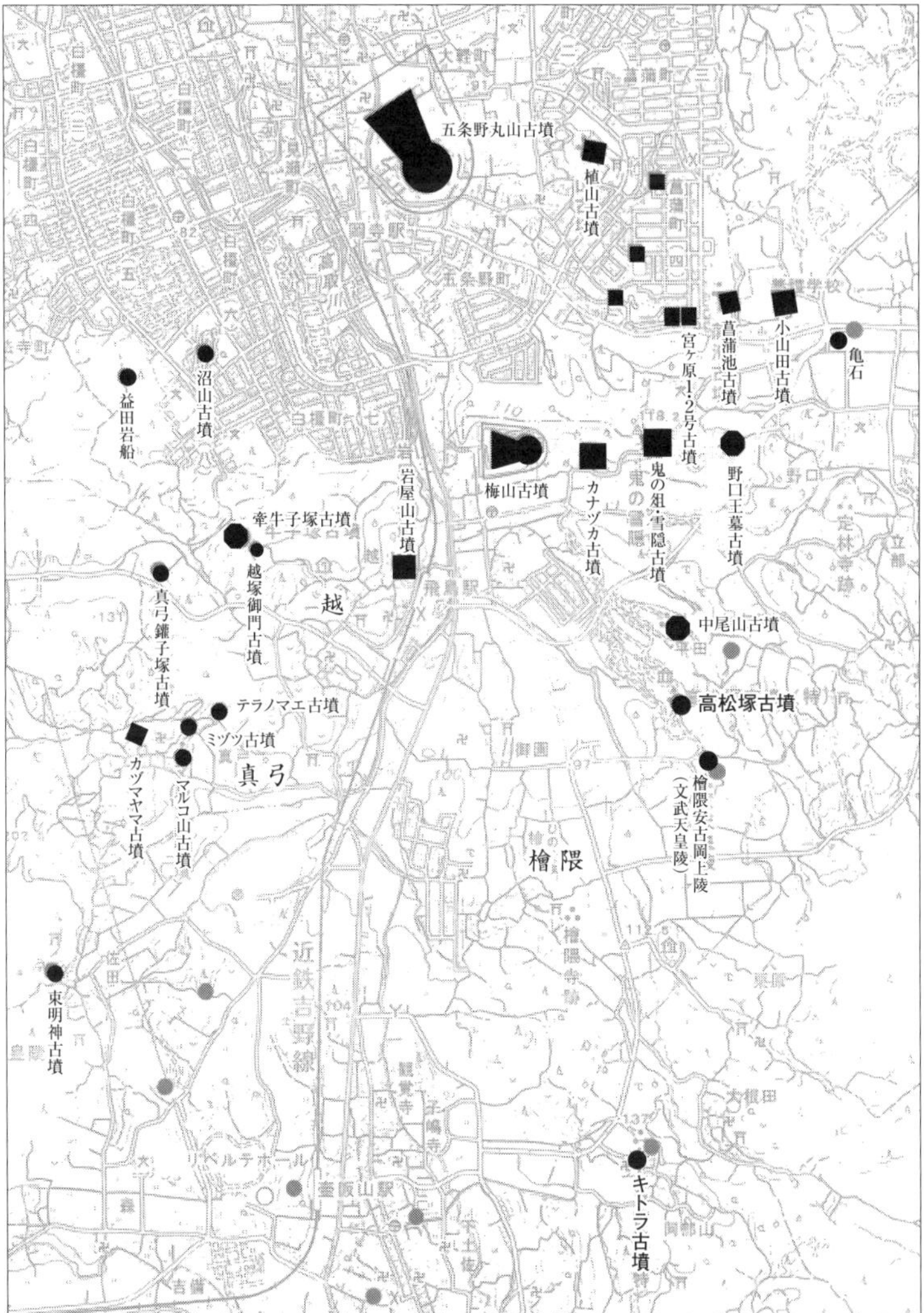
五条野丸山古墳
植山古墳
宮ヶ原1・2号古墳
菖蒲池古墳
小山田古墳
亀石
沼山古墳
益田岩船
岩屋山古墳
梅山古墳
カナヅカ古墳
鬼の俎・雪隠古墳
野口王墓古墳
牽牛子塚古墳
越塚御門古墳
真弓鎌子塚古墳
越
中尾山古墳
高松塚古墳
テラノマエ古墳
ミヅツ古墳
カヅマヤマ古墳
マルコ山古墳
真弓
檜隈安古岡上陵
（文武天皇陵）
檜隈
東明神古墳
キトラ古墳

図２　西飛鳥の古墳分布

（3）大型方墳……二基（方墳は一二基ある）
（4）多様な古墳と石室……双墓一基、双室墳二基、双棺墳三基
（5）渡来系氏族の古墳……四基
（6）特殊な石室……刳抜式横口式石室三基、組合式横口式石室四基

このように、西飛鳥の地域では古墳時代の終末期という限られた期間のなかで、じつにさまざまな古墳造りが行われたのである。キトラ・高松塚古墳もこれらの類型のうちの一つに属することから、西飛鳥の古墳の特色を浮かびあがらせることは、両古墳の築造方法や壁画の特性、あるいは被葬者などを考えるうえで参考になろう。

以下に、上記の古墳を類型ごとに代表的な古墳をとりあげ、その特色を紹介していきたい。

(一) 古墳時代最後の前方後円墳——五条野丸山古墳、梅山古墳

古墳と聞いてまっさきに思い浮かべるのが前方後円墳であろう。前方後円墳は古墳時代の開始とともに造られた。まさにこの時代を代表する古墳で大王や豪族の権威の象徴であった。近畿地方にあっては、前方後円墳は六世後半ごろに築造を停止したが、西飛鳥に限ればやや事情が異なる。この地域では、「五条野丸山古墳」と「梅山古墳」という二つの前方後円墳が築造された。

五条野丸山古墳

五条野丸山《ごじょうのまるやま》古墳（図3）は、古墳時代後期の前方後円墳に限っていえば最大規模の古墳である。全長三一〇m。奈良県下最大の前方後円墳であり、全国でも六位の規模である。古墳のまわりには堀（濠）がめぐり、墳丘は小山のような巨大な姿をみせている。

この古墳の被葬者については古くから議論がある。天武天皇（在位六七三〜六八六）と持統天皇（在位六九〇〜六九七）の合葬陵とみる説もあったが、森浩一氏（一九二八〜二〇一三）は、早くから欽明天皇（在位五三九〜五七一ごろ）を葬る大王墓であるといわれた（森一九六五）。また、この地域が蘇我氏の本拠地であったことから、蘇我氏に関係する人物とする説も有力であり、被葬者をめぐる長い論争は決着していない。

一九九二年の調査によって、後円部には南に開口する長大な横穴式石室（二八・四m）があり、石室内には、製作時期の異なる巨大な「家形石棺」が二基安置されていることがわかった。図3は石室奥室の石棺（奥棺）と、奥室の入口付近の石棺（前棺）蓋である。二基の石棺は蓋の屋根の高さが異なる。前棺は高く、奥棺には高さがないという特徴があり、前棺は六世後半、奥棺は七世紀前半に製作されたことがわかる。しかし、この配置は奇異である。横穴式石室を入ると古い棺が奥室の入口付近に置かれ、新しい棺が奥壁際にあるからである。

この二基の棺の配置をどのように理解すればよいのだろうか。自然な解釈としては、前棺（古い棺）

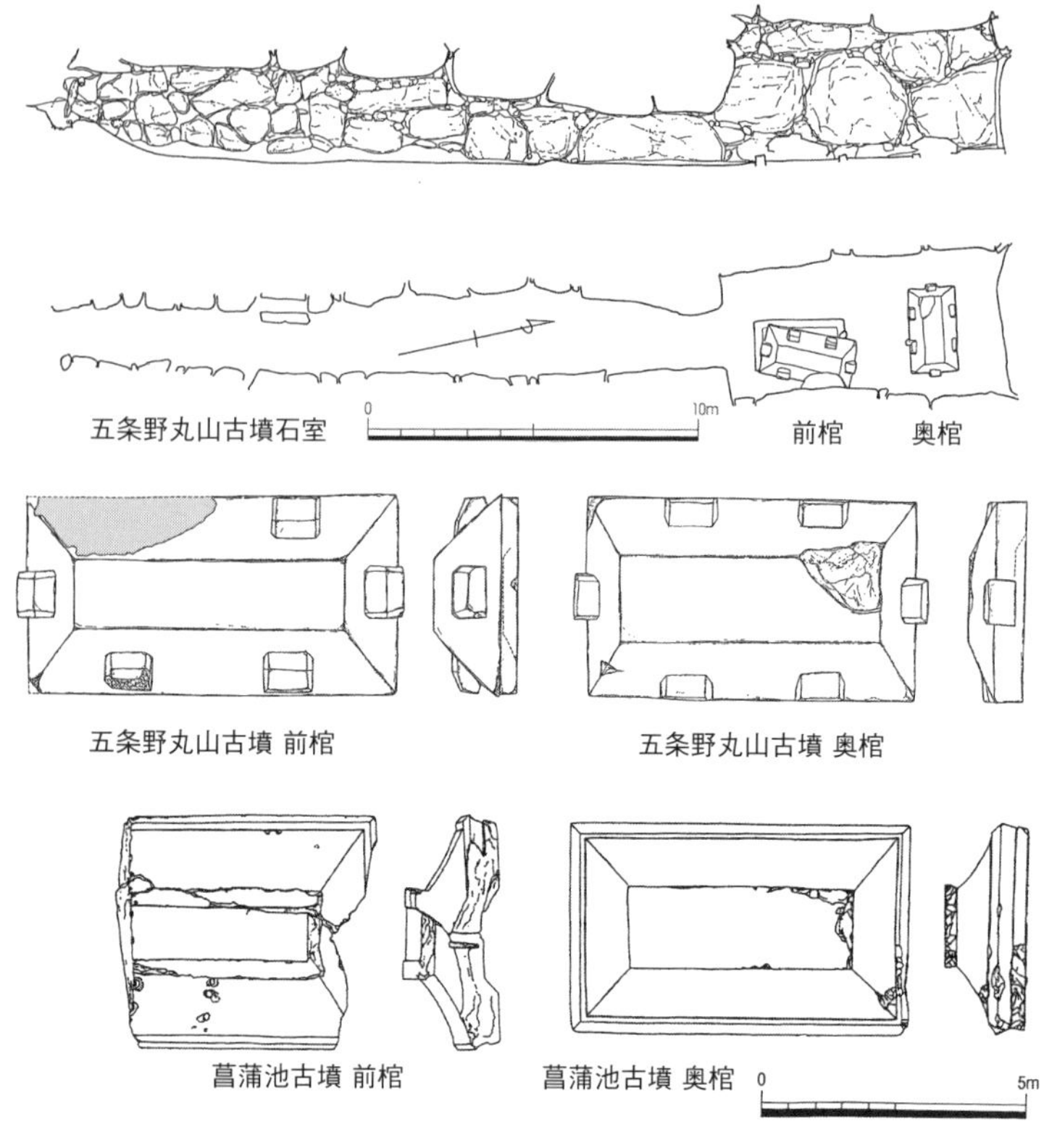

図３　五条野丸山古墳の石室と石棺、植山古墳・菖蒲池古墳の石棺
（辰巳 2016 を改変）

は当初、奥の壁際に置かれていたが、何らかの事情でもう一つの棺（奥棺）を奥室に入れなければならなくなり、最初の棺が入口側に移された、ということである。

この古墳の最初の被葬者としてもっとも有力視されるのは蘇我稲目《そがのいなめ》（五〇六？〜五七〇）である。この古墳がある「軽《かる》」の地は、多くの蘇我系氏族が居住した、蘇我氏の本拠地であったことがその大きな根拠である。本宗家の稲目は五七〇年に没したが、あたかも生前の権力を象徴するような巨大な古墳を本拠地に築造し、埋葬されたとみられる。

では、奥棺に葬られたのは誰であろうか。これについては、『日本書紀』推古二〇年（六一二）の条に、稲目の娘で欽明天皇の妃であった堅塩媛《きたしひめ》（生没年不詳）が欽明天皇の墓に改葬されたことが記されている。堅塩媛の没年は不詳ながら、死後に欽明とは別の場所に埋葬されていたものが、六一二年になってはじめて欽明の墓に合葬されたことになる。

次項でみるとおり、欽明陵は五条野丸山古墳の南にある梅山古墳が有力視されている。古墳の立地の近さなどから、堅塩媛は当初、父の眠る五条野丸山古墳に葬られたと推測される。その際、堅塩媛が欽明天皇の妃という身分であったことから、とくに丁重な扱いを受け、実父の石棺を移動して石室の奥に安置されたのであろう。五条野丸山古墳の石室に安置された二基の石棺の特異な配置は、このように理解するのが妥当であろう。

この古墳を欽明天皇陵と考える説も多くあるが、二基の石棺の配置をみればこの説は成立しないであろう。奥棺が欽明の棺、改葬された堅塩媛の棺が前棺になるからである。この解釈では五条野丸山古墳の石棺の配置とはかけ離れたものになる。

梅山古墳

梅山《うめやま》古墳（図4）は、現在「欽明天皇檜隈坂合陵《きんめいてんのうひのくまさかあいのみささぎ》」として宮内庁が管理し、関係者以外の立ち入りは制限されている。

梅山古墳の特徴は、丘陵の南斜面をコの字にカットした中に墳丘を築いていることである。また古墳の表面が葺石に覆われた状況は、『日本書紀』推古天皇二八年（六二〇）に「砂礫をもって檜隈陵の上に葺く」と記すことによく符合する。さらに同年の記事に、陵の外側に氏ごとに大柱を立てさせて土山のまわりで欽明天皇の霊を祭ったという。これについても、梅山古墳外堤の南にある水田「イケダ」から檜の古木が出土したと伝えられ、これを大柱とみる説もある。欽明は五七一年に崩御したが、推古のころ、ここで墓前祭祀が行われたようである。梅山古墳から出土した須恵器の年代も、檜隈坂合陵が築造された年代に一致する。

『日本書紀』の記述によれば、梅山古墳に対して推古二〇年と二八年に大きく手が加えられたようだが、この背景には何があったのであろうか。これは推古天皇が欽明天皇と堅塩媛を父母として生まれたことと関係しているであろう。推古は欽明が崩じた四〇年目に母の堅塩媛を父の墓に合葬し、さらに九年後に欽明陵を大幅に修造して、欽明と堅塩媛に対する祭祀をとり行ったのである。それは欽明が崩じてから五〇年目のことであった。

堅塩媛は当初、五条野丸山古墳に葬られ、六一二年に梅山古墳に改葬された。このとき「軽《かる》の街《ちまた》」（現在の橿原市大軽町付近）で盛大な誄《しのびごと》の儀式が行われている。軽の街は奈良盆地を南北に走る下ツ

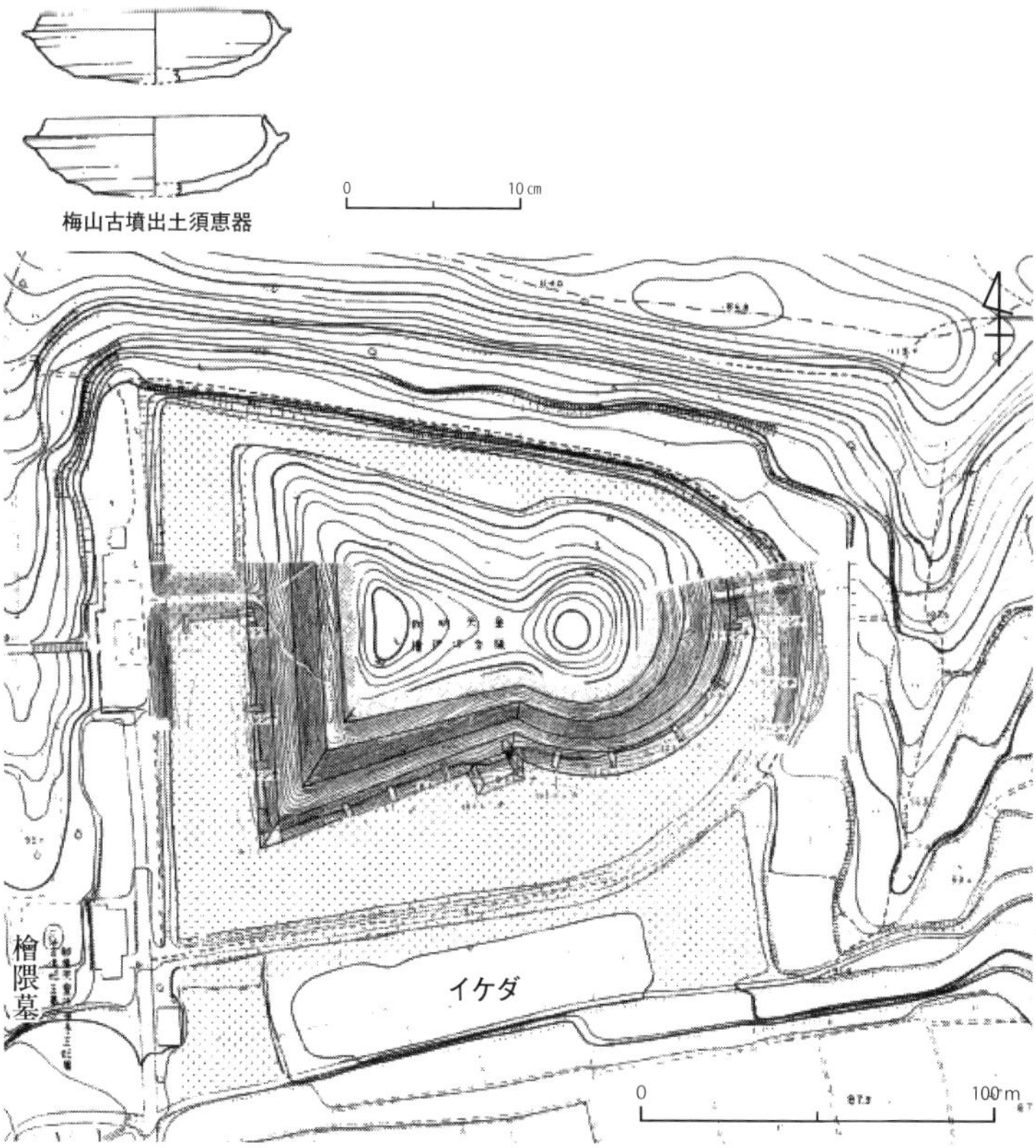

図４　梅山古墳復元図（網目が本来の周濠）と出土須恵器（徳田ほか 1998 改変）

道と阿《あ》倍《べ》山《やま》田《だ》道《みち》が交わる要衝で、定期的な市が立つにぎやかなところであった。前述のとおり、軽には蘇我稲目の邸宅（軽曲殿）や蘇我馬子の石川宅などがあり、堅塩媛も生前に暮らした場所である。

　梅山古墳の埋葬施設は、調査が行われていないため不明な点が多いものの、長大な横穴式石室があり、ここには欽明天皇と改葬された堅塩媛の石棺が二基安置されていると推測される。

なお、梅山古墳の南西隅に吉備姫王《きびつひめのおおきみ》（皇極の母）の檜隈墓とする一画があり、この中に四体の「猿石」が置かれている。これらの猿石は、本来は梅山古墳のくびれ部近くの前方部にあったもので、墓前祭祀に関わる石造物であるという。現在では「掘り出しの山王権現《さんのうごんげん》」として地域の信仰を集めている。

（二）八角墳——野口王墓古墳、牽牛子塚古墳、中尾山古墳

古墳の形として円墳や方墳、前方後円墳などはよく知られているが、古墳時代の終末期には古墳の外形が八角形の「八角墳」が新たに登場する。八角墳は西飛鳥に集中することから、本節では野口王墓古墳・牽牛子塚古墳・中尾山古墳の三基をとりあげて、その特異性とは何かをみていきたい。

八角墳について、白石太一郎氏は御廟野《ごびょうの》古墳（京都府京都市）や段《だん》ノ塚《づか》古墳（奈良県桜井市）、野口王墓古墳（奈良県明日香村）、中尾山古墳（同上）、岩屋山古墳（同上）をとりあげ、「段ノ塚古墳は舒明陵、御廟野古墳が天智陵、野口王墓古墳が天武・持統合葬陵、中尾山古墳が文武陵である可能性が極めて大きい。現在知られている八角墳がいずれも即位した大王の墓と考えられる」と述べている（白石一九八九、一一一頁）。白石氏は、八角墳は舒明天皇を葬った段ノ塚古墳からはじまり、その墳形は天皇の墓に限られていたと考えられたようである。

しかし、八角形という特異な形が何をモデルとしたのかという見方からは、段ノ塚古墳を最初の八角墳とみなすことは躊躇《ちゅうちょ》される。また、天智天皇（在位六六八〜六七一）の前の孝徳天皇（在位六四五〜六五四）の墓である上ノ山古墳（大阪府太子町）は円墳であり、八角墳ではないことを考慮すれば、「即位した大王の墓」として造られたという見解も検討の余地がある。

筆者は、最初の八角墳は天武天皇（在位六七三〜六八六）と持統天皇（在位六九〇〜六九七）を合葬した「野口王墓古墳」であると考えている。それは、この古墳が前期難波宮（図5）に建設された「八角殿院」の規模と、その中の「八角殿」の形をモデルとして造られたとみるからである。

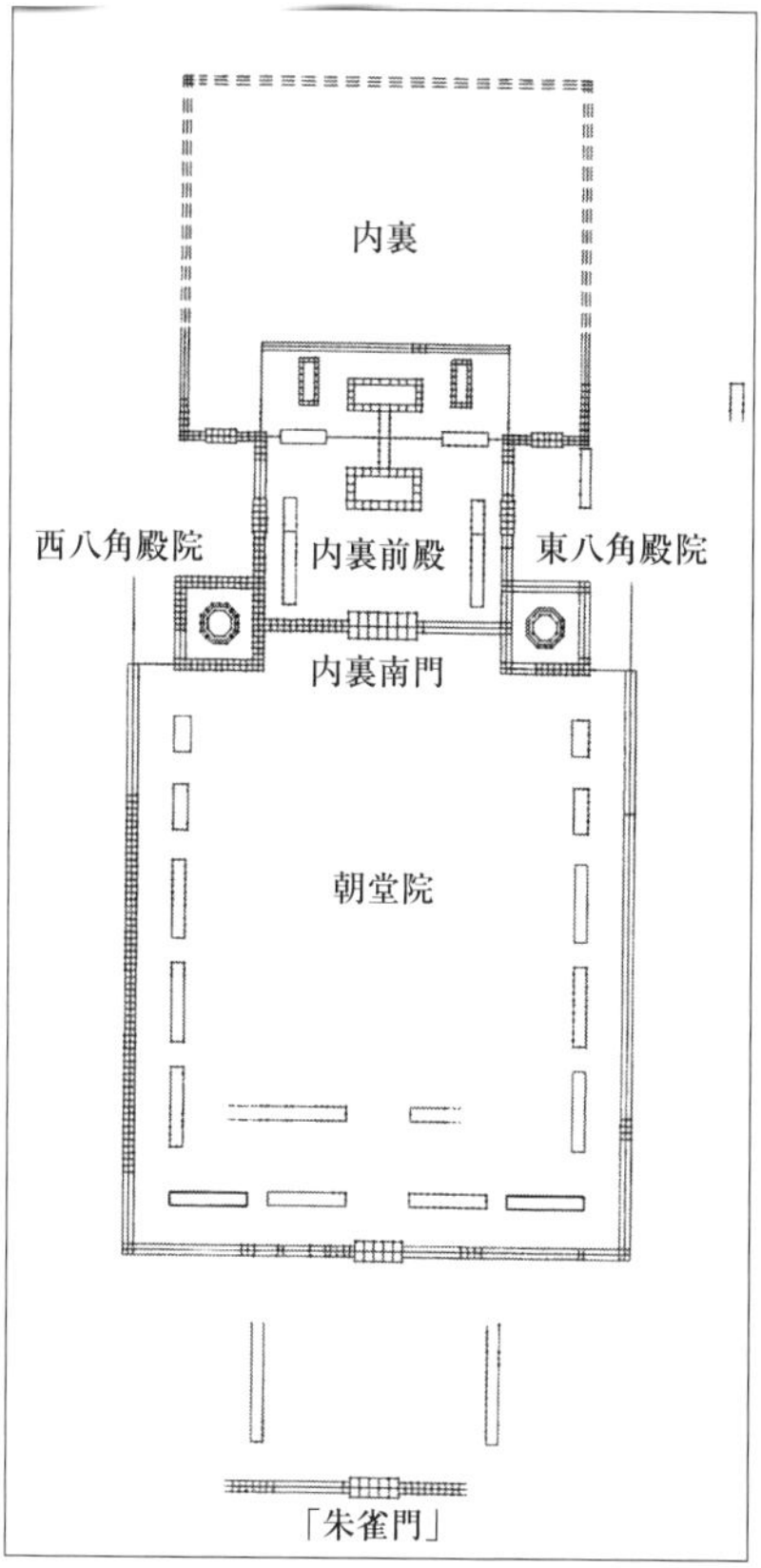

図5　前期難波宮殿舎配置
（大阪歴史博物館 2003）

前期難波宮は現在の定説では、孝徳天皇が難波の地に造営した宮城であるとされている。ところが、八角殿院を含む前期難波宮は、本来は天武天皇によって建設された宮殿なのである。

このようにみれば、上記の八角墳のうち野口王墓古墳より以前の古墳、すなわち段ノ塚古墳と御廟野古墳、牽牛子塚《けんごしづか》古墳は、もとの形を八角形に造り替えた古墳といえるであろう。なぜこのような墓の造り替えがあったのか。天武天皇の崩御を契機として八角墳が出現し、さらに舒明、斉明、天智の各天皇の墓を造り替えた背景には、天武王権が律令政治を政策の中心に据えたことと無関係ではなく、さらに天武の系譜の起源と正当性を誇示するねらいがあったと思われる（泉二〇二二）。天武からすれば、舒明は王権の始祖王として位置づけられ、また斉明は実母、天智は実兄であり、ともに先帝でもあった。この中で孝徳が八角墳でないのは、天武にとって孝徳は叔父（斉明天皇の弟）にあたり、系譜的には傍系であることから、八角墳への改造対象から除外されたのであろう。

野口王墓古墳

野口王墓《のぐちおうぼ》古墳（図6）は梅山古墳と同じ丘陵の東端にある。天武天皇と持統天皇が合葬された檜隈大内陵《ひのくまおおうちのみささぎ》として現在は宮内庁が管理し、関係者以外の立ち入りが制限されている。元宮内庁書陵部の福尾正彦氏によれば、墳丘部は五段の八角形で凝灰岩《ぎょうかいがん》の板石が隙間なく貼りつけられており、古墳を取り巻く外周部も八角形であるという（福尾二〇一三）。すでに述べたように、野口王墓古墳は前期難波宮の八角殿院をモデルとしたとみられるが、その根拠は両者の大きさの比較（対辺間距離）によって明らかになった。すなわち、両者は三m以内の差で

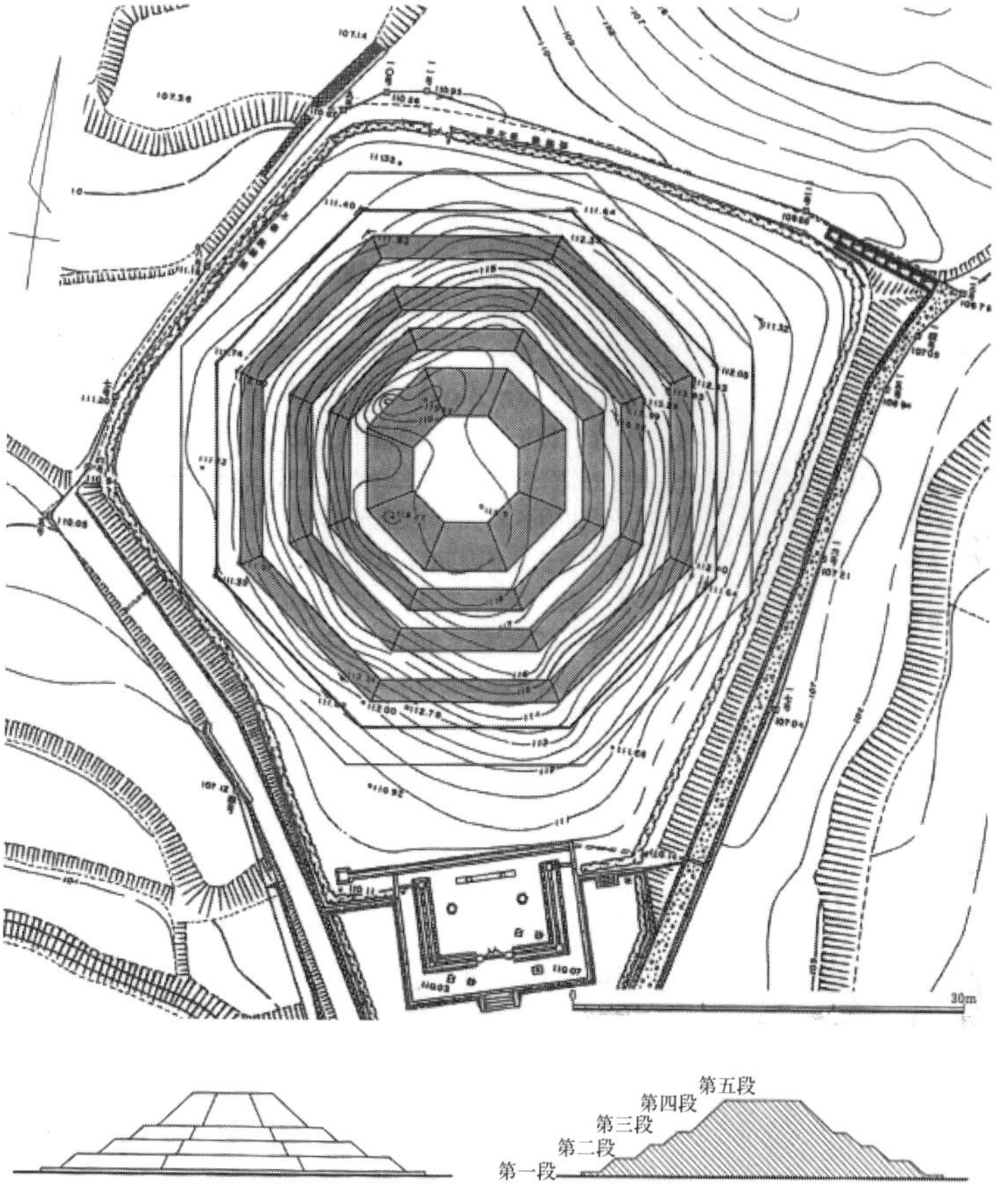

図６　野口王墓古墳の八角墳復原図（福尾 2013 を改変）

大きさが一致したのである。野口王墓古墳は八角殿の形ばかりでなく、その大きさをも反映していたといえる。

ちなみに、段ノ塚古墳（舒明天皇陵）と御廟野古墳（天智天皇陵）の古墳裾における対辺間距離は、一致し（四二m）、さらにこの規模は野口王墓古墳の外周石敷に一致している。この三古墳の大きさが同じであることは、とりもなおさず、野口王墓古墳をモデルとして造り替えたことにほかならない。

八角形が象徴するのは、網干善教氏（一九二七〜二〇〇六）や和田萃氏らがいわれたように、天皇の支配が四方八方あまねく国土全体に及んでいる、とする政治理念である（網干一九七九、和田一九九五）。そして、このような政治を律令国家の建設を通じて実現したのが天武天皇であった。天武の墓が八角墳として造られたのは、この古墳によって死後もなおその政治的原理を示す意味があったのであろう。

野口王墓古墳の内部は、鎌倉時代に盗賊によって荒らされたことが、当時の貴族たちの日記に記されている（『明月記』嘉禎《かてい》元年〈一二三五〉）。このときの検分録である「阿不幾乃山陵記《あおきのさんりょうき》」が内部の状況を詳しく記録している。これによると、前室を備えた切石の横穴式石室で、壁面全体を赤く塗っていたらしい。奥室には天武天皇の漆塗木棺が棺台上に置かれ、その横には持統天皇の火葬骨を入れた銀製骨壺《ぎんせいこつつぼ》と、さらにこの骨壺を入れた銅製外容器《どうせいがいようき》が置かれていた。そのほか玉枕《たままくら》、石帯、琥珀玉《こはくたま》などがあったことが記されている。

牽牛子塚古墳

牽《けん》牛《ご》子《し》塚《づか》古墳（図7）は高取川左岸の越《こし》の丘陵にある。古墳は大きく変形していたが、最近の調査によって八角形の墳丘であることがわかった。墳丘の裾には一三五度に加工された八角形を造る隅角石と、直線状にのびた石列があり（図7－2）、この外側にはバラス敷が広がっていた。これは野口

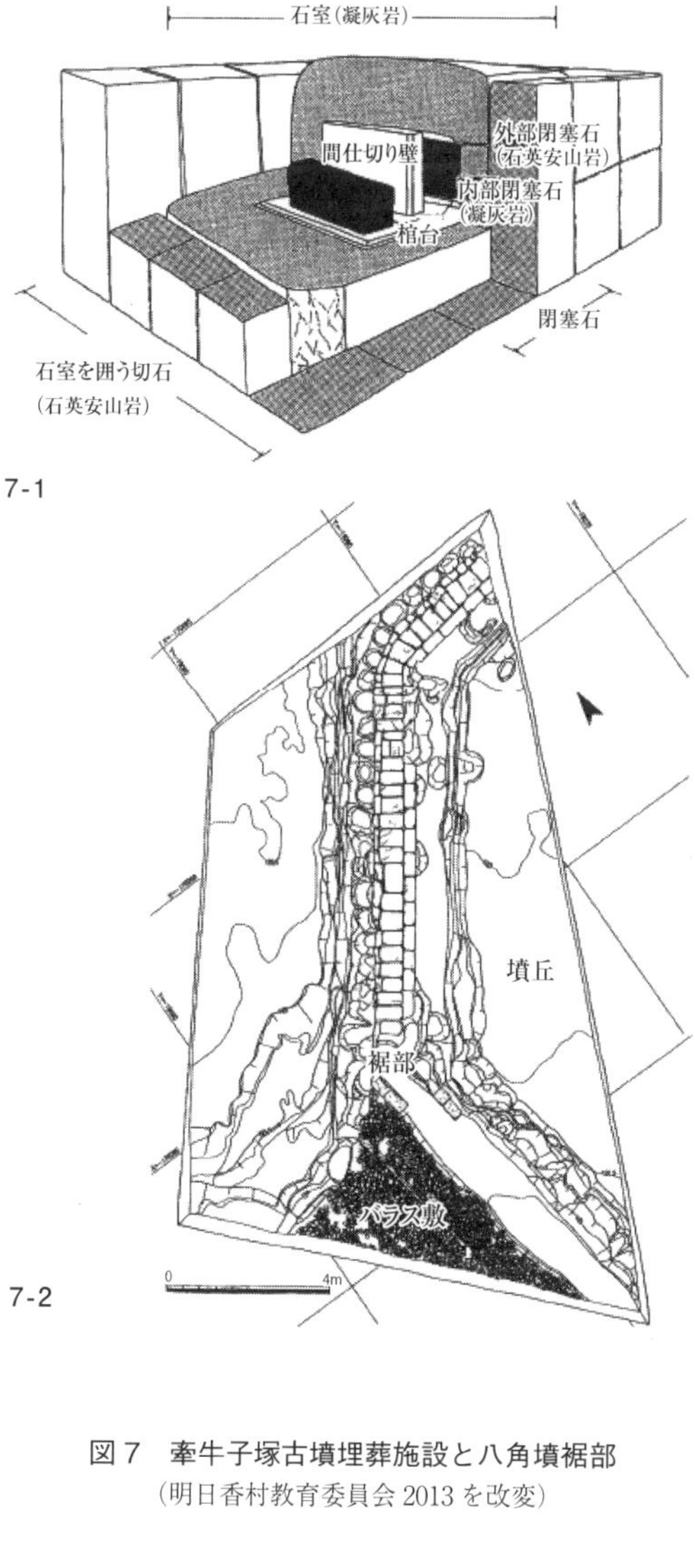

図7　牽牛子塚古墳埋葬施設と八角墳裾部
（明日香村教育委員会 2013 を改変）

王墓古墳の外周部によく似ている。

また、調査以前から一つの凝灰岩の巨石を刳り抜いた石室が露出していた。この石室は中央に設けられた仕切り壁で東西に二分された二石室を造る。外側には石室をふさぐための巨大な板石（閉塞石）があったことから、石室は同時に閉じられるように設計されていたことがわかる。

後述するように、この石室は「刳抜式横口式石室《くりぬきしきよこぐち》」と呼ばれる特別なものであるが、さらにいえば、この古墳に納められた棺もまた特別なものであった。「夾紵棺《きょうちょかん》」と呼ばれる、麻布を芯に重ねて漆で固めた棺であったことが明らかにされた。天皇や高い身分の人物に使用された最高級の棺である。大阪府太子町の聖徳太子墓（叡福寺《えいふくじ》北古墳）や、藤原鎌足《ふじわらのかまたり》の墓とされる大阪府高槻市の阿武山《あぶやま》古墳に例があるほか、上述の野口王墓古墳も同様の棺が使用されている。

それでは、ここにはどのような人物が葬られたのであろうか。現在、被葬者として有力視されているのは斉明《さいめい》天皇と間人皇女《はしひとのこうじょ》である。斉明は日本史上はじめて重祚《ちょうそ》（天皇に二回即位）した天皇である。舒明《じょめい》天皇の皇后であったが、舒明の崩御後、継嗣が決まらなかったことから自ら天皇に即位した（皇《こう》極《ぎょく》天皇。在位六四二〜六四五）。乙巳《いっし》の変の後、同母弟の孝徳天皇（在位六四五〜六五四）に譲位したものの、六五四年に孝徳が崩御すると、再び天皇に即位した（斉明天皇。在位六五五〜六六一）。間人皇女（?〜六六五）はその娘であり、また孝徳の皇后でもあった。

斉明天皇は六六一年に崩じ、間人皇女は六六五年に亡くなったが、六六七年二月、近江《おうみ》遷都の直前に中大兄皇子《なかのおおえのおうじ》（後の天智天皇）によって、前天皇で母でもある斉明と、同母娘の間人皇女を埋葬するために築造されたのが牽牛子塚古墳であった。

ところで、斉明天皇の崩御より七年後という、長い期間をおいて埋葬されたことの背景には何があったのであろうか。六六〇年当時は朝鮮半島では、新羅《しらぎ》、高句麗《こうくり》、百済《くだら》三国による統一国家を目指す戦いが繰り広げられ、百済が唐と新羅の連合軍に敗れて滅亡の危機にあった。この時、斉明は百済救援軍の派遣を実行しようとしたものの、翌年、九州朝倉の地で崩じた。その事後を託された中大兄皇子は、百済救援軍を派遣したが、白村江《はくすきのえ》の戦いに敗れたあとは、敗戦処理と倭国滅亡の危機に対処せざるを得ない状況が長く続くことになった。敗戦から七年後に、近江に遷都（六六七年三月）してようやく即位したが、遷都直前の一カ月前（同年二月）に、飛鳥において斉明と間人皇女の埋葬をようやく終えたのである。

発掘調査では青年～壮年期（三〇～四〇代）の女性の歯牙が出土している。このほか、夾紵棺を飾る金銅製の金具類が出土した。なかでも七宝製亀甲形飾り金具《しっぽうせいきっこうがたかざりかなぐ》はこの古墳以外では出土例がない。斉明天皇にふさわしい優美な装飾品である。

牽牛子塚古墳の前には、この古墳の一部を削って築かれたもう一つの古墳がある。「越塚御門古墳《こしつかごもん》」という（本章（六）参照）。『日本書紀』天智称制六年（六六七）紀には、斉明天皇と間人皇女を合葬した陵（牽牛子塚古墳）の前に、斉明の孫である大田皇女《おおたのひめみこ》（？～六六七）を葬ったと記され、この墓を越塚御門古墳にあてる説が有力である。したがって牽牛子塚古墳には斉明とその皇女、その墓前には斉明の孫の墓が造られたことになる。大田皇女は天智天皇の娘でもあり、これらの古墳造りには天智の強い思いが込められていたのであろう。

牽牛子塚古墳は二〇二二年（令和四）二月に整備事業が終わり、飛鳥時代の八角形の姿によみがえった。現在は古墳と石室の見学ができる。

中尾山古墳

中尾山《なかおやま》古墳（図8）は丘陵尾根に目立つことなくたたずんでいる。古くから石室の天井石の一部が露出し、火葬した骨をおさめた「火葬墓」であることが知られていた。最近の調査によって、古墳の裾部から外側に砂礫を敷いた八角形の区画が確認され、さらに墳丘も三段に築かれた八角墳であることが確実となった。これらの施設は、野口王墓古墳と牽牛子塚古墳によく似ている。

石室は花崗岩《かこうがん》の切石で組み立てられており、奥行九三cm、幅九〇cm、高さ八七cmと狭小な空間を造っている。底石の中央には六〇cm四方の台座がある。ここに安置された蔵骨器は、現在、宮内庁三の丸尚蔵館に所蔵されている金銅製四環壺であるといわれてきた。明治のころ、当時の堺県（大和国）高市郡和田村古宮の水田から掘り出されたと伝えられている。表面には花唐草文と雲、鳥形などの文様がタガネによって表現された優品である。ところが近年の調査によって、石室の隙間からこのサイズの壺を取り出すことは不可能であることがわかった。失われた蔵骨器の行方は不明のままである。

中尾山古墳の被葬者は文武《もんむ》天皇（在位六九七～七〇七）とする説が有力である。文武は七〇七年に崩御し、飛鳥岡で火葬に付されて檜隈安古岡上陵《ひのくまあこのおかのえのみささぎ》に埋葬された。「安古《あこ》」の地は中尾山の丘陵をさしているという。

ところで、高松塚古墳の南東には、一八八一年（明治一四）に治定された「（現）文武天皇陵」がある。「塚穴」や「じょうせん塚」と呼ばれることから、古墳ではあるが詳細は不明である。

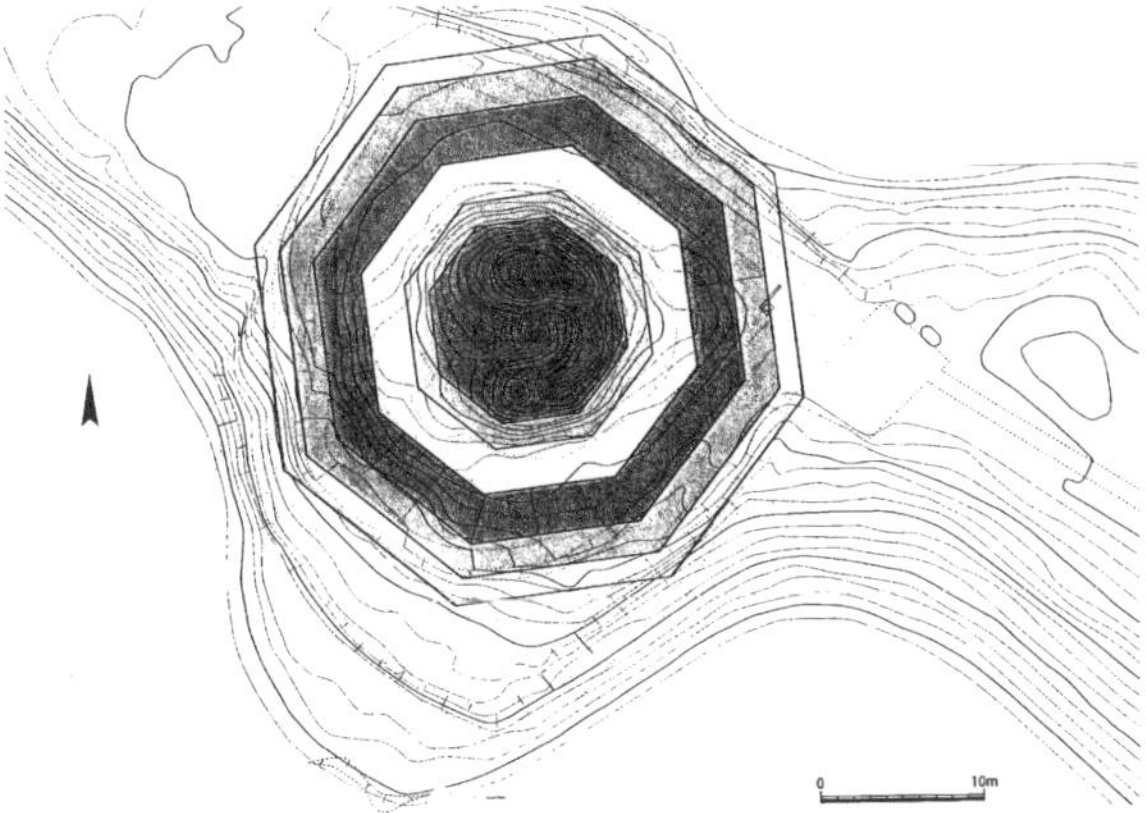

図８　中尾山古墳墳丘復元図と調査風景
（明日香村教育委員会ほか 2020 を改変）

（三）大型方墳――小山田古墳、岩屋山古墳

近畿地方の終末期古墳は、欽明天皇陵（梅山古墳）や敏達《びだつ》天皇陵（太子西山古墳）を最後に前方後円墳の築造が終わり、かわって大型の円墳や方墳が造られた。大型円墳は奈良県天理市の塚穴山《つかあなやま》古墳（直径七〇ｍ）や峯塚《みねづか》古墳（直径三五ｍ）、あるいは奈良県広陵町の牧野《ばくや》古墳（直径六〇ｍ）などがある。被葬者像は、大王家では蘇我氏と姻戚関係にない人物の墓と考えられ、また豪族では物部《もののべ》氏や中臣《なかとみ》氏などとみられている。

これに対して、大型方墳は西飛鳥の地域と大阪府太子町の近つ飛鳥の地域に築造されたが、ここには大型円墳は分布しない。代表的な古墳は、大阪府太子町の春日向山《かすがむかいやま》古墳（現、用明天皇陵。一辺六〇ｍ）や明日香村の石舞台《いしぶたい》古墳（一辺五〇ｍ）、同桜井市の赤坂天王山《あかさかてんのうざん》古墳（一辺五〇ｍ）がある。大型方墳の被葬者は、蘇我氏系の大王や蘇我氏本宗家とそれに近い豪族であるという。

小山田古墳

小山田《こやまだ》古墳（図9）は、甘樫丘から南にのびた尾根の先端を切断して造られた古墳で、七世紀前半の築造と推定されている。今では古墳とわかるような高まりはなくなっているが、これまでの調査で一辺八〇ｍ以上の巨大な方墳であったことがわかっている。蘇我馬子の墓とされる石舞台古墳が一辺

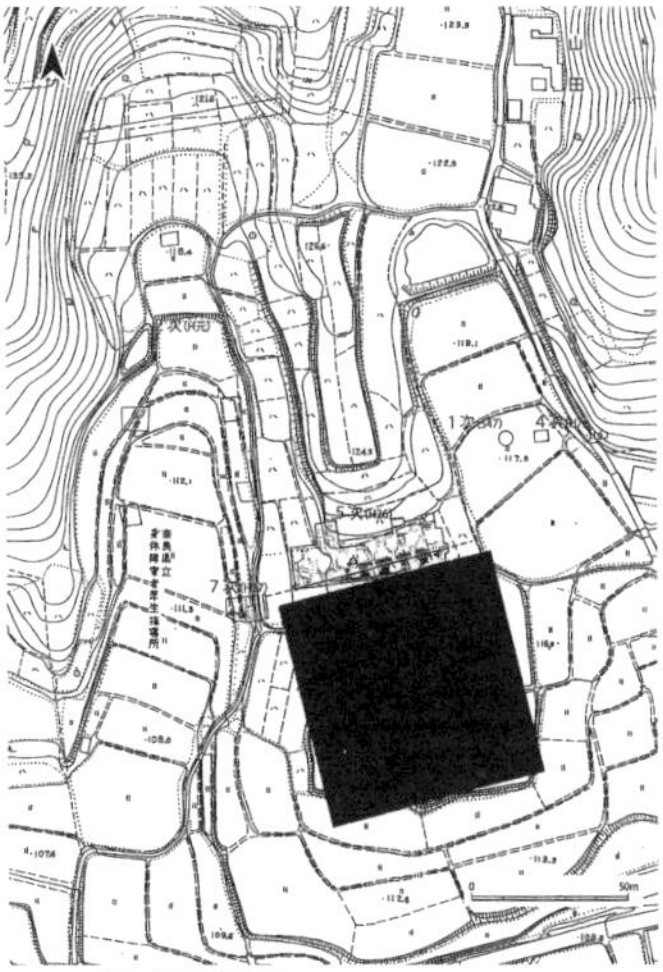

9-1　墳丘復元図

9-2

図９
小山田古墳方墳復元図と北側堀跡・貼石
（橿原考古学研究所附属博物館 2018）
9-1：古墳の外側と貼石
9-2：墳丘側の階段状貼石

五〇mの方墳であることと比較すれば、その大きさが想像されるであろう。前園実知雄氏は古墳の墓域が東西二八〇m以上になることから未完成であったといわれている（前園二〇二二）。

　発掘調査では、古墳の北で東西にうがたれた堀跡が発見された（図9－2）。堀の底には結晶片岩を二段に積み上げ、その上に室生《むろう》安山岩《あんざんがん》の板石を一〇cmずらして階段状に積み上げた特異な貼石がある。同様の貼石は段ノ塚《だんのづか》古墳（舒明天皇陵）でも確認されている。小山田古墳の被葬者は定見がないものの、古墳の大きさが大王墓に匹敵する規模であること、段ノ塚古墳と技術上の共通性があることから、天皇や有力な豪族など身分の高い人物が葬られたことが想定される。

　また調査の過程で、堀の大部分が築造された直後に埋没していたこともわかった。古墳は丘陵上にあるため、雨水で運ばれた土砂が堀に堆積するには時間が必要である。このため古墳を人為的に破壊し、その土砂を堀に捨てて埋めた可能性が高いのである。当時の天皇クラスの巨大な古墳が完成直後に破壊されたとすれば、そこにはいかなる事態が起こったのであろうか。被葬者をめぐる大きな謎である。

岩屋山古墳

岩屋山《いわややま》古墳（図10）は、高取川左岸の越にある大型方墳である。現在の古墳は墳丘が大きく削りとられて原形をとどめていない。調査の結果、一辺四〇mの方墳であったことが推定されている。

この古墳が古くから開口していたことは、江戸時代の『聖蹟図誌《せいせきずし》』（図10－1）に「岩屋　真弓岡陵皇極祖母ノ陵カ」とあり、絵図には入り口が描かれている。白石太一郎氏は、斉明天皇が最初に葬られた墓であるといわれている（白石一九八九）。

ところが六五八年（斉明四）に斉明天皇の孫の建王《たけるのみこ》が八歳で夭折したことから、今城谷《いまきだに》の上に殯宮《もがりのみや》を建て、「万歳千秋の後に、かならずわが陵に合わせ葬れ」（『日本書紀』斉明四年）と詔を下した。この詔から、斉明の初葬墓に建王の亡骸が合葬されたことがわかる。またこの地が今城谷の丘にあることからすれば、白石氏が斉明の初葬墓とされた岩屋山古墳が越にあることとは整合しにくい。

岩屋山古墳の見どころは横穴式石室の造りにある。石英閃緑岩《せきえいせんりょくがん》（飛鳥石）の硬い岩を切石に加工し、表面をていねいに磨きあげた精美な石材を用いている。図10－2にみられるように、石室の入り口は一石、奥の部屋の壁は二段積みである。このような石室は「岩屋山式石室」といわれ、終末期古墳を

代表する横穴式石室である。岩屋山式石室の特徴は、規格性が強いことである。桜井市のムネサカ一

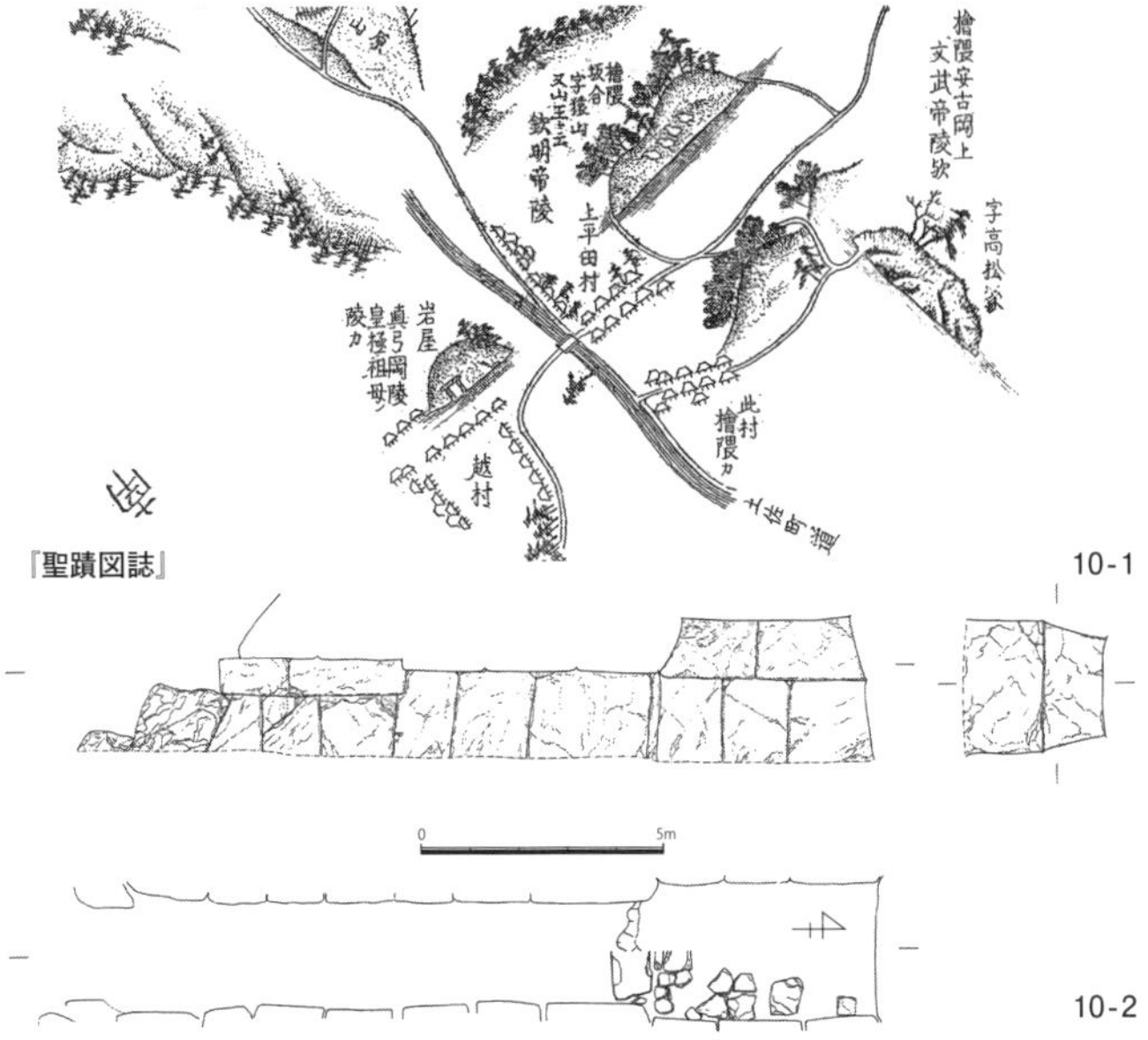

図10　聖蹟図誌と岩屋山古墳石室図（西光2016、辰巳2016を改変）

号墳や天理市の峯塚《みねづか》古墳、橿原市の小谷古墳の石室は同一の設計図にもとづいて、同じ技術者たちが墓造りを行ったものといえる。

明治時代にはイギリス人のウィリアム・ゴーランド（一八四二〜一九二二）がこの古墳を訪れて、石室のみごとなことを称賛し図面にも残したことが知られている（ゴーランド一九八八）。

岩屋山古墳は近鉄飛鳥駅の北の踏切を渡った先の民家に囲まれたなかにあり、古墳の入り口につづく石段がある。これを数段上がれば石室の入り口となる。ここに立つと石室は奥より手前が大きく見えるように工

夫されている（図10－2）。

（四）古墳と石室の多様性――双墓（一区画二古墳）、双室墳（一墳丘二石室）、双棺墳（一石室二石棺墳）

（一）～（三）までは、西飛鳥の終末期に造られた特別な古墳を前方後円墳や八角墳、大型方墳といった類型別にまとめて特徴をみたものである。

（四）では別の視点で古墳をみることにする。一つの区画内に二つの古墳が造られた「双墓《そうぼ》」と、一つの古墳のなかに二つの石室が造られた「双室墳《そうしつふん》」、および一つの石室内に二つの石棺が配置された「双棺墳《そうかんふん》」である。このような古墳は、被葬者が二人でしかも近親者同士であったという共通点が想定できる。

双墓――宮ケ原一・二号墳

双墓《そうぼ》は一つの区画内に二基の古墳がほぼ同時に造られた古墳であるが、二人が同時に埋葬される事態が生じたことを意味する。

この点について、六四二年（皇極元）のこととして、蘇我蝦夷《そがのえみし》（五八六?～六四五）に関して注目される記述がある。「あらかじめ双墓《ならびのはか》を今木《いまき》に造る。一つを大陵という。大臣の墓とする。一つを小陵という。入鹿臣の墓とする」（『日本書紀』皇極元年）と蝦夷の造墓のことを記す。ここに「双墓」という言葉が使われているが、蝦夷は生前墓として大陵を造り、入鹿《いるか》のために小陵を造ったというのだ。自らの墓を生前墓として造るのは寿墓《じゅぼ》としての性格があり、それを今木の地に二つの墓を並べて造った。大・小陵というのは墓の規模に違いがあったのであろう。これまで、この「双墓」にあたる古墳とされたのは、小山田古墳と菖蒲池《しょうぶいけ》古墳（前園実知雄の説。前園二〇二二）や、鬼の俎・雪隠古墳、橿原市の小谷古墳と同南古墳（河上邦彦の説。河上一九八五）などがあるが、古墳の時期的な違いや、菖蒲池古墳の石室には二基の石棺があり、双墓の定義とは条件が合わないなど、双墓といえないところがあった。そうしたなか、竹田政敬氏は宮ケ原一・二号墳がこの「双墓」に該当するといわれた（竹田二〇〇一）。

七世紀中ごろに築造された宮ケ原一・二号墳は、調査の当初には、盛土はすべて失われて大きなくぼ地がみられるだけであった。しかし、慎重な調査により、このくぼ地は丘陵の南斜面を東西八〇mのコの字形に造成したもので、ここに二基の古墳が東西に並列して造られていることがわかった。そして、このくぼ地のなかに、横穴式石室を構築するための掘方（墓壙《ぼこう》）が南北に平行して掘削されていた。

二基の石室のための墓壙は三四m離れているが、平面の形や掘削された深さ、石室底の配石が東西に一致する。このような相似性は、とりもなおさず同一設計によって造られた古墳であることを示す。一号墳は一辺約三〇m、二号墳は一辺約二五mの方墳であると復元された。

六四五年になると、中大兄皇子《なかのおおえのおうじ》と蘇我氏が戦かった。乙巳《いっし》の変である。それまで権勢を誇っていた蘇我本宗家の入鹿は殺害され、父の蝦夷は自邸に火を放って自害した。蘇我氏の天皇家に対する謀反であり、本来であれば謀反人に対する処置は過酷なもので、埋葬などは許されない。ところが蝦夷は朝廷にあったときは大臣《おおおみ》として要職に就いていたことから、喪に服することと、二人の屍を墓に葬ることが許された。

このような経過から、蝦夷と入鹿は、生前墓として築造されていた「双墓」に埋葬されたと考えるのが合理的な解釈なのである。そして、この墓とされたのが宮ケ原一・二号墳である（図2参照）。宮ケ原一・二号墳は、蘇我稲目を埋葬した五条野丸山古墳のすぐ東に位置しており、このことも被葬者として蝦夷・入鹿父子とする説を補強する。

双室墳——植山古墳、鬼の俎・雪隠古墳

双室墳《そうしつふん》は横長の方墳に、二基の横穴式石室を並べて築造された古墳である。被葬者が当初から、後に造られるもう一つの石室の空間を確保した状態で築造された生前墓である。この場合も双墓と同様、被葬者の二人は近親者であることが想定される。

この形式の古墳に該当するのは、植山《うえやま》古墳と鬼の俎《まないた》・雪隠《せっちん》古墳である。

植山古墳

植山古墳（図11）は五条野丸山古墳の東にある。丘陵の南斜面をコの字に造成し、その内側に東西

11－1　墳丘測量図（橿原市教育委員会 2014 を改変）

11－2

図 11　植山古墳と東石室の家形石棺

四〇m、南北三二mの長方形墳が造られ、二基の横穴式石室（東石室・西石室）が並んでいる。図11－1にみるように、石室は古墳の中心軸にはなく、東石室が中心から東一〇mのところに中心軸に沿うように造られている。これに対して西石室は、奥室が中心から一〇m離れているものの、主軸に対して北で西に三一度振れたことで、石室入り口は極端に東に振れることになった。

このような、石室の築造前の計画に反するような東・西石室の不適合の原因はどこにあったのであろうか。このことも墳丘を調査する過程で明らかにされた。すなわち、東・西の石室が造られた時期の隔たりが原因であった。

東石室は石室が構築されるのにあわせて、外側に厚さ数cmの異なった土を交互（版築状）に積み上げて墳丘を形成し、一旦、古墳が完成したようである。したがってこのときには、墳丘内には東側に東石室だけが完成していたことになる。

一方、西石室はどのようにして造られたのであろうか。すでに墳丘ができていたことから、西石室を造るためには墳丘の真上から墓壙が掘りこまれたのである。ところが、このとき東石室の中心軸を正確に求められなかった。なにしろ東石室は三〇年以上前に造られたのである。このため西石室の軸は東石室に並行することなく、大きく西に偏ることになった。

竹田政敬氏によれば、東石室は石室の形や家形石棺の型式、あるいは副葬された須恵器などから、六世紀後半から末ごろ、西石室は七世紀前半ごろに築造されたといわれた（竹田二〇〇一）。

東石室には精美に彫造された家形石棺が中央に置かれていた。発掘時には、石棺の蓋石は二つに割れ、入口手前の蓋は床までずれ落ちていた。石材は熊本県宇土市で採石されるピンク凝灰岩《ぎょうかいがん》（阿蘇溶結凝灰岩。馬門石《まかどいし》とも呼ばれる）が使用された。当時としては特別な石棺で、宇土半島の採石場から海上輸送された。大王墓にふさわしい威容を誇っている（図11－2）。

西石室からもピンク凝灰岩の石棺の破片が出土したことから、西石室にも東石室の石棺と同じく、阿蘇産の石材を用いた家形石棺が設置されたと推測される。西石室の特徴は、前室と奥室の境に「しきみ石」と呼ばれる敷石がおかれ、その上面に扉の軸受け穴があけられていることである。このような開閉用の扉石のある古墳は、奈良県桜井市の花山西塚《はなやまにしづか》古墳や大阪府寝屋川市の石の宝殿古墳、広島県世羅町の神田《しんでん》第二号古墳などにあるだけで、きわめて珍しい構造といえる。

調査ではまた、東西の石室内や東石棺において、副葬品を片づけたあとが確認された。副葬品を片づけたということは、植山古墳に葬られた被葬者が別の古墳に改葬されたことを示す。東石室の石棺が二つに割れていたのは盗掘のためではなく、改葬にともなう遺骸の取り出しによるものであろう。

ところで、植山古墳の被葬者は、推古天皇とその子である竹田皇子《たけだのみこ》とする説が有力である。推古天皇は六二八年（推古三六）に崩じたことが『日本書紀』にみえるが、その遺詔に「わがために陵をたてて厚く葬ることなかれ。ただに竹田皇子の陵に葬るべし」とある。推古が自らの墓造りを望まなかったのは、この年が不作であったことによる。そのため先に亡くなった竹田皇子の墓に埋葬されることを望んだ。

では、その竹田皇子の墓はどこにあったのであろうか。『古事記』推古天皇条には「御陵は大野岡の上にありしを、後に科長《しなが》大陵に遷《うつ》しまつりき」とあり、竹田皇子と推古が葬られた地が大野丘であったことが知られる。大野丘の所在地は竹田政敬氏によって、甘樫丘の西から五条野丸山古墳までの地域であることが明らかにされている（竹田二〇一八）。大野丘の西は五条野丸山古墳の項で述べた「軽」である。

『古事記』後段には、推古天皇と竹田皇子の遺骸は大野丘から科長の大陵に移したことが記されている。つまり改葬である。延喜諸陵式には磯長山田陵《しながのやまだのみささぎ》とあり、大阪府太子町の山田高塚古墳が現在の推古陵とされている。

植山古墳の被葬者を推古天皇と竹田皇子と推定する別の根拠として、古墳が造られた背後の丘陵上に塀の跡が確認されたことがあげられる。この塀は古墳築造時から藤原京期にかけて長期間補修されて存続していたのであるが、竹田氏は、植山古墳を国家の手で管理するために墓守が置かれたことを意味すると述べている。このように、推古を磯長陵に改葬した後、空墓になってからも厳重に管理されたことは、この古墳が推古の初葬墓であるという説を補強するであろう。

推古天皇は生前に竹田皇子の死を見送るという悲しみを味わったが、実子の墓造りにあたって同じ墓に入ることを望み、東石室には竹田皇子が埋葬され、西石室には推古が合葬されたのである。

なお先述した現・推古陵である山田高塚古墳は、山田集落の南のもっとも目立つ丘の上に造られている。東西六六m、南北五八mの三段築成の巨大方墳で、植山古墳の二倍以上の大きさがあり、「大陵」とよぶにふさわしい。宮内庁の調査では、墳丘第三段目の南斜面に東西に並ぶ横穴式石室の一部が確認された。最初の埋葬地よりさらに規模を大きくして造られたのである。

鬼の俎・雪隠古墳

鬼の俎《まないた》・雪隠《せっちん》古墳（図12）は、本来は一つの横口式石室であった。雪隠と呼ばれるのが石棺の蓋（蓋石）で、それが道の下方に転落し、床石にあたる鬼の俎から離れてしまった。同古墳は七世紀中ごろに築造されたが、古墳がいつごろ破壊されて、蓋と床石に分かれてしまったのか不明である。

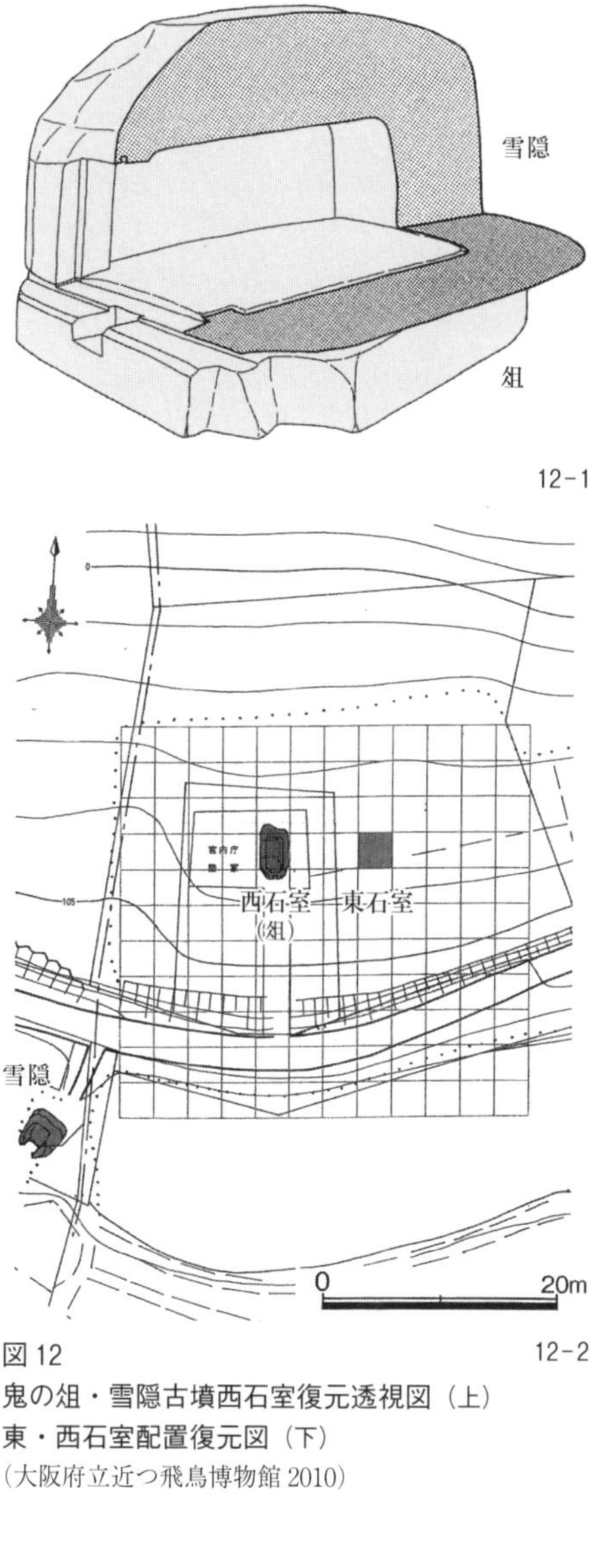

図12
鬼の俎・雪隠古墳西石室復元透視図（上）
東・西石室配置復元図（下）
（大阪府立近つ飛鳥博物館 2010）

鬼の俎・雪隠古墳は、その形がユニークなことから明日香村の遺跡巡りの定番スポットになっている。近世の奈良観光ガイド類には、現在とほぼ同じ位置にあったことが記されており、同じ街道沿いにある「猿石」などとともに、行き交う旅人たちは興味深く見学したことだろう。

街道北側の竹林内にある鬼の俎（床石）は一石で造られ、床石の縁には蓋石を受けるための段が造られている。鬼の雪隠（蓋）は巨大な岩を刳り抜いたもので、内側を上に向けて置かれている。

図12－1はこれらを組み合わせてもとの形に復元した図で、これが石棺の原形である。少し前の時期には、五条野丸山古墳や植山古墳のように、横穴式石室のなかに据えられた石棺に遺骸を納めていたものが、この時期になると、このような形の石室が採用された。遺骸は特別な漆塗棺に納めて古墳まで運び、そして石室に納めるという葬法に変化したのである。このような葬法の変化には、鬼の俎・雪隠古墳を契機として、一人専用の石室に転換したことも見逃せない。

ところで近年、鬼の俎の東側で、これと同じような板石が発見された。鬼の俎に隣接して別の石室が存在したことが確実視されることから、鬼の俎・雪隠古墳は、本来は一墳丘二石室の双室墳であることが明らかとなった。この発見を受けて、鬼の俎・雪隠古墳の全体像が復元された（図12－2）。古墳は二段に造られた長方形の方墳で、鬼の俎・雪隠古墳は西石室、新しく発見された石室は東石室で、二基の石室が東西に並ぶ構造をしていたようである。

西光慎治氏は二基の石室のうち、一つは斉明天皇が初めて葬られた石室であり、もう一つは同天皇の孫で六五八年（斉明天皇四）に八歳で夭折した建王のものと推側している（西光二〇〇二）。

新たに発見された東石室の底石は、割られて民家の庭石となっていたが、現在は奈良県立橿原考古学研究所附属博物館の前庭に保存・展示されている。

双棺墳——菖蒲池古墳、五条野丸山古墳、梅山古墳

双棺墳は一つの石室内に二基の石棺を置く古墳である。この形式の古墳としては、すでに五条野丸山古墳と梅山古墳を紹介しているので、ここでは菖蒲池古墳について記しておきたい。

菖蒲池古墳

菖蒲池《しょうぶいけ》古墳（図13）は、宮ケ原一・二号墳と小山田古墳の間にある古墳で、七世紀中ごろの築造と推定されている。古墳の築造にあたって東西六〇～九〇m、南北八〇mという広大な丘陵が造成され、丘陵斜面は一〇m以上カットされていた。さらに古墳の東西には、上面を石敷きにした堤が南にのびていた。

墳丘を造った盛土も特別であった。古墳の南西隅の裾では基底石を置いて、その上に黒色やオレンジ色、赤色、黄色などの粘土が積まれていた。このような色の異なる粘土のブロックを盛土にした古墳はほかに例がない（図13－1）。

横穴式石室は古くから開口し、前室は土砂で埋まっていたが、奥室には南北に二基の家形石棺が置かれている。石棺の外形や大きさはほぼ同じで、内側には赤漆が塗られている。兵庫県高砂市の凝

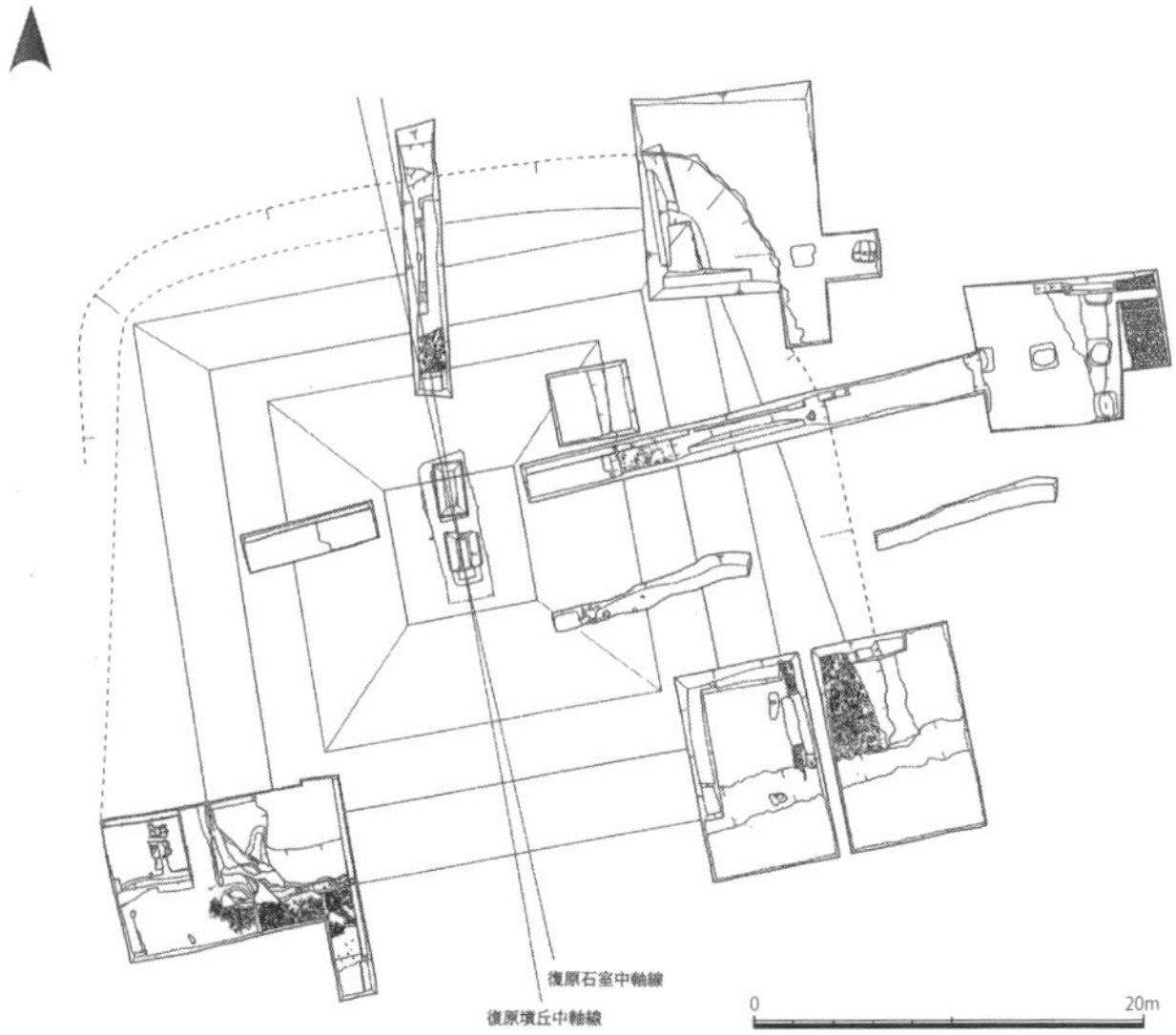

古墳復元図（橿原市教育委員会 2015）　13-1

13-2

図 13　菖蒲池古墳復元図と奥室の家形石棺

灰岩（竜山石）で造られた石棺である。石棺は蓋石の頂部を平たく加工した寄棟造りの形を彫りだし（図13－2）、棺身には家の梁や柱を浮き彫りしている。被葬者の死後の家を石棺の意匠としたと思われる。このような彫刻のある家形石棺は特別なものといえる。

二つの石棺は石材が同じであるほか、大きさや意匠も共通している。石棺を同時に二基安置する古墳造りが行われたとみるのが自然であろう。そうであれば、二人が同時に亡くなったという事態が発生していたことを意味する。宮ケ原一・二号墳の蘇我蝦夷・入鹿のときのような事態である。

そこで、被葬者について竹田政敬氏は、六四九年（大化五）、国家に対する謀反の罪に問われて自害した蘇我倉山田石川麻呂《そがのくらやまだのいしかわまろ》と興志《こし》父子を想定されている（竹田二〇一八）。この二人も蘇我系の有力氏族であり、飛鳥の地に山田寺を建立した一族であった。菖蒲池古墳は保存のための整備工事が計画されており、現在は見学することができない。

ちなみに、山田寺は建立発願者である石川麻呂の急死によって、建設はいったん中断されたが、孫娘にあたる持統天皇によって完成したと伝えられている。山田寺跡は現在、飛鳥資料館の道を隔てた南東に史跡公園として整備されており、発掘で出土した建材や瓦などが同資料館に展示されている。

（五）渡来系氏族の古墳――真弓鑵子塚古墳、カヅマヤマ古墳、テラノマエ古墳、ミヅツ古墳

渡来系氏族は朝鮮半島や中国でおこった戦乱や政変によって自国での生活を放棄し、安住の地を求

めて日本に渡来した人々である。多くは母国の王室関係者や官人、先進的な技術——衣縫、陶工、瓦工、画師、造仏工など——をもった技能集団と農民層であった。このなかで、山城《やましろ》（＝京都）を本拠とした秦氏《はたうじ》や、大和の東漢氏《やまとのあやうじ》は、日本に渡来したもっとも有力な氏族であった。

東漢氏は応神天皇の時代（四世紀後半）に、阿知使主《あちのおみ》（生没不祥）が率いて大和国高市郡檜前村に居住したという伝承がある。奈良県高取町の観覚寺《かんがくじ》遺跡や清水谷遺跡の住居跡には、朝鮮半島に由来する大壁《おおかべ》建物やカマド、オンドルなどを家屋内に備えた建物跡が発見され、渡来系氏族の集住の実態を語っている。また、東漢氏は明日香村檜前に檜隈寺《ひのくまでら》などを建立して氏族の精神的なつながりを醸成していたようである。

渡来系氏族の古墳の特徴は、横穴式石室の造り方や副葬品にあらわれている。石室は奥室の壁の石材が頂上部までドームのように急角度で積まれた構造であり、奥室内にはしばしば棺台が置かれた。副葬品の特徴は、朝鮮半島から持ち込まれた陶質土器や、ミニチュア炊飯具《すいはんぐ》（カマドやカメ）、金属製（銀製品が多い）のかんざし（髪飾り）などがある。

真弓鑵子塚古墳

渡来系氏族の古墳として最初に造られたのが真弓鑵子塚《まゆみかんすづか》古墳（図14）である。直径四〇ｍの二段に積まれた円墳である。墳丘の積み方には特別な技術が使われている。硬い粘土質の土によって土饅頭のような形の盛土を造り、瓦に似た素焼きの粘土板（塼状土製品）で盛土の上を覆うというもので

14-1

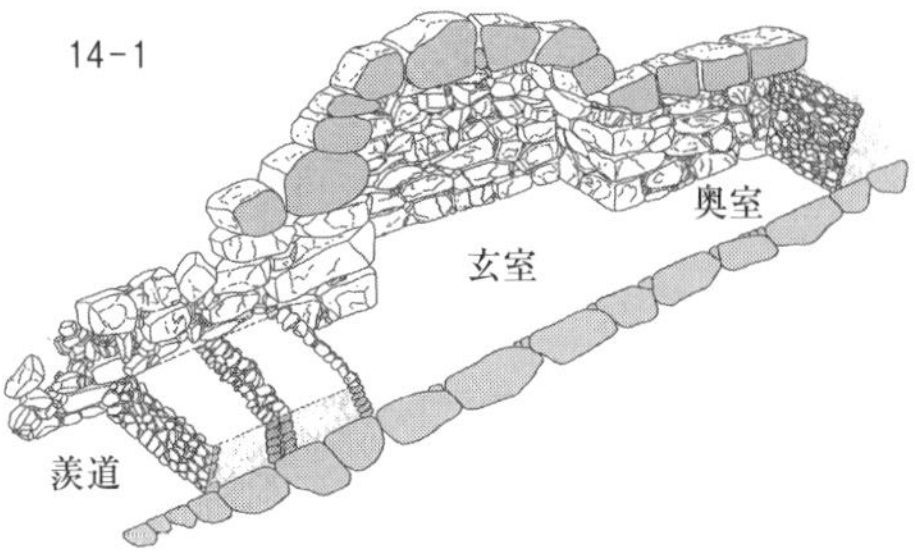

14-2

14-3

図14　真弓鑵子塚古墳石室と粘土板（明日香村教育委員会2010）

ある（図14－3）。素焼きの粘土板は厚みが一cmほど、長辺一五～一六cm、短辺八～九cmの長方形で、裏側には二本の粘土ひもをはりつけている。粘土ひもの部分が墳丘に対して直角になるように置かれていたことから、盛土の流失を防ぐために貼り付けられたものと推測される。このような粘土板は、飛鳥地域のみならず、全国の古墳にもみられない。

この古墳は以前から南北二か所に開口していることが知られていた。しかし、北側の開口部は地震の影響で奥室の壁の一部が崩落して開いたものであった。図14－2にみるように、石室の壁は丸みのある自然石を天井までせり出すように積み上げている（穹窿《きゅうりゅう》状天井）。このようなドーム状の石室は朝鮮半島の石室の造り方に通ずるものであり、渡来系氏族の古墳造りの特徴がよくあらわれている。

石室には凝灰岩製の石棺が二基と、板石を組み合わせた石棺および木棺が各一基、合計四棺が安置されていた。最初に葬られたのが六世紀後半で、これ以降、六世紀末まで継続して石室内に追葬されたようである。副葬品としては金銅製獣面飾金具《こんどうせいじゅうめんかざりかなぐ》、銀象嵌刀装具《ぎんぞうがんとうそうぐ》、金銅製馬具など豪華なものとともに、ミニチュア製炊飯具のナベやカマドが出土している。渡来系氏族の有力な家族が、数世代にわたって利用した古墳である。

なお古墳は安全性の問題などで立ち入りはできないが、出土遺物は明日香村埋蔵文化財展示室で公開されている。

以下にみるカヅマヤマ古墳とテラノマエ古墳、ミヅツ古墳は、真弓丘陵東側の急斜面を造成して造られた古墳である。ミヅツ古墳とカヅマヤマ古墳の中間点の下方にはマルコ山古墳がある。ミヅツ古墳は未調査であるが、石室を造った板石が散乱しており、カヅマヤマ古墳とテラノマエ古墳の石室と同じ構造であったことが推測される（西光二〇一三）。

カヅマヤマ古墳

カヅマヤマ古墳（図15）は、七世紀後半の築造である。地震の影響を受けて盛土と石室が大きく破壊されていたが、調査によって方墳であることが判明した。石室の崩壊が激しかったものの調査ではさまざまな知見がえられた。

まず、石室は板石（結晶片岩）の小口を石室内に向けて積む、「磚積《せんづみ》」と呼ばれる技法で造られていたことである。明日香村の古墳では他に確認されていない積み方である。また、石室の壁には漆喰が厚く塗られ、石材同士の接着剤として多用されていた（図15－2）。漆喰の原料は、和歌山沿岸で採れるイワガキ（貝殻）であることも判明した。貝殻を割って造られているが、粗製品でありなかに貝殻片が残っていた。採取されたイワガキは、和歌山沿岸部から飛鳥へ古代の紀路《きじ》を通って運ばれたのであろう。漆喰の原料として使用されたイワガキは、試算によれば八

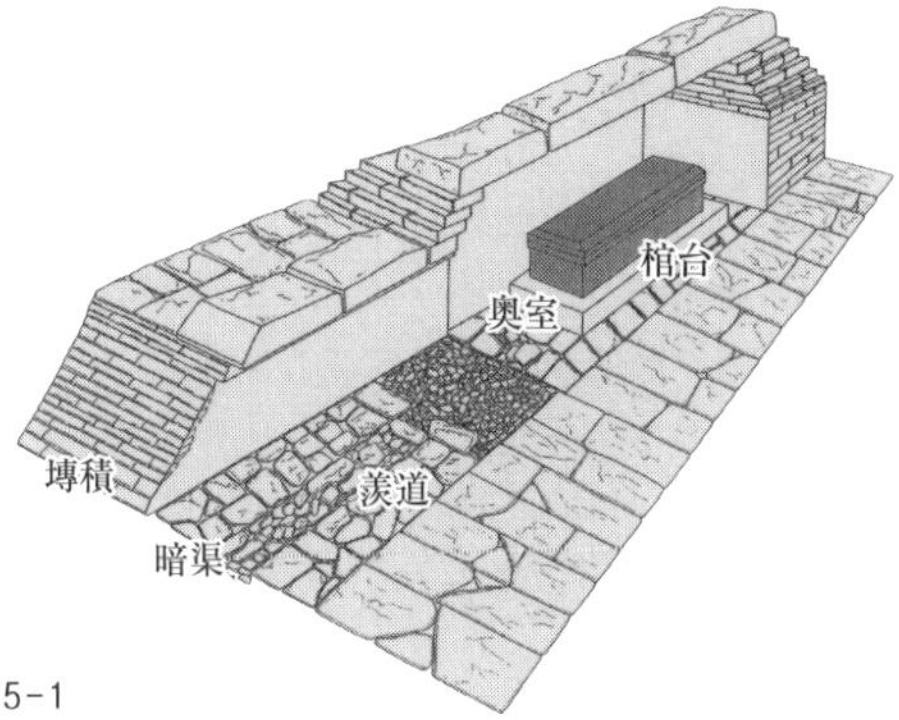

15-1

15-2

図15　カヅマヤマ古墳石室と棺台
（明日香村教育委員会 2007）

t以上必要である。

カヅマヤマ古墳の奥室の床には板石が敷かれており、その中央に棺台が造られていた（図15－1）。棺は内面を朱色、外側を黒色の漆で塗られた木棺であった。西光慎治氏はカヅマヤマ古墳の棺台は、韓国百済の扶余《ふよ》王陵園（旧陵山里古墳群）にある陵山里《りょうざんり》壁画古墳（伝・百済王陵東下塚）や、宋山里古墳群の熊津洞《ゆうしんどう》古墳に類似しているという（西光二〇〇七）。

テラノマエ古墳

テラノマエ古墳は、盛土が失われて高まりがなく、わずかに漆喰が付着した結晶片岩や平瓦が散乱していただけであった。完全に破壊された古墳であるとみられたが、石室はカヅマヤマ古墳と同じく結晶片岩の板石を積み上げた磚積石室であり、奥室の中央には、寺院の屋根に葺かれるものと同じ平瓦を積み上げた棺台があったことが判明した（西光二〇一二）。明日香村檜前にある檜隈寺跡講堂の基壇が同じような瓦積みであることから、筆者は檜隈寺で使用された瓦がこの古墳の棺台に転用されたと推定している。この平瓦は七世紀前半ごろのものといわれているが、もし寺院の瓦が転用されたのであれば、古墳の築造年代はそれより少し下ることになろう。

以上、ここにみてきた真弓鑵子塚古墳やカヅマヤマ古墳、テラノマエ古墳は檜前から高取の地域にかけて集住した東漢氏の墓所の一つとみてよいであろう。真弓鑵子塚古墳の面する道を西に行けば、高取町与楽《よらく》古墳群のエリアがある。与楽鑵子塚古墳、与楽カンジョ古墳、寺崎白壁塚《てらさきしらかべづか》古墳（六世紀末～七世紀中）などは、渡来系氏族が築造した古墳の特長をそなえていることから、東漢氏の墓域は西飛鳥からさらに西に広がっているのであろう。

（六）特殊な石室——刳抜式横口式石室と組合式横口式石室

本章の最後に、特殊な石室をもつ古墳を紹介しておきたい。

特殊な石室の一つが壁画をもつ石室であり、キトラ・高松塚古墳の二基のみが現存する。この二基のことは、次章以降で詳しく述べることにして、ここでは「刳《くりぬき》抜式横口式石室」と「組合《くみあわせ》式横口式石室」について具体例をとりあげてみたい。

この二類型の石室は、終末期古墳の最後に採用された型式であり、これ以降は古墳そのものが築かれることがなくなった（この名称は本来、「横口式石槨」「組合式石槨」とよばれている。ここでは、便宜的に「石室」の名称を用いている）。

刳抜式横口式石室——鬼の俎・雪隠古墳、牽牛子塚古墳、越塚御門古墳

刳《くりぬき》抜式横口式石室は、「鬼の俎・雪隠古墳」の節でもふれたように、硬い巨石を刳り抜いて造った蓋石と床石を組み合わせた石室である。このような石室をもつ古墳の例はわずかである。明日香村に

は牽牛子塚古墳や越塚御門古墳があるが、これ以外には、奈良県斑鳩町の御坊山《ごぼうやま》三号墳、大阪府寝屋川市の石の宝殿古墳が知られているに過ぎない。また、古墳ではないが、橿原市には「益田岩船《ますだいわふね》」とよばれる、巨石を刳り抜いた巨大な石造物が真弓丘陵の近くにある。

以上のうち、牽牛子塚古墳については本章「(二) 八角墳」の節で、また鬼の俎・雪隠古墳は「(四) 古墳と石室の多様性」の「双室墳」の項で述べたので省略する。

越塚御門古墳

越塚御門《こしつかごもん》古墳は、先に紹介した牽牛子塚古墳の前に築かれた古墳である。畑地のための開墾によって墳丘部分はすべて失われ、調査で判明するまで古墳があること自体知られていなかった。耕作地の中に加工された岩が露出していたことから発掘が行われ、刳抜式横口式石室の床石と蓋石の一部が発見された。古墳は越塚御門古墳と命名された。

この古墳は牽牛子塚古墳の一部を削って墳丘を構築しており、また刳抜式横口式石室の上に、じかに盛土している。両古墳の調査で明らかにされたこのような築造の違いは、越塚御門古墳が牽牛子塚古墳と密接に関わりつつも、簡略化して造営されたことをうかがわせる。

越塚御門古墳に葬られた被葬者は、斉明天皇の孫で、天智天皇の娘の大田皇女《おおたのひめみこ》が有力視されている。被葬者の詳細は、牽牛子塚古墳で述べたので再論しないが、『日本書紀』天智称制六年(六六七)に記された斉明と間人皇女、および大田皇女の埋葬記事が考古学によって証明されたことの意義は大きい。

益田岩船

益《ます》田《だ》岩《いわ》船《ふね》（図16）は、貝《かい》吹《ぶき》山《やま》からのびた丘陵の頂上にある石造物である。文字通り、船のようなかたちをした巨石である。ここは石《せき》英《えい》閃《せん》緑《りょく》岩《がん》を採取した石切り場であった。江戸時代の絵図類にも描

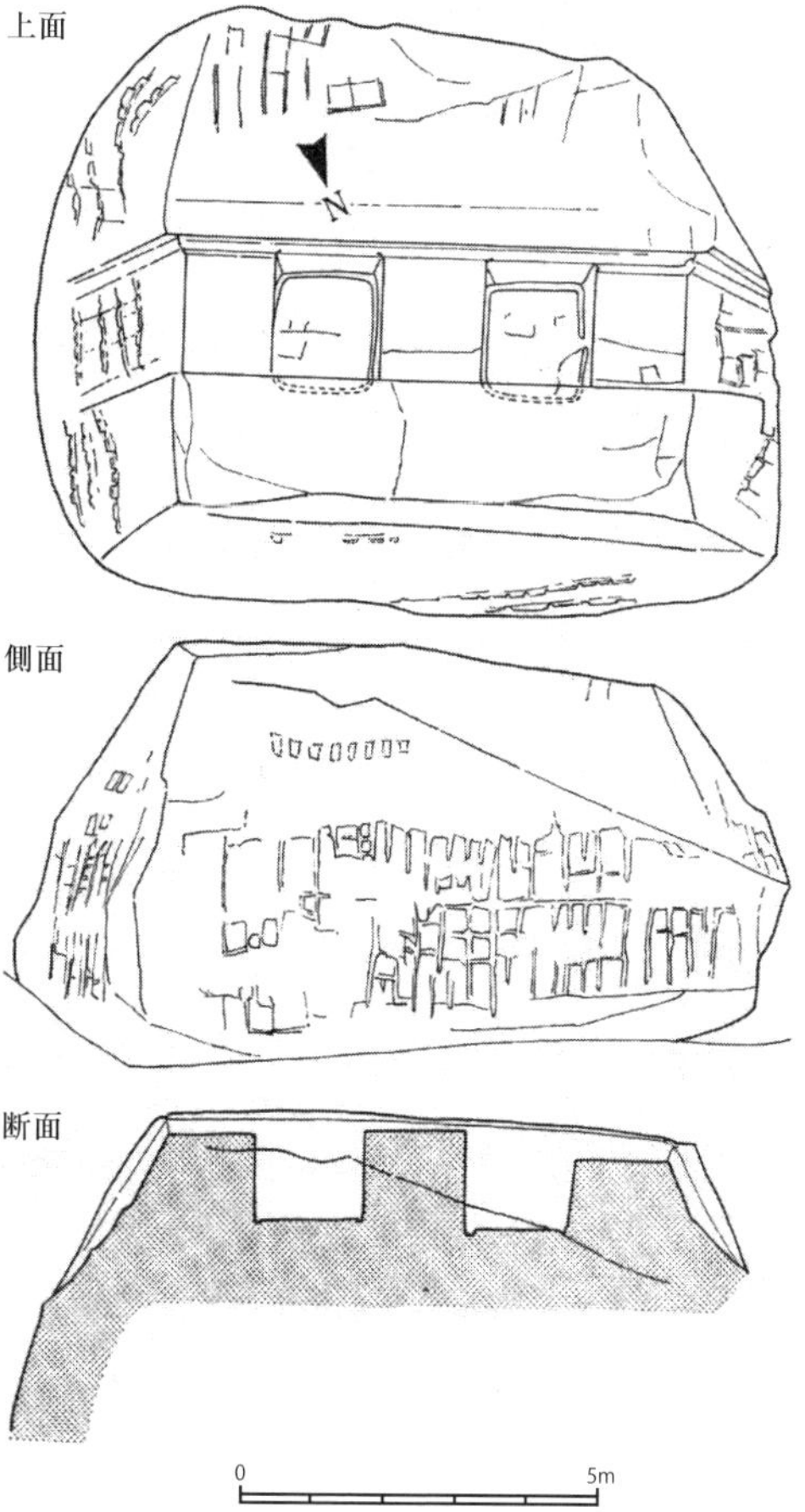

図16　益田岩船（猪熊 1983）

かれ、名勝のひとつになっていたようである。

巨石は一一m×八m、高さ五mあり、上面には牽牛子塚古墳の石室によく似た方形の刳り込みが二か所ある。側面には石材加工のための溝や格子状の溝が残っているところから、この石切り場が刳抜式横口式石室の製作地だったことが判る。しかしこの巨石には、方形穴の底と表面に何本もの亀裂が入り、製作途中で放棄されたものと考えられる。

ところで、前述のとおり牽牛子塚古墳は天智天皇によって六六七年に築造された斉明天皇の墓であるが、この当時の石室の石材は、硬い石英閃緑岩が使用されることがほかの古墳の例から推察される。しかし、現存する牽牛子塚古墳は軟らかい凝灰岩を用いた刳抜式横口式石室である。この時期には軟質の刳抜式横口式石室の使用例はほかにはみられない。このような状況に照らすと、益田岩船は元来、斉明の石室として製作されたが、石材に亀裂が生じたため、急遽、凝灰岩製の石室に変更されたと推察される。凝灰岩に変更されたのは、石英閃緑岩に比べて加工が格段に容易であることが理由として考えられる。

天智天皇の近江遷都という重大な政治的日程が迫るなかで、母である斉明天皇の埋葬を終わらせなければならないという状況下での石材の変更なのであった。

組合式横口式石室――キトラ古墳、マルコ山古墳、束明神古墳、高松塚古墳

つぎに組合《くみあわせ》式横口式石室についてみてみよう。この石室は凝灰岩の板石を組み合わせた箱型の石

	長（m）	幅（m）	高（m）	類型
鬼の俎・雪隠古墳	2.79	1.54	1.3	刳抜式横口式石室
越塚御門古墳	2.4	0.9	0.6	
石の宝殿古墳	1.4	0.9	0.68	
御坊山３古墳	2.25	0.72	0.52	
キトラ古墳	2.38	1.04	1.14	組合式横口式石室
石のカラト古墳	2.6	1.03	1.06	
マルコ山古墳	2.72	1.28	1.35	
高松塚古墳	2.63	1.03	1.13	

表１　横口式石室規模一覧表

室である。表1に示したように、刳抜式横口式石室と組合式横口式石室の二種類の石室の大きさを比較すれば、石の宝殿古墳以外は、長さは二mの範囲内にあり、幅と高さは一m内外で一致する。また、これらの石室は一人用の埋葬施設として製作された特別なものである。

刳抜式横口式石室と組合式横口式石室は、前者から後者へと変遷したが、これは石材の加工の難易度と製作期間の長短、あるいは石材の入手問題などが絡んでいたと思われる。

前述のとおり、凝灰岩は加工しやすく、産地の二上山は広大で石が尽きることはない。それゆえ、飛鳥時代になると寺院で使用される石材としても盛んに採石されていた。

組合式横口式石室が刳抜式横口式石室と共通するのは、石室を組み立てる順序として、最初に床石が設置されたことである。その後に壁石にあたる板石が床石の上に置かれ、さらに天井石が架けられて完成した。つまり刳抜式横口式石室の蓋石の部分が、組合式横口式石室では壁石と天井石に二分された構造体に変化したといえる。このタイプの石室の早い例は、奈良県香芝市の平野《ひらの》塚穴山《つかあなやま》古墳がある。ただし、この石室は全長四m以上あり、それ以前の横穴式石室に共通する規模

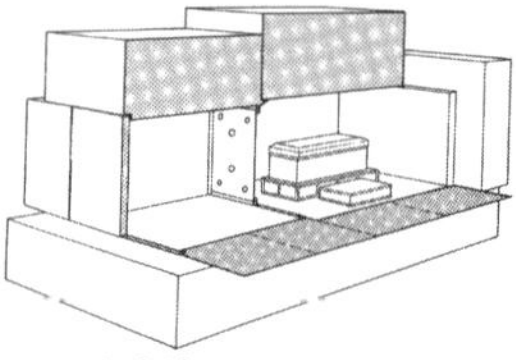
野口王墓古墳

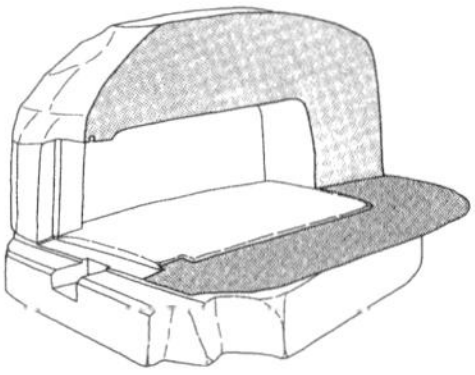
鬼の俎・雪隠古墳

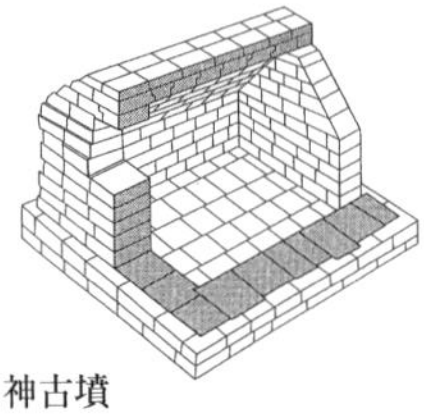
東明神古墳

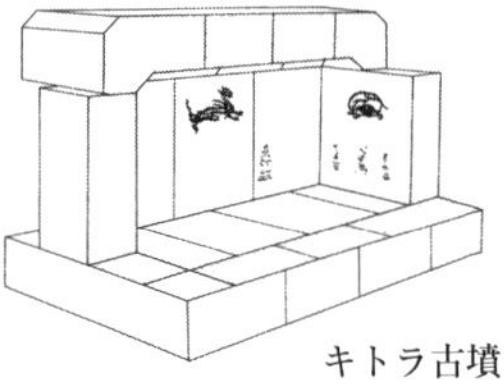
キトラ古墳

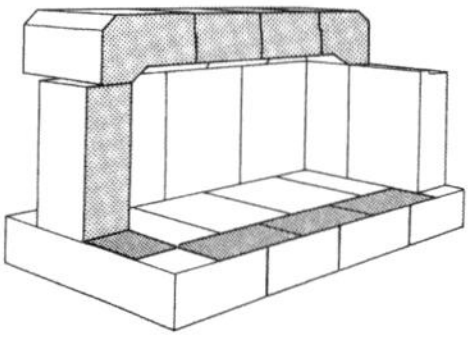
マルコ山古墳

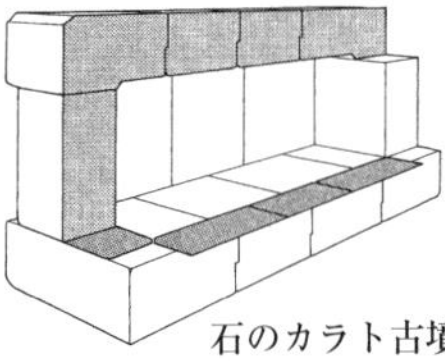
石のカラト古墳

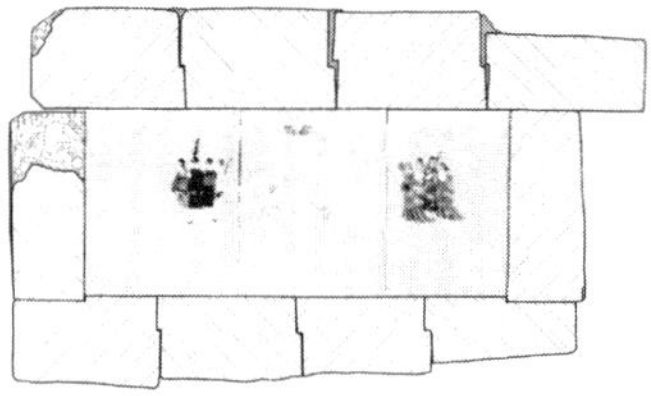
高松塚古墳

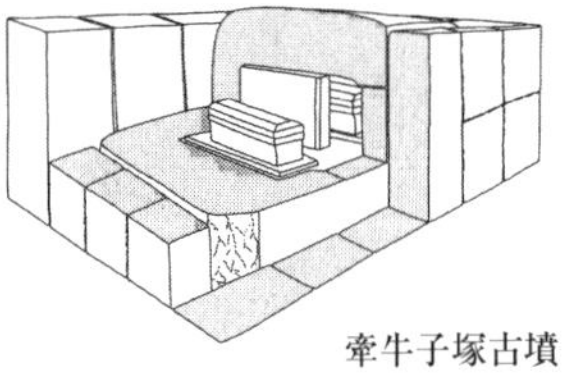
牽牛子塚古墳

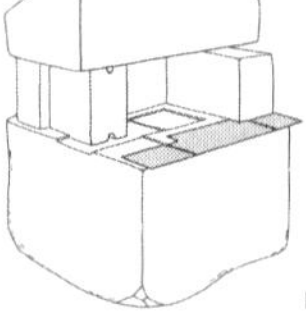
中尾山古墳

図 17　終末期横口式石室の多様性

と構造をもっているので、ここで述べる組合式横口式石室とは同一視できない。

さて、西飛鳥の組合式横口式石室には、キトラ古墳、マルコ山古墳、高松塚古墳があり、飛鳥以外に、奈良市郊外に石のカラト古墳がある（図17）。また、石材の加工と石室の組み立てが特別なものに束明神《つかみょうじん》古墳がある。

このうち、キトラ古墳と高松塚古墳は本書のテーマであり、次章以降で詳しくみていくので、ここではマルコ山古墳と束明神古墳について述べておきたい。

マルコ山古墳

マルコ山古墳は、カヅマヤマ古墳の南の支尾根の先端部に造られている。調査によって、墳丘は六角形（あるいは多角形）で、版築《はんちく》によって築造されていることがわかった。石室は一七石で組み立てられ、天井石は屋根形に掘り込んでいる（図17参照）。石室全面に漆喰《しっくい》を厚く塗っているが、壁画は発見されていない。木棺は木芯《もくしん》に麻布をはり、外には黒漆、内には朱漆が塗られていた。

棺飾りの金銅製《こんどうせい》六花《ろくか》金具《かなぐ》や金銅装《こんどうせい》大刀《たち》飾《かざり》などが出土し、また、古墳から三〇歳後半から四〇歳前後の男性骨が出土した。古墳の外形が六角形であることや、金銅装大刀が出土していることから皇族の墓とみて間違いないであろう。前園実知雄氏は、被葬者は六九九年（文武三）に亡くなった弓削皇子《ゆげのみこ》であると推定している（前園二〇一五）。

束明神古墳

束明神古墳《つかみようじん》は、高取町佐田の丘陵地に造られた三段築成の古墳である。尾根の南斜面を大規模に造成し、その上に版築の盛土で築かれている。墳丘は八角形であった可能性も指摘されているが、墳丘の裾部には八角形の隅角を作る列石はみられない。

石室は凝灰岩を立方体に加工した石材四五〇個以上を用いて家形に作られており、類例をみない（図17参照）。石室は天井部が破壊されていたが、長さ三・一m、幅二・〇六m、高さ二・五mの大きさがあり、東西壁面は五段目まで垂直に積み、六段目からは六〇度で内傾させている。石室からは青年期後半から壮年期の歯牙が出土している。

束明神古墳の調査で注目されるのは、石室石材の大きさと材質が、天武・持統天皇の合葬陵である野口王墓古墳の墳丘裾の石材と同じであったことである。束明神古墳の石材は五〇×五〇cm、厚み三〇cmのブロック切石であるのに対して、野口王墓古墳の石材は五〇～六五×五〇～七〇cm、厚み三二～四二cmである。両古墳において使用された石材の選定や、石材加工の精度などが互いに共通していた。

束明神古墳の被葬者は草壁皇子《くさかべのみこ》に比定する説が有力である。草壁皇子が葬られたときに詠まれた歌が『万葉集』にあり、このなかに「佐田岡《さだのおか》」が出てくるため、佐田にある束明神古墳を草壁皇子の墓とみなしている。

草壁皇子は天武天皇と鸕野讃良皇女《うののさららのひめみこ》（後の持統天皇）との間に生まれ、皇太子として皇位継承者となりながらも、天武の崩御した三年後の六八九年（持統三）、天皇に即位しないまま二八歳で亡くなった。石室の構造はまったく異なるものの、野口王墓古墳と東明神古墳には同じ工人集団が古墳造りに携わった可能性を示唆する。

東明神古墳の石室は、奈良県立橿原考古学研究所附属博物館の前庭に復元・展示され、内部の切石構造を細部にわたってみることができる。

以上、本章では西飛鳥に分布する古墳や石室を類型別にまとめ、具体例を示してその特徴をみてきた。いずれも六世紀末から八世紀初頭までの終末期とよばれる限られた期間に造られた古墳である。前方後円墳や方墳、円墳のほか、八角墳のような特殊なかたちの古墳も含まれ、また、石室形態も多様であった。

この地域の古墳にみられる多様性は、天皇を頂点とする皇族関係者と、蘇我氏のようなこの時代の朝廷の政治を主導した有力豪族、あるいは渡来系氏族が、西飛鳥という一つの地域に継続して古墳を築造していたことのあらわれであろう。

明日香村を訪れた際には、キトラ・高松塚古墳とともに、ここに紹介してきた多様な古墳にも注意して見学していただければ幸いである。

次章から、このような地域に築造されたキトラ古墳と高松塚古墳について、その古墳の造り方や両古墳に描かれた壁画をめぐり、考古学的な視点からみていくことにしたい。

第 2 章

キトラ・高松塚古墳の築造技術

檜隈《ひのくま》と呼ばれた西飛鳥には、古墳時代の終わりから飛鳥時代にかけて造られた数多くの古墳が分布していることは第一章でみてきた。そこには墳丘の形状や石室の構造が異なる多種多様な古墳が存在した。しかし、このなかで壁画が描かれた古墳は、キトラ古墳と高松塚古墳の二基だけである。キトラ古墳、高松塚古墳がいかに特別な古墳であるかがわかるであろう。

第三章で詳述されるように、二基の古墳壁画は、石室の壁に漆喰《しっくい》を塗り、その上に極彩色で四神《ししん》と日・月、男女人物像、獣頭人身十二支像（以下十二支像と略する）、天文図（星宿図）を描いている。なかでも、キトラ古墳の天文図は、本格的な星座を描くものとしては世界最古である。そもそも墓室に精緻な天文図を描くこと自体、世界的にみても珍しい。ひと口に古墳壁画といっても、壁画の内容をみれば、両古墳にはそれぞれに個性があり、独自性が際立つ。

一方、二基の古墳は、その造られた地点や古墳の造り方、石室の形などによく似た点がある。そして、その共通性はこの時代の高度な土木技術を反映したものであった。

本章では、キトラ・高松塚古墳が当時のどのような技術によって築造されたのか、発掘調査の成果などを踏まえて紹介していくことにしたい。

両古墳の概要の確認からはじめることにしよう。

キトラ古墳の概要

キトラ古墳は丘陵の南斜面を平らにして造られた円墳である。墳丘は段築によって積み上げられており、下段の直径は一三・八m、上段が九・四m、高さは三・三mである。

石室の石材は二上山《にじょうざん》で採られた凝灰岩《ぎょうかいがん》で、板状に加工した切石を組み上げて造られている。調査によって石室の構築順序が判明している。床石を南から北に四枚敷き、床石の端に北壁石と東西壁石を置き、さらに天井石を置く。そして埋葬が終了すると、南壁石が置かれた。天井は屋根型で、天井石の内側には深さ一〇㎝の浅い掘り込み（折上げ）が造られている。

石室の床面と側壁、天井には漆喰が塗られ、壁面に四神と十二支像、天井に天文図（折上げ部に日・月像）が描かれた（壁画については第三章で詳述）。

石室内は盗掘で荒らされていたが、五〇代から六〇代の熟年から老年期の人骨や、木棺に取りつけた花形の飾り、銀の装飾付き大刀などが出土した。

高松塚古墳の概要

高松塚古墳は丘陵の尾根の中央からやや南に下ったところを造成して造られた円墳である。墳丘は二段で下段は直径二三m、上段は一八m、高さは南から測ると八・五mである。キトラ古墳よりひと回り大きい。

石室は二上山の凝灰岩を板石状に加工して組み立てられている。四枚の床石が南から置かれ、その後、北壁と東西壁石、天井石が置かれた。天井石の内側には屋根型の加工はなく、平天井となっている。

石室の床面と側壁、天井に漆喰が塗られ、四神と人物像、日・月像、天井には天文図（星宿図）を描いている。

石室内は盗掘によって荒らされていたが、身長一六三㎝ほどの熟年男性（三〇～四〇歳）の人骨が発見された。近年、漆塗木棺と金箔を貼った棺台もCGで復元された。副葬品には、中国唐代の海《かい》獣《じゅう》葡《ぶ》萄《どう》鏡《きょう》一面や、銀《ぎん》装《そう》大《た》刀《ち》の飾り金具や棺の金具飾りなどが出土した。

(二) キトラ・高松塚古墳の築造時期

飛鳥の古墳には終末期古墳が多いことはこれまで述べてきたとおりであるが、そこから一歩進んで、より正確な年代を特定しようとすると、これはなかなか難しい問題となる。古墳の築造年代は、被葬者が特定されていたり、年代の記載がある遺物が発見されたりしないかぎり、具体的な年代が知りがたいからである。このため、同様の形態の古墳との比較によって、それらの前後関係などのおおよその年代を特定することになる。ここでは、キトラ・高松塚古墳と壁画は描かれていないものの、同じ形の石室をもつマルコ山古墳と石のカラト古墳をあわせた四基の古墳を比較し、築造された順序をみてみたい。いずれも「組合式横口式石室」を有する古墳である（第一章参照）。

ところで古墳の築造年代は何を基準とするかによって変わってくる。たとえば、わかりやすい基準は石室の変化である。この変化は天井の形に顕著にあらわれ、屋根形に大きく刳り込むものと、刳

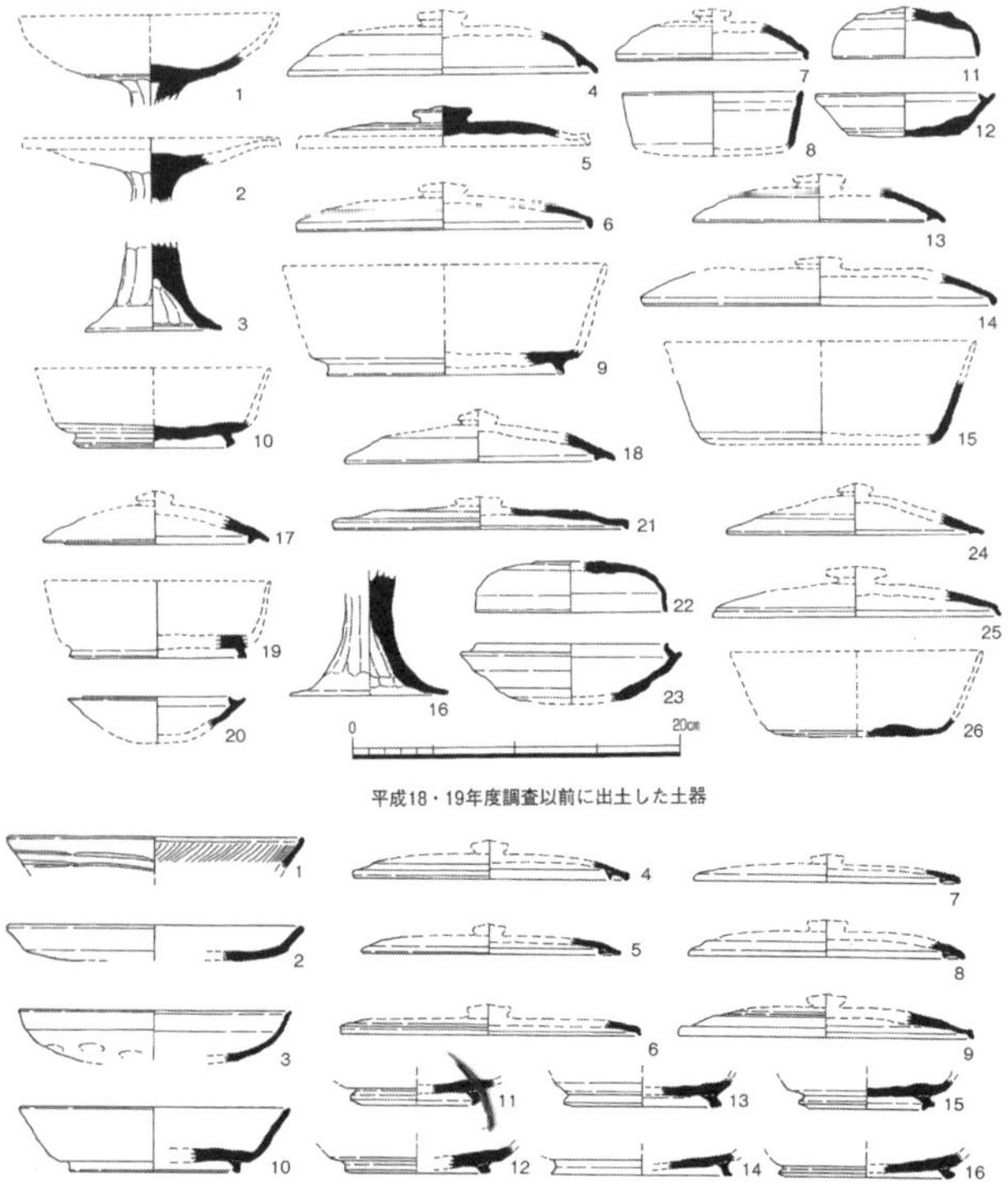

図18　高松塚古墳出土土器（文化庁ほか 2017 を改変）

り込みのない平たい形がある。また内側を刳り込むにも深いものと浅いものがあり、製作年代の違いがあらわれている。一般に深い刳り込みがあるものからその深さを減じて、平天井になる。これによって四基の天井の刳り込みの形を並べると、キトラ古墳と石のカラト古墳は同時期、次にマルコ山古墳、次に高松塚古墳の順で造られたことになる。

しかし、厄介なことに基準はそれ以外にもある。近年行われた高松塚古墳の石室解体調査では、石に残る加工の跡から、マルコ山古墳が最初に造られ、その後にキトラ古墳、次に石のカラト古墳、最後に高松塚古墳が築造されたという見解が出されている。他方、古墳から出土した鉄製大刀の飾りの特徴から、キトラ古墳、石のカラト古墳、マルコ山古墳、高松塚古墳の順で造られたと考えることもできるという。

このように基準の相違によって、古墳築造の順序に対する考えが異なるため、キトラ・高松塚古墳の築造年代を正しく順序づけることは容易ではない。しかしながら、論者の多くはこれら四つの古墳との比較では、高松塚古墳が最後に築造されたという理解は共通している。

年代特定は出土土器によっても行われる。キトラ・高松塚古墳から出土した土器は、飛鳥時代末から奈良時代初頭の特徴を有していて、実年代では七世紀末から八世紀初頭の年代を示す（図18）。ただし、土器の年代だけでは幅があるため、より正確な年代を特定することは難しい。この点、高松塚古墳については、築造時期を絞り込むためのヒントとなる副葬品がある。海獣葡萄鏡と呼ばれる中国鏡である。高松塚古墳出土の鏡は、中国西安市にある唐代の独孤思貞《どっこしてい》墓（六九七年没、翌年に埋葬）から出土した鏡と同型であることがわかっている。鏡が中国から日本に伝来したのはそれより後のことであろうから、高松塚古墳の築造は六九七年以降と考えてよいであろう。

（二）古墳の選地と造成

古墳の具体的な築造方法について順を追ってみていくことにしよう。

古墳の選地

古墳を造るためには、いうまでもなく、それを造るのに相応しい場所を選ぶ必要がある。古墳時代後期の群集墳の立地をみると、丘陵の稜線に沿う地形にあわせ、また地山を削り出して造られているものが多い。一方、終末期古墳は南向きの丘陵斜面にあり、古墳の正面は南に向くことが少なくない。古墳の背後は、丘陵を切断するように掘削されるところから、古墳の背後は山が屏風《びょうぶ》を広げたような景観になる。このような古墳は「山寄せの古墳」とよばれており、河上邦彦氏は風水思想が反映されたものといわれる（河上一九八五）。

しかし、山寄せの古墳のなかには、風水的にみて好立地にないものもある。風水には四神相応の地とよばれる好適地がある。背後に高い山があり（玄武《げんぶ》）、前方に海や河川などの水があり（朱雀《すざく》）、左右に丘陵（青龍《せいりゅう》・白虎《びゃっこ》）が囲むという形状を指す。キトラ・高松塚古墳はこのような四神相応の地にはない。そのため、壁画に四神を描いて代用したのではないかとも考えられている。ただ、飛鳥の終末期古墳は正面を南に向けているものの、立地は大王墓とそれ以外では大きく異なっており、一様に風水思想を当てはめて理解することには疑問が残る。

キトラ・高松塚古墳についてみると、丘陵の南斜面の少し下がった傾斜地に、石室が南に開口するように造られている。斜面に古墳を造るためには、傾斜地を掘削して平地を確保し、地盤が安定するように造成する必要がある。また、近くに造成のための作業場や、資材置き場になるような広い平地を確保しなければならない。古墳の選地には、こうした築造のための実際上の問題も考慮する必要があったであろう。また、被葬者や古墳を造った人々の政治的な立場や造営の意図もある。さらにいえば、モニュメントとしての要素も強い建造物であるから、古墳からどこが見えるか（視認範囲）、どこからそれが見えるか（視点場）ということも多分に配慮して選ばれたと考えられる。

丘陵地の造成

古墳を造る場所が決まれば、丘陵の造成が行われる。まず丘陵の斜面を水平、または南に少し勾配をつけながら削平し平地を造成する。削平によってできた平地が古墳の地盤となる。檜隈丘陵は風化した花崗岩が堆積して硬くしまった土壌である。そのため、削平後に加工を施さなくてもよく、露出した基盤面そのままでも古墳を支えるのに適した硬さを持っている。

丘陵の斜面中腹を垂直に削れば、丘側に切断面（カット面）ができるが、この切断面が深いと、古墳の背面に屛風のような崖ができる。切断面の削りぐあいによって古墳の正面観が変わることになる。キトラ古墳は南斜面の中腹をひな壇状に切断しているため、古墳背面に高さ五mの崖を背負っているようにみえる（図19）。また、古墳と丘陵の崖が近いため、上からみると、幅の狭い溝がめぐっているかのようにみえる。

一方、高松塚古墳は丘の頂上に近い南側斜面を一段だけ切断し、さらにその段を墳丘で覆ってしまうほど小規模な切断であった。このため、高松塚古墳の背後には屛風のような崖はみえない。古墳築造のための丘陵の削平は、キトラ古墳に比べ高松塚古墳ではより省力化されていたといえる。

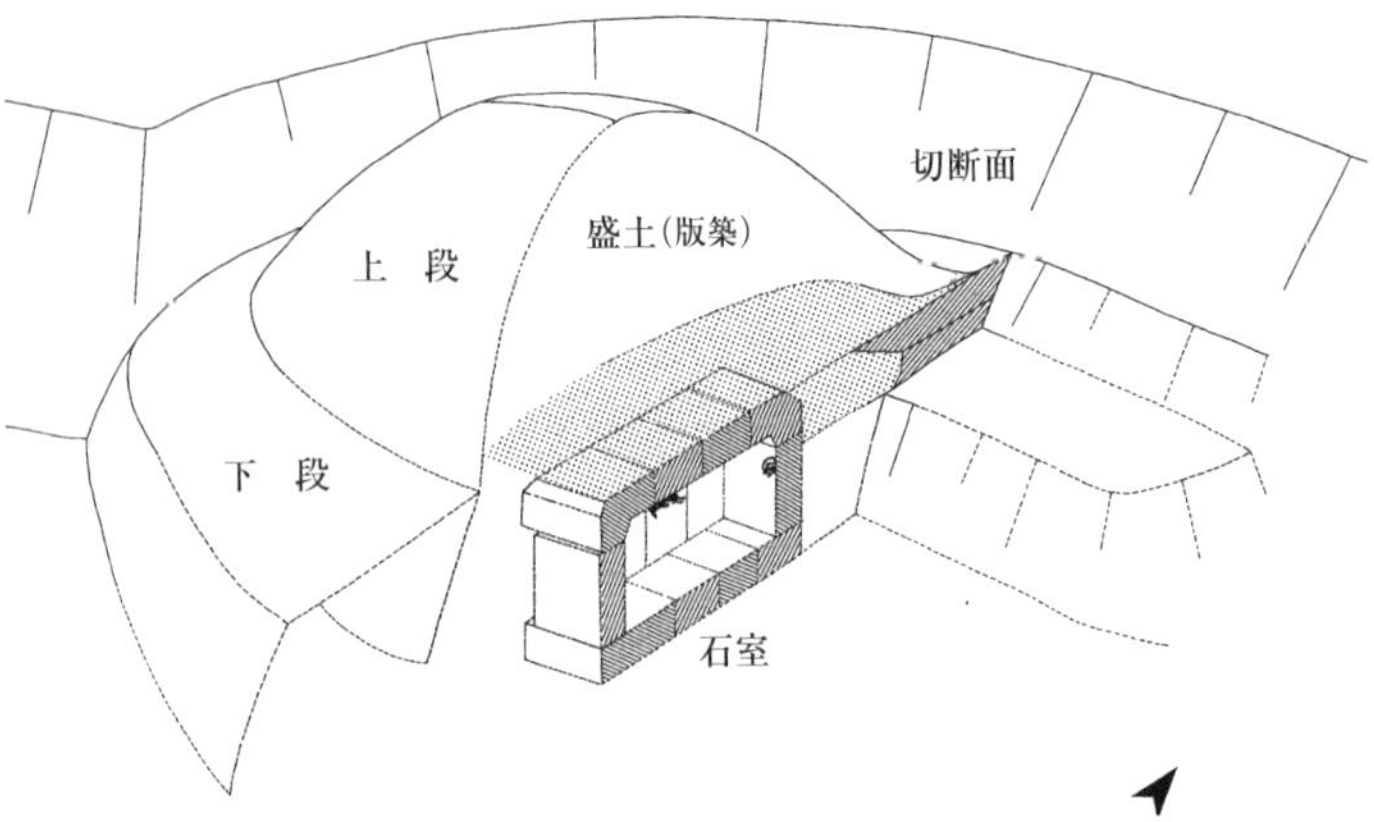

図19　キトラ古墳と背後の切断図（墳丘概念図）（キトラ古墳学術調査団 1999 を改変）

丘陵地の削平が終わると、次の工程は古墳の下の造成工事となる。この造成工事は、地面の高い所を削り、低い所には盛土をして、広くて平らな地盤を造るために行われる。この造成工事はどの時代の古墳造りでも行われており、終末期古墳もまたしかりである。高松塚古墳は、発掘して分かったことだが、築造前の地形が、古墳の南東から小さな谷が入り込んだ起伏のある地形であった。このため高松塚古墳では、谷を埋めるために、高さ二・七mにわたって整地土を入れ、これにより古墳築造のための広い平坦地を確保することができた。こうした造成工事の痕跡は、キトラ古墳でも見つかっている。しかし、発掘当時のキトラ古墳は、古墳の南に村道が走っていて、村道の下に続いていく造成土を追いかけて発掘することができず、詳細は未確認のままである。こうした造成工事は、古墳築造のための平坦地確保だけではなく、古墳の前にある谷から斜面地に向けて資材を運び入れる搬入スロープとして利用された可能性も考えられる。

少し余談になるが、近年、西飛鳥の真弓丘陵でも大規模に丘陵を切断していた四基の終末期古墳が確認された。このうち、三基は丘陵の南斜面に並び、残りの一基だけがその三基の前に立地していた。並びの三基のなかで西端にあるカヅマヤマ古墳は、古墳をコの字に包み込むように東西一〇〇m、南北約六〇m、高さが八〜一〇mにわたって丘陵の南斜面を切断していた。三基の真ん中にあるミヅツ古墳では、東西七〇m、高さ約一二mの丘陵切断面が、東端にあるテラノマエ古墳では、東西七〇m、南北七〇m、高さ一二mの丘陵切断面が確認された（西光二〇一二、二〇一三）。そして、三基の古墳の前にあるマルコ山古墳では、東西にのびる丘陵の端をまるく削り出した規模の小さい切断面が確認された。

四基の終末期古墳は七世紀前半から後半に造られているが、キトラ・高松塚古墳より古い終末期古墳でも、古墳の背面にある丘陵を切断していたことがわかる。

資材仮置き場

丘陵を削って出た土は、古墳周辺のくぼ地をならすための整地土や、墳丘を造るための版築土《はんちくど》に使われた。こうした土や石室などの石材を仮置きするためには、古墳の傍に広い土地が必要になる。

キトラ古墳は東に平地が広がり、高松塚古墳は南東から入り込む谷を埋め立て広い平地が確保された。後述のとおり、キトラ・高松塚古墳の墳丘は版築法で築造されたから、版築土を置く場所があったはずである。

また、このような平地は、葬儀や祭祀儀礼の場としても使用されたのではないかと推測される。丘陵の削平と造成作業は、古墳本体の築造だけではなく、周辺一帯を含めて行われたといえる。

（三）石材の採取と加工

石切り場跡

古墳を造る場所が決まり、基盤面が整備され、資材置き場が確保されたら、いよいよ古墳本体の築造作業のはじまりである。はじめに石室が築かれ、その後に墳丘が造られるが、その前に石室に用いる石材の採取と加工が必要となる。

キトラ・高松塚古墳の石室の石材は、大阪府と奈良県をへだてる二上山の凝灰岩を使っている。凝灰岩は火山灰などが固まったもので、比較的軟らかく割れ方に方向性がないため加工が容易である。

高松塚古墳の石材は岩屋峠《いわやとうげ》、キトラ古墳の石材は鹿谷寺《ろくたんじ》跡や牡丹《ぼたん》洞《どう》付近が採石地と推定されている。これらの採石場跡は、古代の飛鳥と河内をつなぐ竹内峠《たけのうちとうげ》の北側にある。高松塚古墳の採石場跡とされる石切り場には（岩屋峠西方石切場跡）、大阪府太子町の二上山万葉の森登山口から一〇分ほど登った山の斜面に白い凝灰岩の露頭《ろとう》が

図 20　二上山麓の凝灰岩石切場跡

ある（図20）。露頭には長方形の板状に切り取られた、長さ約二・二m、横幅約一m、厚さ約一mの立方体の石が斜めに立っている。採石場跡は調査されていないが、高松塚古墳の石と比較してひと回り大きい。この露頭部の板石は何らかの理由で運び出しが放棄されたものであろう。さらに露頭上の崖面にはノミで削られた溝（堀割技法による石材切出跡）が縦横にのびている。採掘時期は不明ながら、かつてここでも石材を切り出していたようである。

石切り場跡から東には「岩屋」といわれる寺跡と、西には鹿谷寺跡がある。二か所の寺院跡は凝灰岩を刳り抜いて造られた石窟寺院で、奈良時代の寺院であるという。古墳時代の終末期には凝灰岩はキトラ・高松塚古墳や牽牛子塚古墳、マルコ山古墳などの石室の石材として利用され、また飛鳥時代の宮殿や寺院などでも、建築ラッシュにあわせるように多用されたのである。

石材採取

石材の採取には、採石地での石の切り出し作業である「山取り《やまと》」、石材の大まかな形を作り出す成形段階の「粗作り《あらづく》」、石の表面をととのえる最終段階となる「仕上げ《しあ》」の三つの作業工程がある。以下に高松塚古墳の石材に残る加工の痕跡を例にみてみよう（図21）。

山取り

山取りによる石の切り出しは、掘割《ほりわり》技法と自然石の利用に大別できる。軟質の二上山凝灰岩では掘

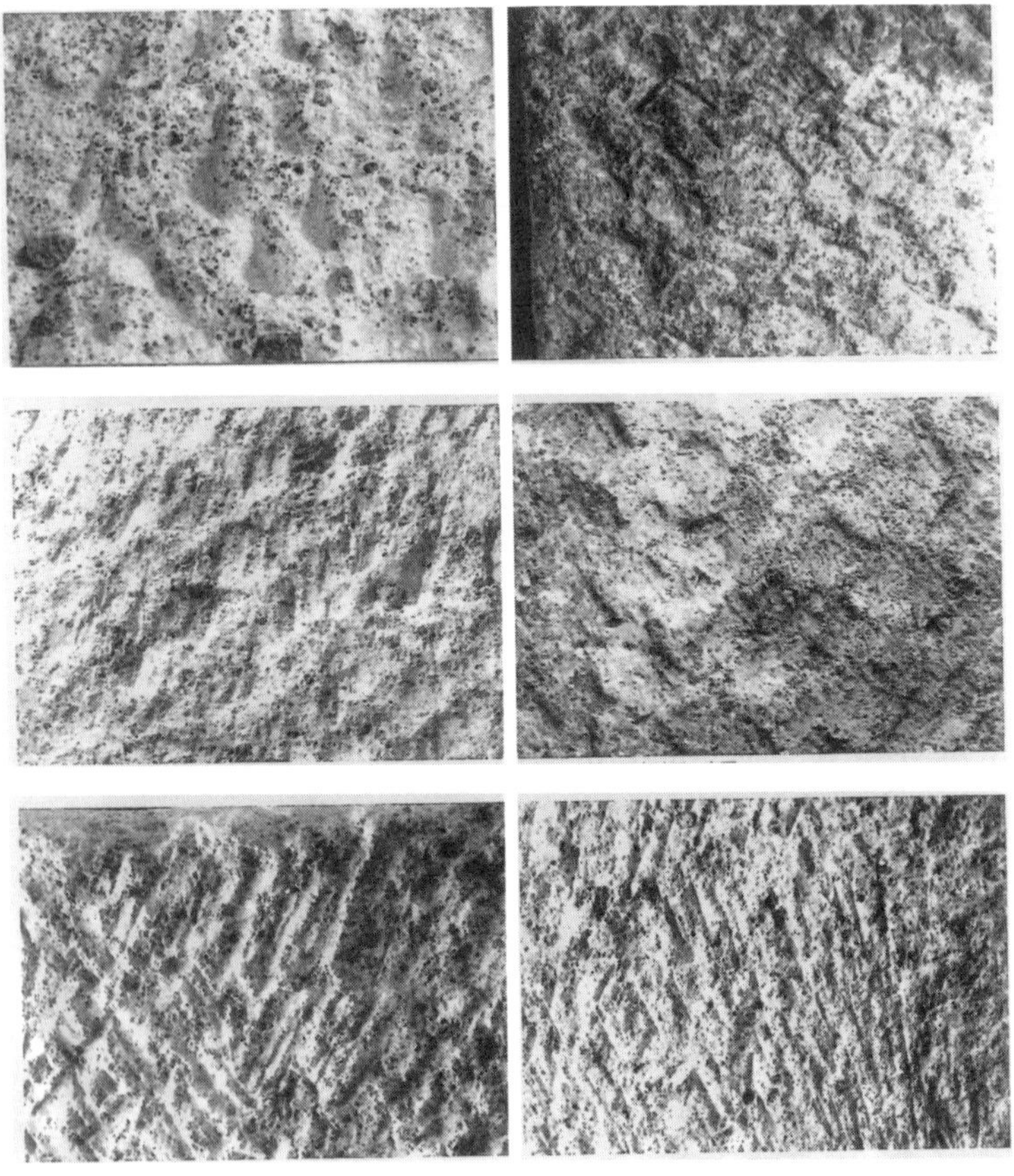

上段　左：ノミ叩き（天井石4上面）　　右：チョウナ削り（北壁石北面）
中段　左：チョウナ削り（西壁石2西面）　右：チョウナ削り（東壁石2東面）
下段　左：チョウナ叩き（粗　天井石4西面）　右：チョウナ削り（粗　西壁面1西面）

図21　高松塚古墳の石材調整痕跡
（文化庁ほか2017）

割技法が採用されている。高松塚古墳では天井石と北壁石、西壁石の一部に山取りの跡が確認できる。

粗作り

粗作りの跡は盛土に覆われて見えない部分、つまり石室の外側によく残っている。石室の外側は盛土によって覆われるため、ていねいな仕上げは必要としない。粗作りの跡は、チョウナ削りとノミ叩きがある。チョウナ（手斧）は鍬《くわ》のように刃と柄が直交する大工道具のひとつで、曲がった柄の先に平らな刃を横斧のようにつけたものである。チョウナで削れば、削る方向に浅い匙《さじ》状の面が痕跡として残る。ノミ（鑿）叩きは、先端のとがった工具をツチ（鎚）で叩いて石材を加工するため不整形な凸凹《でこぼこ》が残る。高松塚古墳では、天井石の外面、南壁石の南面、北壁石の北面、床石の東・西面に粗作りの跡が確認できる。

仕上げ

キトラ・高松塚古墳では、壁画を描いた壁石と天井石、床石、石材同士の接合面などに仕上げが行われたことが確認されている。仕上げ技法として、チョウナ叩き、ノミ削り、磨き技法がある。このうち、チョウナ叩きは、チョウナを連続して叩く技法で、粗作りのあとに凸凹をならすために行われた。ノミ削りは、ノミで表面を薄くはぎ取る削り技法で、チョウナ叩きのあとに行われた。磨き技法は、最後に石材表面を平滑にする技法である。叩きや削りあとを消す方法と、砥石《といし》と水で研磨する方法がある。しかし、石の表面の風化によって技法を判別することはむずかしい。

石材の運搬

山取りされた石材が加工のどの段階で古墳築造の地に運ばれたのかはっきりしないところがあるが、粗作りなどの作業は現地で行われたとみるのが妥当であろう。

二上山で採石された凝灰岩は、飛鳥檜隈まで二二kmの道のりを運ばれた。採石地から檜隈までは陸路であるが、途中に大和川水系の河川を横断しなければならず、水運も利用された。古代から近世において、資材の運搬には直引《じかび》きや山車《だし》、牛車《ぎっしゃ》、小車《おぐるま》などが使われた。また、巨石のような大型資材の運搬には修羅《しゅら》が使用された。修羅とは自然木の二股部分を用材とした木製のソリ（橇）である。大阪府藤井寺市の三ツ塚古墳の堀から出土したことが知られている。修羅の使い方は、下に道板《みちいた》（コロレール）や丸太を置いて転がし、縄かけ穴にひもをかけて前から直引きし、テコ（梃子）棒を使って後ろから浮かせて押し出すというもので、重い荷物の運搬に適している。

このように運搬された石材はその後、成形作業をへて石室として組み立てられたが、この前には、さらに以下のような加工が施されたことがわかっている。

朱線

両古墳の石室は、精緻な加工によってできた切石を箱型に組み合わせているが、石材の寸法が合わ

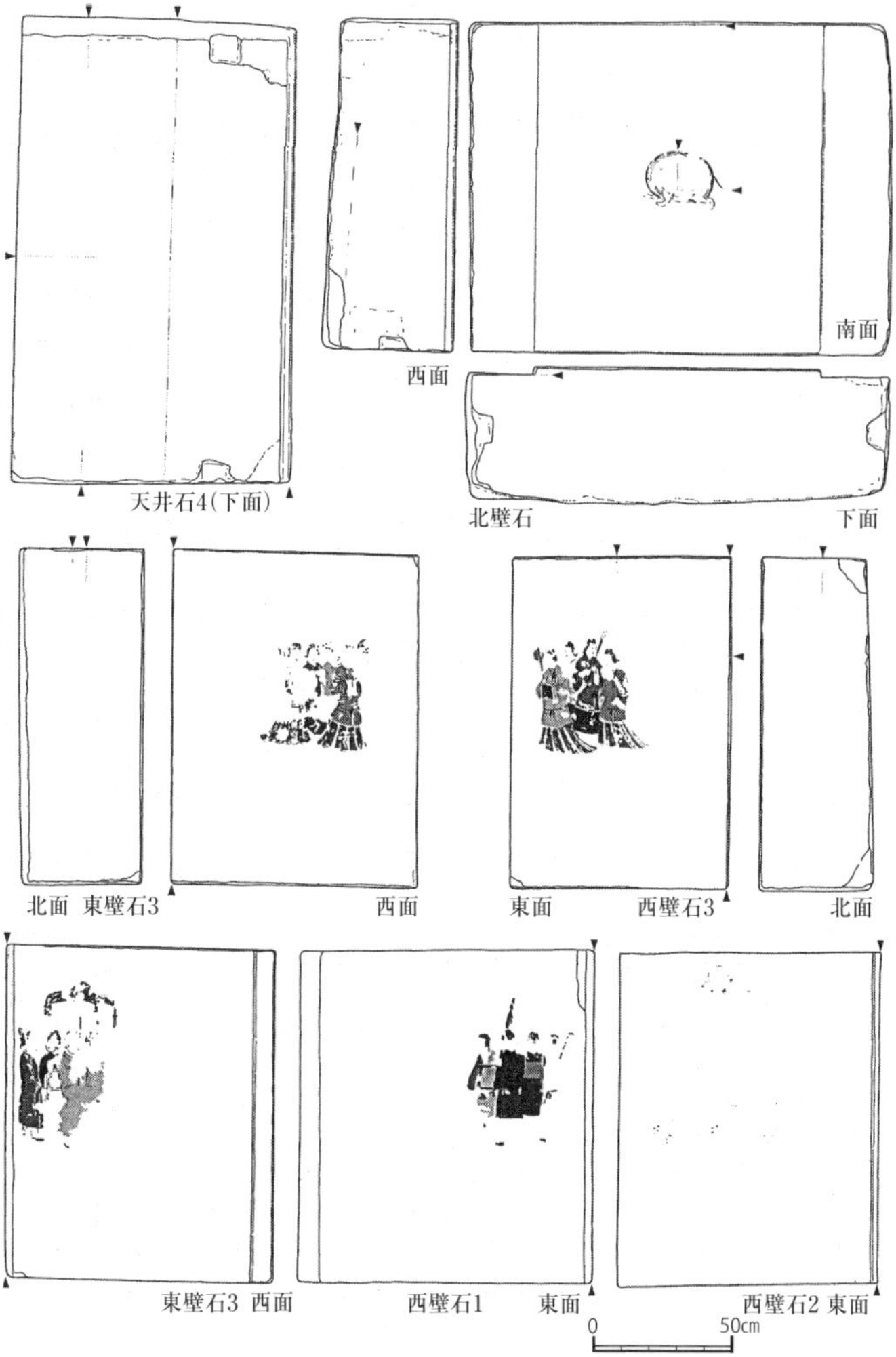

図22　高松塚古墳石室朱線の残存位置（▼印は朱線の位置）

（文化庁ほか 2017 を改変）

なければ、石室は不安定となり隙間ができてしまう。これを防ぐには、隙間のない精巧な石室を作るための正確な寸法取りが必要である。その寸法取りの様子を示すのが朱線の存在である。

高松塚古墳の石材には、寸法取りとみられる朱線が引かれていたことが確認されている（図22）。石の端や中央付近に直線が引かれ、線の太さは一定しない。また、定規を当てて引いたのか、墨壺《すみつぼ》を使って引いたのか判然としない。高松塚古墳の朱線は、石材を組み立てると見えなくなる部分にも引かれていたことから、石室組み立ての基準線ではなく、石材加工時の割付けであったと推測される。蛍光エックス線分析によって、朱線にはベンガラが使用されたことが判明した。このような割付線は、キトラ古墳やマルコ山古墳でも見られ、共通した技術で石の加工が行われたことがわかる。

合欠

キトラ・高松塚古墳の石室は、高松塚古墳では一六枚、キトラ古墳では一八枚の石材を組み立てて造られている。組み立てには石材同士を互いに噛合わせる「合欠《あいがき》」という接合が行われた（図23）。二つの石材の接合部分を半分ずつ同じ形に欠きとって凹凸をつけ、互いに組み合わせる工法である。合欠の位置により、石材がどの順番で接合されたか推定できるため、石室を組み立てた順序もおのずとわかる。

石材のように荷重のかかる部材を組み立てる場合、石材を上（外）から下（内）に落とし込むようにはめ込む。このためには、先に設置された石材の凸部が下（内）になければはめ込むことはできな

図 23　高松塚古墳石室側壁の組合せ
（合欠・矢印の部分）
（文化庁ほか 2017 を改変）

い。したがって、凸部が下（内）にあるのが先で、凸部が上（外）にあるのが後になる。

高松塚古墳の石室は、合欠の位置によって組み立て順序が復元されたが、これによれば、床石が南から北に置かれた後、北壁と東西の壁石を北から南に置き、南壁が置かれると、最後に天井石を南から北に置いたようである。

キトラ古墳やマルコ山古墳、石のカラト古墳にも合欠があり、石室の組み立ては高松塚古墳と同じであったと考えられる。しかし、高松塚古墳の壁石上面と、天井石下面の接合部には合欠は見えず、また、天井が屋根型ではなく平らであることから、石室の形に退化現象を見ることができるという。

終末期古墳は副葬品が少なく、古墳が造られた年代や順序を決めることはむずかしいが、このような石室の形や組み立ての技術、あるいは石材に残る微細な加工技術を比較することでその変遷や系譜が解明できる。

（四）石室の構築と測量技術

次に両古墳の石室作りの具体的な姿を見ていくことにしよう。石室は古墳の核であるから、その組み立てには正確な作業が求められた。そして正確な作業に必要になるのが測量技術である。両古墳の調査からは、その高い測量技術が確認されている。

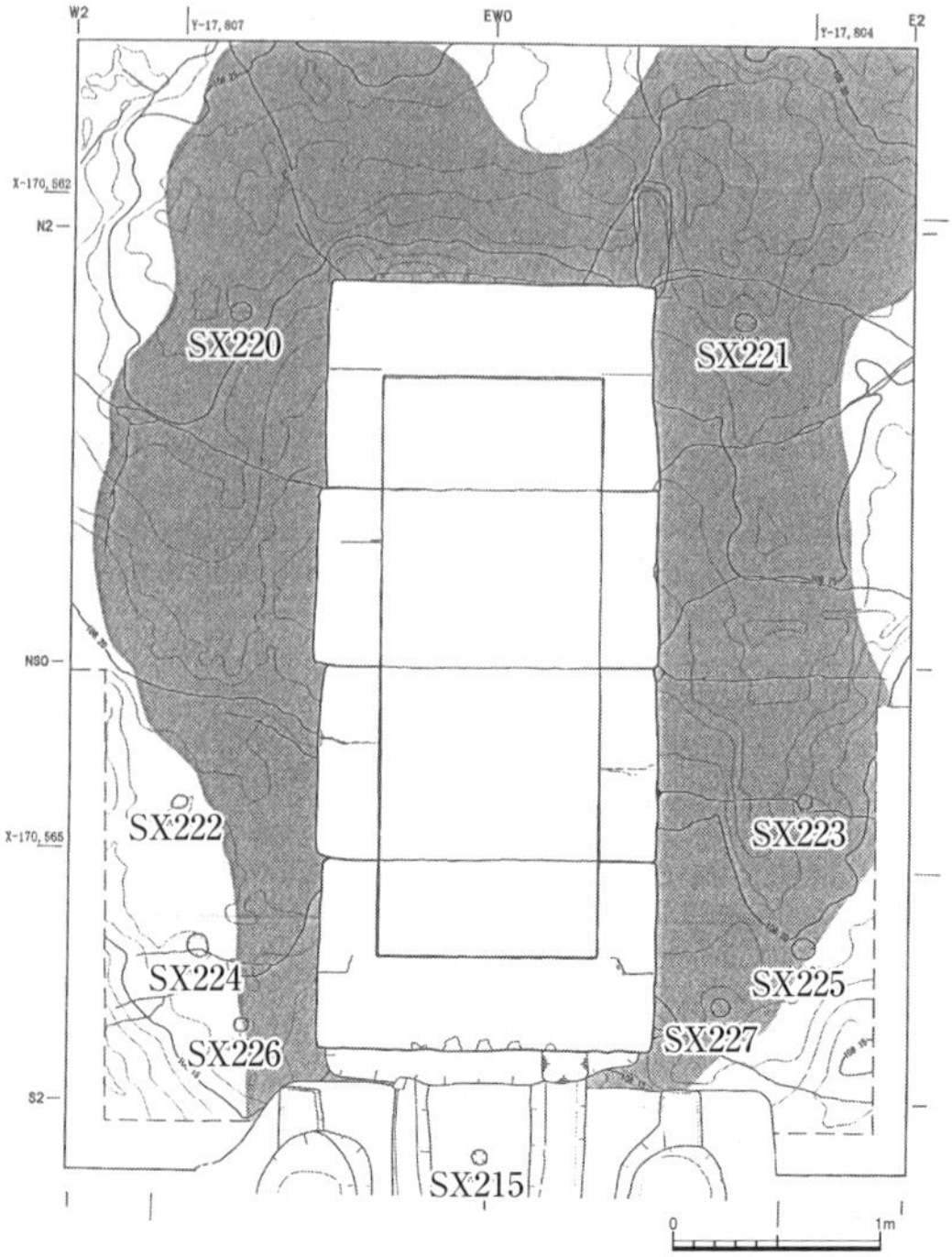

図 24　高松塚古墳床石周囲の水準杭跡
（文化庁ほか 2017 を改変）

小穴跡

高松塚古墳の石室解体調査で明らかにされた当時の測量技術の一つに水準《みずばかり》の使用がある。

調査の過程で石室の天井

図 25　『春日権現験記』に描かれた建築現場と水準器（渋沢ほか 1984 を改変）

石と壁石が取り外されたことで、床石周辺の版築の上面に小穴跡のあることがわかった（図24）。この小穴跡は床石を囲むように、東西対称の位置に九か所あった。小穴跡は、直径八cmの円形や楕円形で、断面はV字状をして先端部は刃物で削られたように尖っていた。深さは三〇cm前後で、先端の尖った木杭が打ち込まれた跡とみられる。小穴跡の形状や配置から、床面の水平を測定するために用いられた水準杭の跡ではないかと考えられている。当時の測量技術を推し量る重要な手がかりである。

　図25は『春日権現験記《かすがごんげんげんき》』第一巻「竹林殿事」に描かれた工事現場である。この絵には春日大社の竹林殿造営の普請場《ふしんば》（建築現場）が描かれている。図25の上には、長くて浅い水槽（水準器）が置かれ、その前に

童子が柄杓《ひしゃく》で水を注いでいる。その横で匠《たくみ》が水面から棒状のものを立てて水糸を張っている様子が見える。木杭に結ばれた水糸は十字に張られ、交点の真下に建物の礎石があることから、各礎石の水平を測るための測量作業の場面だとわかる。

右手前の礎石を置いたところでは、大きな地搗棒《じつきぼう》を持つ人と、その位置を決める人、スコップを持って礎石の水平を保つように調整する人という、三人一組で作業にあたっている。抱えるように持ち上げられた大きな地搗棒は、礎石の高さを決めるときに上から石を叩いて微調整するための道具である。

飛鳥時代には寺院造営のための最新の土木・建築技術が大陸から伝来し、飛躍的に発展した。『日本書紀』天智一〇年（六七一）三月条には「黄書造本実《きふみのみやつこほんじつ》、水臬《みずばかり》を献《たてまつ》る」という記事がある。「水臬」とは水準器のことである。黄書本実は高句麗系の渡来人を祖にする黄書《きふみ》（文）氏の出身で、天智天皇から文武天皇にわたって宮廷につかえた人物である。次章でも述べるように、高松塚古墳壁画の製作に関与した可能性が指摘されているが、高松塚古墳での水準器の木杭跡の発見は、本実が関与したという説をより有力なものにする。

石室床面の傾斜

高松塚古墳の石室は、これまで南に傾斜していることがわかっていたが、石室の解体時に行われた三次元計測の結果、床面が北東から南西にかけて一度傾いていることが判明した。床面の北東隅を水平としたとき、北西隅は一・八cm、南東隅は五・六cm、南西隅は七・一cmの傾きとなる。従来、この傾斜の原因は石室を組み立てた後に発生した大地震によるゆがみと思われていたが、石室の解体調査によって、地震の影響ではなく、当初から意図的に施工されたものであったことがわかった。では、なぜ傾斜を設けたのか。これは石室の東西壁石の形状と関係する。東西の壁石を見ると、わずかに平行四辺形になっている。上・下辺が水平方向からわずかに一〜一・五度傾き、北側が高く、南側が低くなっている。南側に傾いた平行四辺形の東西の壁石を床石に置けば、組み立てた東西の壁石は必然的に北が高く、南が低く傾くことになる。これによって、壁石の縦目地は傾きがなくなり、垂直に通ることになる。

このような壁石の形状は、一見すると、石材の加工技術や寸法取りが未熟なためにいびつな形になってしまったと思われるかもしれない。しかし、実際には東西の壁石の北辺と南辺（縦目地）が垂直方向になるように、意図的に下辺を一度傾けて加工したものであった。先述した水準杭は、水平を測る装置であるが、水平を測りつつ、床石に一度の傾斜を正確につけていたのである。

キトラ古墳の石室は、床面の東北隅の高さを基準にしたとき、床面がゆるく南に傾斜している。また、石のカラト古墳の床面も南に向かって傾斜し、その高さは二・三cmと報告されている。このほか、牽牛子塚《けんごしづか》古墳と越塚《こしつか》御門《ごもん》古墳の床面も南に傾斜するように加工されている。このように多くの古墳の石室床面には傾斜がつけられている。これは石室内に浸透した水の処理のためであったと推測される。

高松塚古墳の場合は、床面の傾きによって生じる壁石の縦目地の傾きを、平行四辺形に石を加工することで解消するという、高度な設計と計測技術が駆使されて石室が組み立てられた点も注目される。

石室主軸の方位測量

この時期の石室の主軸は南北方向である。高松塚古墳の主軸は北で西に約一・六度振れ、キトラ古墳の主軸は北で西に一四度振れている。藤原京の中軸線が、真北から三三分三一秒西に振れているだけなので、飛鳥時代の測量技術は高い精度にあったことがわかる。

藤原京は平地にあり、周囲の見通しがきくため、精度の高い方位測定が可能であった。ところが、終末期古墳は見通しのきかないところを選地しているため、測量には周辺地形の制約を受けやすく、石室の主軸が真北より少し振れて造られたようである。

（五）石室の漆喰目地留め

キトラ・高松塚古墳の石室内側には漆喰《しっくい》が多量に塗られている。

石室の内壁に漆喰を塗った古墳は、キトラ・高松塚古墳に限られたものではない。漆喰を使用した代表的な古墳としては、宇陀市の南山古墳や桜井市の舞谷古墳群、同市花山塚東・西古墳、奈良市帯解《おびとけ》の黄金塚古墳、高槻市の阿武山古墳、明日香村のテラノマエ古墳、同村カヅマヤマ古墳、群馬県総社市の宝塔山《ほうとうざん》古墳、同市の蛇穴山《じゃけつざん》古墳、同県吉岡町の南下《みなみしも》A号墳がある。

このうち、阿武山古墳と宝塔山古墳、蛇穴山古墳以外は、石室の壁を板状の石によって小口積みにした磚積《せんづみ》石室とよばれる石室である。磚積石室の場合、壁と天井、棺台に漆喰を塗ることが多く、この形の石室が出現した当初から漆喰が使われていたようである。磚積石室以外では、阿武山古墳は切石と割石でできた壁と棺台に漆喰を塗り、宝塔山古墳と蛇穴山古墳も石室の壁に漆喰を塗っていた。

漆喰を塗る目的は石室内壁を平滑にし、また白い空間を演出することにあったと思われるが、白い空間を演出させる材料は漆喰ばかりではない。福島県の虎塚《とらづか》古墳（七世紀前半）では、石室内に白土を塗り、その上にベンガラで武器や武具、三角文や円文などが描かれた。この壁画の内容は、キトラ・高松塚壁画のような具象的な表現ではなく、むしろ古墳時代後期の装飾古墳によく似ている。このようにみると、虎塚古墳の墓室内を白く演出したのは、極彩色の壁画を描くためというよりは、石室石材の目地を塞ぐことで荘厳な空間を演出するためであったと考えられる。

さて、キトラ・高松塚古墳の石室は、高度な石材の加工技術によって接合面はていねいに磨き上げられ、目地にはほとんど隙間がみられないものの、漆喰を分厚く塗りこんでいる。また、合欠を行った接合面にも、接着剤のかわりに漆喰を塗り、石材同士の隙間が徹底して埋められた。これを「漆喰目地留め」という。土中に浸透した水が石材の目地を通って石室内に侵入するのを防ぐための技術である。

両古墳の漆喰目地留めには、接合面に薄く塗るものと、継ぎ目や段差に詰め込むように塗るものがある。前者は、床石どうしが接する面、床石と壁石が接する面、壁石と天井石が接する面である。天

図26　高松塚古墳石室天井部・側壁部の漆喰目地留め
（文化庁ほか 2017）

井石の隙間は大きいため、上から漆喰を塗り込むか、あるいは側面から棒を使って押し込んだ（図26）。後者の石材の継ぎ目や段差に大量の漆喰を塗り込むものは、厚みが均一ではなく段差ができる壁石表面をならすために、壁石が組みあがった後に盛土作業に並行して行われたようである。このほか、石材が欠け落ちてくぼんだ部分やテコ（梃子）穴にも漆喰を塗り込めている。高松塚古墳の漆喰は、スサ（莇。刻んだ藁など）が混ぜられているが、礫や砂は入らず、よく精製されている。一方、キトラ古墳の漆喰には黒色の礫が入れられていた。また、マルコ山古墳では石材の継ぎ目に漆喰が塗られていた。天井の側面にあるテコ穴にも漆喰が詰められていたことから、漆喰目地留めは必ずしも壁画古墳特有の施工ではないと考えられる。

ところで、このような漆喰の塗り込め作業を一括で行うことは技術的に難しいため、段階的に積み上げられた。このため、漆喰を塗り込めた作業ごとのまとまり（施工単位）が、漆喰表面に残る凹凸と漆喰のかたまりの裏に残る接合の跡、間層として漆喰に巻き込まれた版築土などにみられる。後述のとおり、施工単位が残る上面には、漆喰を押さえた手指の跡や版築作業に使ったムシロ（蓆）の跡、あるいは搗《つ》き棒の跡なども残っている。

なお、石のカラト古墳では、天井石の外側の目地に灰白色粘土で目張りされていた。粘土を使っての目張りは、漆喰目地留めと同じように遮水《しゃすい》効果を目的にした施工である。また、牽牛子塚古墳では、石室天井部の外や外部閉塞石と石室の隙間に、礫のまじる漆喰を大量に塗り込めていたようである。

（六）石室南の墓道と葬送

墓道

墓道《ぼどう》とは、ある程度積み上がった墳丘盛土を石室の前（南側）だけ切り通し状に掘削してできた通路のことである。通路といえば、横穴式石室の羨道《せんどう》を思い浮かべる人もいるだろう。羨道と墓道の違いを簡単に言えば、羨道は天井石が架けられているが、墓道には天井がない。石室の前の墓道は南向きに開口した通路になっていて、被葬者を入れた棺は墓道を通って石室に運び入れられる。墓道から棺を石室に安置したあと、閉塞石（南壁石）で石室に蓋をして納棺が完了する。墓道は石室を前にして被葬者との最後の別れを行う場でもあった。

墓道は古墳時代後期以降の横穴式石室がその地域で独自に発展し、埋葬儀礼の変化とあいまって出現したことから、全国的に墓道を備えた古墳はそれほど認められていない。

一方、西飛鳥の終末期古墳では、七世紀後半以降の古墳に墓道が認められるが、キトラ・高松塚古墳以外は、墓道部の発掘が部分的で不明な点も多い。しかし、キトラ・高松塚古墳では墓道部を完掘したことにより、終末期古墳における墓道の性格が明らかとなった。キトラ・高松塚古墳の墓道は、石室に棺を納棺するためだけでなく、石室内に漆喰を塗り、極彩色の壁画を描いた画師たちの作業通路として利用されていたこともわかった。

高松塚古墳の墓道は天井石の前から掘り込まれており、その幅は約三m。両壁は垂直で通路状に掘られており、通路が完成すると、いったん石室の南壁石が外に取り出された。そして納棺が終了するまで外に置かれ、埋葬に伴うすべての儀礼が終了した後、南壁石が再び石室にはめ込まれた。

納棺の方法

キトラ・高松塚古墳では、壁画を描いたあと葬送が開始された。このとき墓道で墓前祭祀が行われたといわれているが、その是非は定かにしがたい。また、納棺の儀礼内容もよくわかっていないが、納棺の方法については、石室内に残る痕跡から復元が可能である。

まず、石室内に木製の棺台を置き、その上に遺体を入れた漆塗木棺が安置された。床面には漆喰の跡が残っていたが、棺台が設置されたところとその周囲では、漆喰の痕が異なっていた。この違いによって、高松塚古墳では長さ約二・一七m、幅六六㎝、高さ約一七㎝の棺台が置かれたことが判明している。漆塗木棺は、棺身の長さが約一・九九m、幅は約五八㎝であるから、石室内に棺台と棺を置けば床面のほとんどが埋まってしまう。

キトラ古墳では、床面に残る棺台設置痕跡と出土した漆膜片の二種が存在することから、棺台が設置されていたことが明らかとなった。これにより、棺台の長さは約二m、幅六八cmであることがわかった。高松塚古墳とキトラ古墳の棺台の大きさはほぼ同じであったことがわかる。

墓道の道板（コロレール）

石室への納棺が終わると、石室は南壁石で閉鎖された。キトラ・高松塚古墳では、墓道の床面に、石室の中心軸にあわせた道板《みちいた》（コロレール）跡が残されていた。この道板を使って南壁石を石室の開口部まで運び込んだのである。

道板の跡は素掘りの溝で、キトラ古墳では、五〇cmの間隔をあけて四本並んでいた。高松塚古墳では、中心軸から左右に二本ずつある（図27）。

両古墳の道板は、キトラ古墳では、墓道床面の幅に収まるが、高松塚古墳では、墓道床面の幅よりも広く敷かれた。道板は墓道の床面のなかに収まることから、墓道を造った後、石室を閉鎖するまでの間に設置されたとみられる。ただ、高松塚古墳は床面からはみ出して設置されており、石室を組み立てるときにも使用された可能性がある。このほか石のカラト古墳やマルコ山古墳でも道板が確認された。

墓道にあいた土坑跡

キトラ・高松塚古墳や石のカラト古墳では、墓道の床に穴跡（土坑跡）がある。石室正面に対して横にならべて掘られた穴跡で、キトラ・高松塚古墳では二か所（図27、SX216, 217）、石のカラト古墳では一か所ある。大きさは高松塚古墳が直径約四五cm、キトラ古墳では五五～八〇cm、石のカラト古墳では二〇cmあり、深さは一五～二〇cmと浅い。平面は円形や隅の丸い方形で、断面はキトラ古墳で

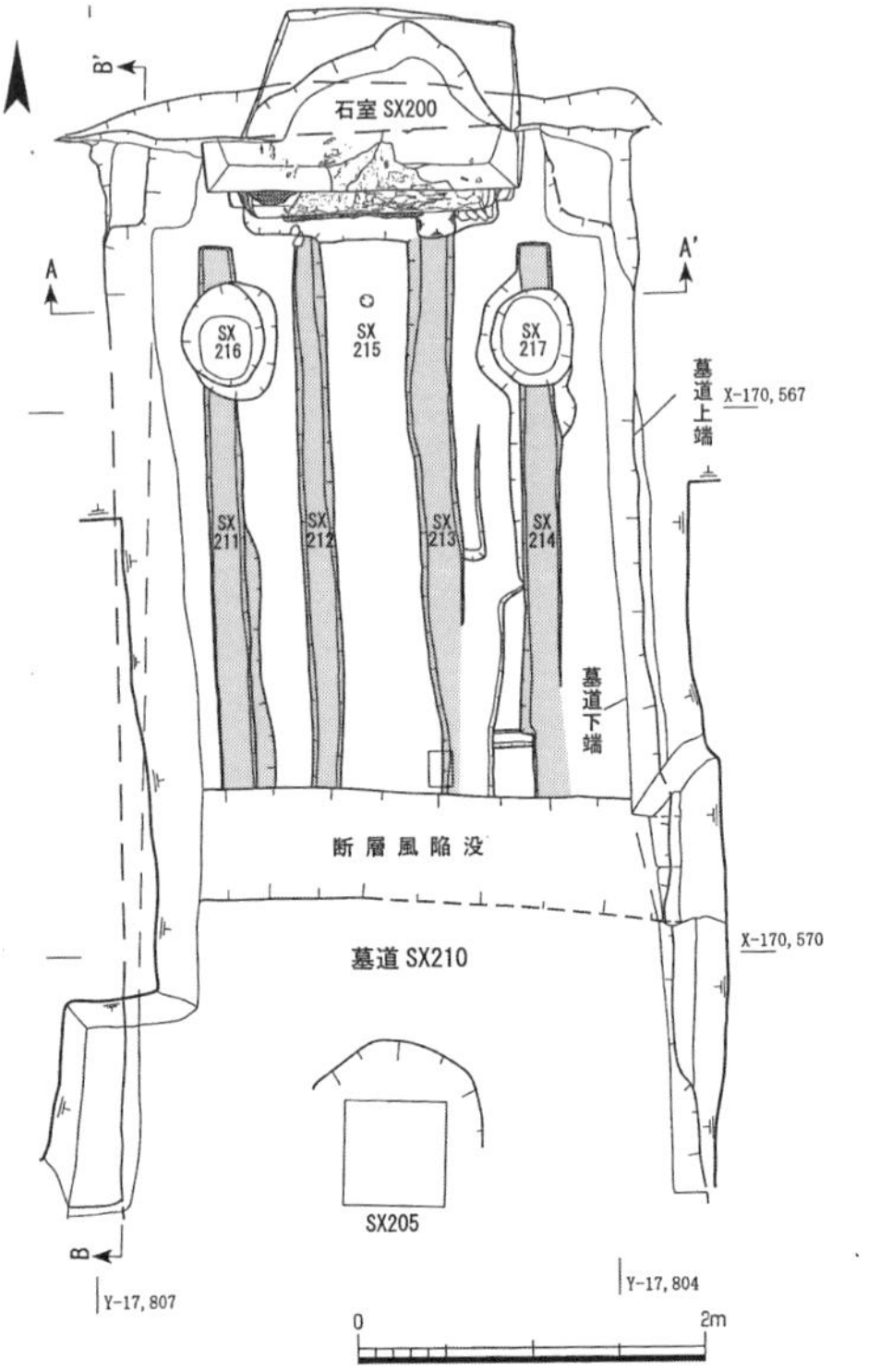

図27　高松塚古墳石室墓道とコロレール跡（網目）
（文化庁ほか 2017）

は浅いすり鉢状である。キトラ古墳の土坑跡には柱を抜いた跡があることから、石室を閉じたあと、立柱をともなう墓前祭祀が行われたと考えられている。

しかし、こうした土坑跡を「墓前祭祀の跡」と解釈することには少し疑問が残る。穴の直径がもっとも小さい石のカラト古墳を例にとれば、そもそも穴の深さ二〇cmに対して、径二〇cm未満の柱を据えることは可能であろうか。よほど小型の幟《のぼり》なら立てられるかもしれないが、それは幟といえるであろうか。

より合理的に考えれば、キトラ・高松塚古墳の二か所の土坑跡は、南壁石をはめ込むために使用されたとみるのが妥当であろう。床面南端から土坑の中心までの距離は約五〇〜七〇cmである。キトラ古墳では南壁石の正面に土坑跡があり、高松塚古墳では東西壁石の正面に並んでいる。土坑のなかに支点になる石をすえて、テコ（梃子）棒で南壁石を起こしてそのまま押し込めば、石室の開口部に南壁石をうまくはめ込むことができる。じつは、牽牛子塚古墳では外部閉塞石（図7参照）の直下で支点となる石がみつかっており、まさしくテコ棒で外部閉塞石を持ち上げるときの支点の役割をした石材と考えられている。

古墳には墳丘や石室の構築の過程の痕跡が多数みつかっているが、現在のところ、墓前祭祀が行われたことをうかがわせる物的な証拠はいまだ確認されていない。しかしながら、石室に蓋をすることで、被葬者との最後の別れとなる墓道が葬送の締めくくりとして重要な場所であったことは間違いない。

（七）墳丘の構築――版築工法

石室は最後に南壁を閉塞して完成する。キトラ・高松塚古墳の南壁の石（閉塞石）は、ほかの壁石や天井石と同じ工程でいったん組み立てられた。つづけて、石室の外側では石室の天井の高さまで盛土が積み上げられた。この盛土により石室の安定性が確保される。ここまでの工程によってできあがった墳丘を「第一次墳丘」と呼んでいる。「第一次墳丘」の段階で、石室の南を切り通し状に掘削したものが先述した墓道である。墓道から石室への納棺が終わり、閉塞石で石室に蓋をして葬送が終わると、墓道を版築工法で埋め、さらに盛土が行われて墳丘が完成する。この仕上げによって完成した墳丘を「第二次墳丘」と呼んでいる。つまり、第一次墳丘では、石室は完成しているものの墳丘自体は築成途中の段階であり、第二次墳丘は第一次墳丘の上からさらに盛土をして、墳丘の形を整え完成させた段階である。このような二段階にわたって墳丘を構築する手法は、古墳時代後期以降の古墳でたびたび確認されている。最近発見された例では、西飛鳥にある真弓鑵子塚《まゆみかんすづか》古墳でも二段階にわたる墳丘の構築が認められている。この構築手法が終末期古墳特有なものであるといえるほど、調査事例は多いが、高松塚古墳の解体調査によって初めて完全に解明された。キトラ・高松塚古墳では第一次墳丘段階と第二次墳丘段階の間で壁画が描かれ、納棺が行われたという手順が明らかになったことが大きな成果である。

キトラ・高松塚古墳の第一次・第二次墳丘は版築工法によって造られている。まずは版築工法がどのような技術なのか、そしてこの土木技術の系譜とその変遷について簡単にみていこう。

版築工法の伝来とその変遷

版築工法は、中国や朝鮮半島からもたらされた土木技術である。土質の異なる二種類の土（砂質土と粘質土）を交互に敷いて搗《つ》きかためる工法で、日本では五八八年に造営が開始された飛鳥寺の建築ではじめて採用された。『日本書紀』によれば、飛鳥寺の造営に際し、寺工・鑪盤《ろばん》博士・瓦博士などの工匠が百済から来日したとする。発掘調査によって、飛鳥寺の塔基壇は版築工法で造られたことが判明した。さらに近年は研究が進み、飛鳥寺をはじめとする飛鳥地域の古代寺院の造営は百済寺院の基壇構築技術と共通することがわかってきた。寺院の基壇構築技術のひとつである版築工法は、終末期古墳の築造技術と共通する側面がある。大阪府河南町のシショツカ古墳は、六世紀後半から六世紀末ごろに造られた方墳で、版築状の盛土工法で造られたことが確認されている。同古墳は飛鳥寺の造営と同時期に造られたことから、版築工法によく似た土木技術で作られた古墳であった。

古代寺院で採用された版築工法は、大和の終末期古墳にも転用され、早いもので七世紀前半ごろには磐余や西飛鳥にある渡来系の終末期古墳に採用された。そののち七世紀後半になると、牽牛子塚古墳や越塚御門古墳などの大王墓にも採用され、そして七世紀末以降には、キトラ・高松塚古墳や中尾山古墳で採用されたのである。

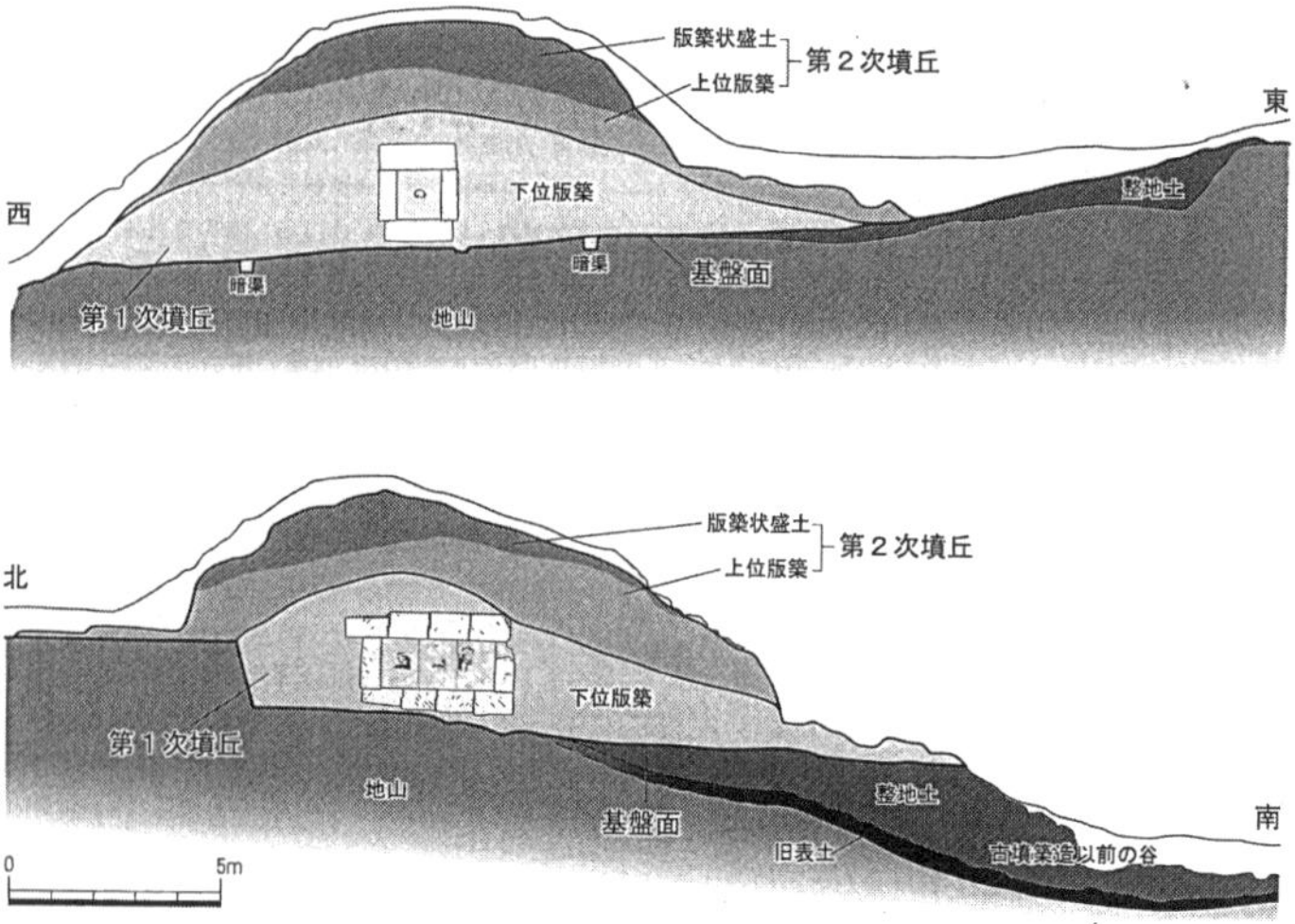

図 28　高松塚古墳墳丘土層断面模式図
（文化庁ほか 2017）

第一次墳丘の構築

高松塚古墳の第一次墳丘は非常に堅緻な版築工法によって構築された（図28）。スコップで掘っても弾き返され、手がしびれるほどの堅さの版築である。この版築は一層の厚みが三～五㎝で、砂質土を基調とする。緑泥石のかけらやセピオライトなどの鉱物が含まれ、上位版築と比べ二倍の強度がある。

　第一次墳丘の高さは約三ｍあり、盛土の範囲は一六～二〇ｍになる。古墳の南は墓道として開くため、当初から盛土はひかえている。下位版築の土砂の厚さは二〇～四〇㎝で変化するが、これらを一つの単位として繰り返し、下位版築全体の盛土としたようである。この非常に堅い版築を石室が見えなくなる高さまで施した。

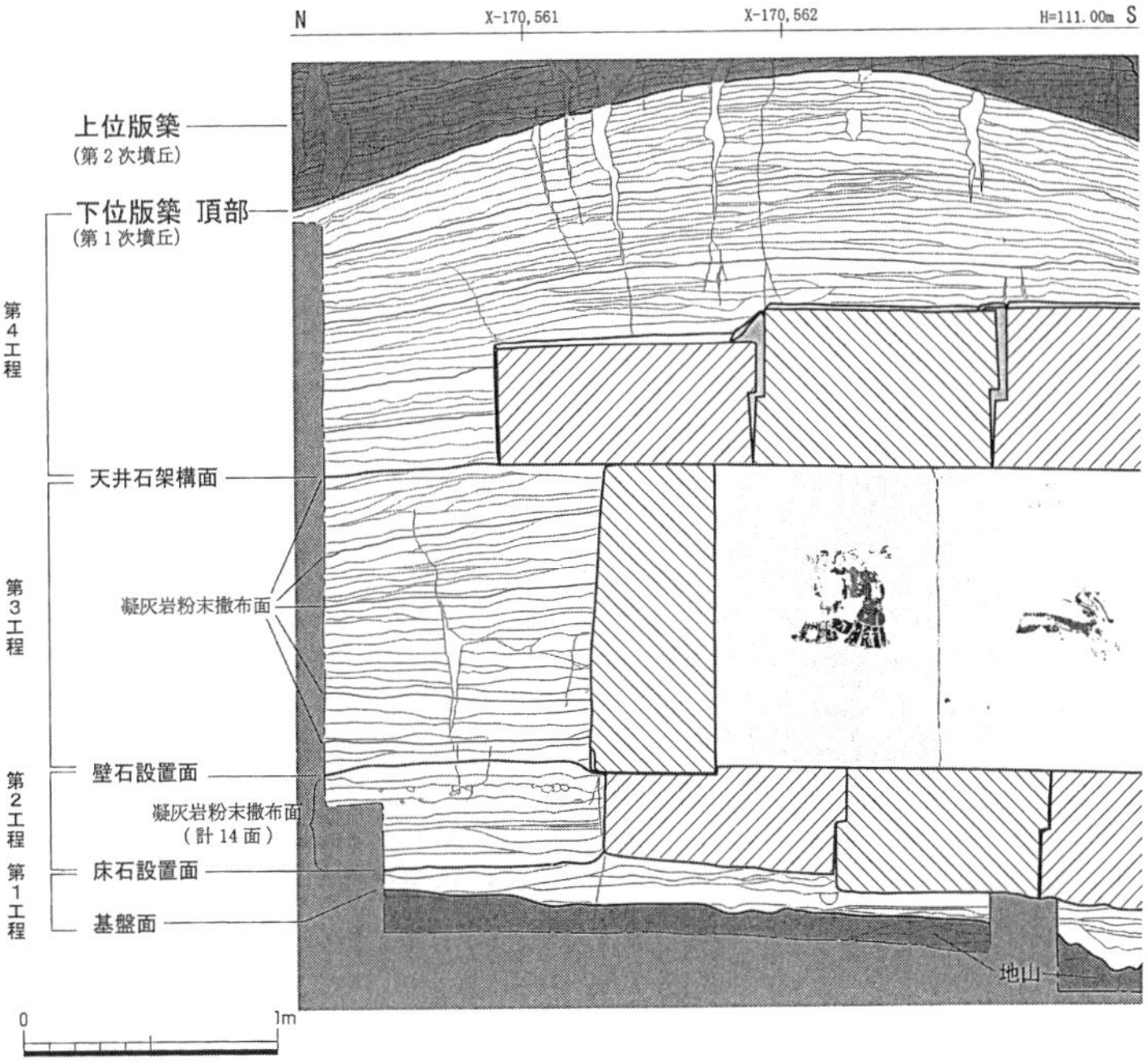

図 29　高松塚古墳墳丘南北の第１次墳丘の下位段築と施工単位

（文化庁ほか 2017）

第一次墳丘の版築は石室の構築順序にしたがっておおきく四つの工程で施工された（図29）。

第一工程は、床石を設置するために基盤面の傾斜を解消して高さを整えた版築である。四枚の床石は北にいくほど厚みが減じるため、石材の厚みにあわせて階段状の段差になるよう版築を行っていた。

第二工程は、床石周囲に行われた版築で、床石の上面まで埋められた。第二工程の版築には、凝灰岩の粉末を散布した面が一四面と、バラスを含む層が二〜三層確認された。

これらの層があることで第二工程の版築の強度は、ほかの部位に比べて高くなる。凝灰岩の粉末は、大ぶりな破片などは含まずパウダー状に粉砕されたもので、版築面の湿気を抜き、摩擦力の向上と土砂のかみ合わせを強化するために散布したのである。

第三工程は壁石の周囲から上面まで施工した版築である。壁石の高さ一・一六ｍを五つの単位に分割して版築を行い、各単位の上面には凝灰岩の粉末を散布していた。

第四工程は壁石の上に天井石を置いたのちに、その上を覆った版築である。壁石の上面から第一次墳丘の頂きまでは五単位あり、その間の盛土には風化した礫と粘土を含んでいた。

この四工程を経てから石室の南を切り通し状に掘削し、墓道を開削した。そして、この段階で石室内に壁画を描き、墓道を通って石室内に納棺を行った。

納棺が終わると閉塞石で石室に蓋をして埋葬が完了する。ここから第二次墳丘の構築がはじまる。

第二次墳丘

第二次墳丘の手始めはまず墓道を埋めていく。墓道を埋め終わったら引き続き第一次墳丘を上から覆うようにさらに版築工法で盛土をする。この段階の版築は、一層の厚みが五㎝あり、粘土質である。土砂の質や色の違いで、厚さが二〇～四〇㎝の単位で変化し、この単位を四回ほど繰り返していた。墓道の埋め土と第二次墳丘の盛土はよく似た版築なので、これらは一体的に行われたとみられる。

第一次墳丘の上に施されたこの版築は、厚さ約八〇cmに及ぶが、第一次墳丘の版築と比べて強度が半分くらいであった。この段階でおよそ墳丘の規模と形が整い、次は古墳と外周の仕上げである。古墳の表土となる最終仕上げの盛土は、一層あたり五〜一〇cmで、砂質土を入れた盛土の単位も厚く、版築のような十分な叩きしめはされていない。仕上げの盛土は、版築工法ではなく、むしろ「版築状」の盛土であり、古墳の表面に化粧を施す最終仕上げの盛土である。こうして、大きく二段階の盛土で古墳の墳丘が完成したのである。

次に、キトラ・高松塚古墳の発掘調査で確認された版築工法の微細な痕跡を紹介しよう。

搗き棒痕跡

上位・下位版築層の上面には、搗《っ》き棒で叩いた痕が残っていた（図30）。搗き棒の痕は、直径四cmの丸みがある。叩いた場所によっては、搗き固めた部分が密に重なり合うところもあれば、まばらに叩いたところもある。搗き棒は深さ〇・五〜二cmの窪みになってみえるが、平坦にみえるところでも搗き棒を無数に叩いたことで、見えなくなったところがあるのかもしれない。

なお搗き棒痕跡は、藤原宮大極殿院の南門の掘込地業と基壇版築でも直径が六〜八cmで先端の丸い搗き棒の痕跡がみられる。

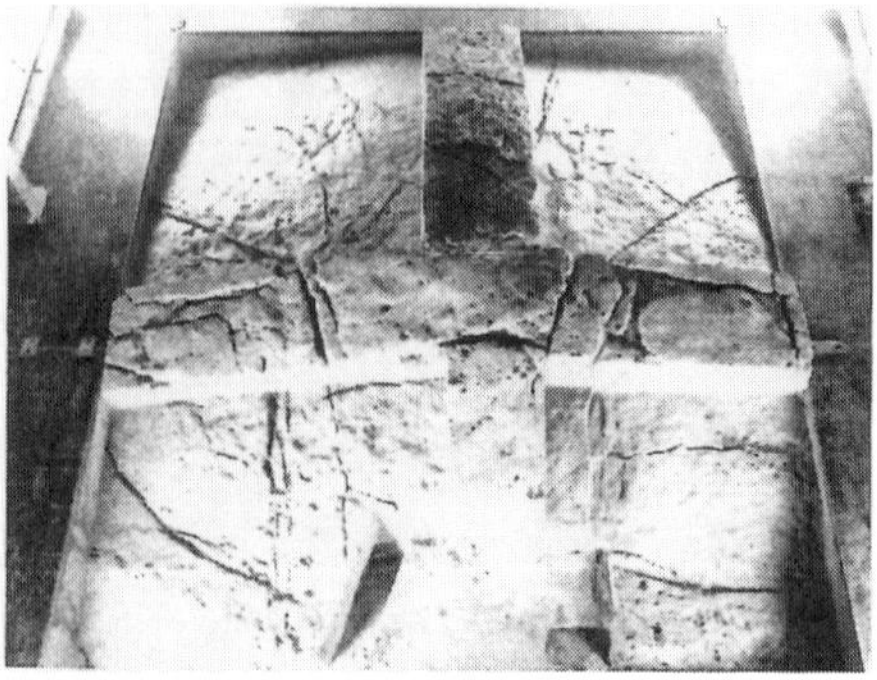

30-1

30-2

30-3

30-4

30-5

30-1：搗き棒痕跡の平面検出状況（南から）　30-2：連なる搗き棒の圧痕（北東から）
30-3：搗き棒痕跡細部 30-4：ムシロ痕跡細部（間隔 密）30-5：ムシロ痕跡細部（間隔 粗）

図 30　墳丘上の搗き棒とムシロ痕跡

（文化庁ほか 2017）

ムシロ（蓆）痕跡

ムシロ痕跡も上位・下位版築層にムシロ状の編み物の圧痕が残っていた（図30）。ムシロそのものは残っていなかったが、版築層の分かれる面にムシロ目の痕がはっきり残っていた。この痕がおのおのの版築層にあったことから、一層ごとにムシロを敷いては上から搗き棒で叩き締めたことがわかる。ムシロは編み物として一cmあたり二～三本の荒いものと、五～六本の細かいものの二種類があった。ムシロ目が同一面上に細かく重複している状況が見て取れることから、ムシロを敷いては搗き固め、それを取り外して別の場所に敷いては搗き固めることを繰り返していた様子がうかがえる。

幕板（堰板）痕跡

キトラ古墳の調査では、墳丘北の上段裾部で杭跡と幕板《まくいた》（堰板）跡が確認された。杭跡は直径一〇cmの杭を支柱にして、その上に厚みが四～五cmある幕板を当てて型枠とした。この方法は、一定の範囲のなかで盛土をより強固に、高く積みあげるために有効な工法である。古墳での確認事例は少なく、平城宮の基壇や築地塀などで確認される例が多い。

以下では、西飛鳥の古墳で確認された特殊な版築工法をみてみよう。この版築工法も寺院基壇の構築でも採用されている技術である。

カヅマヤマ古墳の「スロープ状」版築

キトラ・高松塚古墳以外で、版築工法が行われた古墳として特色あるものに、カヅマヤマ古墳がある。この古墳では、版築直下にバラス敷きとスロープ状の版築がみられた。バラス敷きは整地土の上に礫を敷きつめたもので、この上から版築によって墳丘下段を造っていた。バラス敷きは、東側にかたよっていたので、古墳の基盤の湿気を抜くため、あるいは排水のためとみられた。

スロープ状版築は、水平方向に積み上げる版築の途中に、斜め方向の層がスロープ状に入り込み、さらにその外側に水平の版築を行っている。墳丘の断面を観察すると、水平の版築層の途中に斜め方向の間層が入り込んでいる。石室の下にある墳丘下段のスロープは、石室の石材を引き上げるための斜路の役割があったようである。

このスロープ状版築は、桜井市の吉備池廃寺跡や香芝市の尼寺廃寺跡などにもあり、礎石などを引き上げるための斜路であったと考えられている。近年の調査では、明日香村小山田古墳でも古墳の盛土に斜めの間層が確認された。

以上、本章では、キトラ・高松塚古墳の石室と墳丘の築造技術についてみてきた。

キトラ・高松塚古墳は、寺院造営にかかわる土木技術が転用されて築造されたといえる。石室主軸の方位や床面の水平を測る測量技術は、寺院伽藍の礎石の水平を測る技術の転用である。そして、墳丘の版築技術が寺院の基壇構築技術と共通することも明確になってきた。終末期古墳を築造するうえで必要な土木、石工、測量などの技術が寺院の造営技術と共通する。キトラ・高松塚古墳でみられるさまざまな技術をあまねく駆使し、律令国家の完成に向けて建設されたのが藤原宮である。つまり、藤原宮建設と同時期に造られたキトラ・高松塚古墳は、宮殿造りと同じ技術で築造されたのであり、国家事業と同じ技術によって二つの壁画古墳が造られたのである。

これら大陸由来の技術は、技術そのものが日本に伝来したのではなく、その技術を携えた渡来人たちによってもたらされた。仏教外交による僧や寺工などの知識人や職人の派遣と受容、遣隋使や遣唐使による交流、白村江の戦いによりやむなく日本に亡命した王族や工人たちなど、さまざまな理由により本国から日本に来た渡来人が多くの知識や技術をもたらした。

高松塚古墳は苦渋の選択によって解体調査が行われたが、この調査によって終末期古墳の築造技術が初めて完全に解明された。一方、キトラ古墳は解体調査ではないため、発掘調査が古墳全体に及ぶことはなかったが、高松塚古墳と同じ技術が随所に確認でき、その施工は同じであったと考えてよい。

キトラ・高松塚古墳の築造技術は、従前の終末期古墳や古代寺院の構築技術に系譜をたどることができる。このようにみれば、両古墳の特徴は、古墳の「壁画」にこそ発揮されている。次章ではその「壁画」の技術についてみていくことにしたい。

第 3 章

壁画の制作と技術

キトラ・高松塚古墳の最大の魅力はなんといっても石室内に極彩色で描かれた壁画である。本章ではこれらの壁画について総合的な考察を試みたい。

（一）画師（画工）と古代寺院

七世紀後半に花開いた白鳳《はくほう》文化は、初唐様式の影響を受けながらアジア各地の文化も取り入れ発展した日本独自の文化である。薬師寺金銅仏や法隆寺金堂壁画などの仏教美術が有名であるが、キトラ・高松塚古墳の壁画もまた、この時代を代表する美術作品である。それは、この時代の画師たちの活躍なくしては生まれなかった傑作であった。これらの絵画はどのような人物によって制作されたのであろうか。キトラ・高松塚古墳の壁画を描いた具体的な人物の特定は困難ではあるものの、記録に残された「画師」とよばれた人々のなかに、その輪郭を浮かび上がらせてみたい。

飛鳥時代にはすでに「画師」と呼ばれる人物がいたことが『日本書紀』の記載から知られる。四六三年（雄略七）には、東漢直掬《やまとのあやのあたいつか》が百済《くだら》から連れてきた「手末才伎《たなすえのてひと》」のなかに陶作《すえつくり》、鞍作《くらつくり》、錦織《にしこり》、通訳らとともに、「画部因斯羅我《えかきべいんしらが》」という画師がいたという。東漢直掬は檜隈《ひのくま》を本拠地とした東漢氏の祖である阿智使主《あちのおみ》の子、都加使主《つかのおみ》のことといわれている。画部因斯羅我は新来の技術者として倭国に渡来し、飛鳥の上桃原《かみつももはら》・下桃原《しもつももはら》・真神原《まかみはら》に住まわされた。ちなみに同じく渡来した「鞍作」は鞍作《くらつくり》達等《たつと》・多須奈《たすな》・止利《とり》に代表される仏師の鞍作氏と無関係ではない。まだ仏教が伝わっていなかった古墳時代では、推定される画師の仕事として、装飾付きの馬具や大刀のデザインのほか、鉄製品に施された象嵌《ぞうがん》による抽象画などを描くことがあったのであろう。この時代の画師は、家業としての画師であり、大和王権における技術集団としての画師まで発展しなかった。そのため、当時の画師の作品がどういうものであったのか、その考古学的物証は確認されていない。こうした仏教導入以前の渡来人との交流が、飛鳥寺を最初とする仏教美術の幕開けの下地となったことであろう。

『日本書紀』にはまた、五八八年（崇峻《すしゅん》元）、蘇我氏の氏寺として飛鳥寺が造営された際に、百済から舎利・僧・寺工・鑪盤《ろばん》博士・瓦博士とともに、「画工白加《えたくみはくか》（百加）」がやってきたという記事がみえる。この飛鳥寺造営には、専門工人をたばねる現場責任者として「山東漢大費直《やまとのあやのおおあたい》」が選ばれたことが、『元興寺伽藍縁起幷流記資材帳《がんごうじがらんえんぎならびにるきしざいちょう》』に記された「塔露盤銘」の記載からわかる。この「元興寺」は日本最古の本格的な寺院である飛鳥寺のことであり、その造営が渡来系の東漢氏の下で行われ、そのなかで画師も重要な役割を担っていたことがわかる。画師の白加は、仏教関係の画題や文様、デザイン、寺院造営に必要な図面の作成などをてがけたのであろう。

飛鳥寺の造営ののち、聖徳太子発願の四天王寺や斑鳩寺《いかるがでら》をはじめとして、飛鳥時代は初期寺院の造営の隆盛期を迎え、日本各地に仏教文化が広まった。『日本書紀』によれば、六〇四年（推古一二）にはじめて「黄書画師《きふみのえかき》」「山背画師《やましろのえかき》」が登場する。同様の記事は『聖徳太子伝略』にもあり、それによれば、黄文画師・山背画師・簀秦画師《すはたのえかき》・河内画師・楢画師《ならのえかき》に戸の課役を免じ、永く名業とさせ、五姓の画師を定めたという。寺院造営が隆盛してきた時期に、複数の画師が存在し、氏族の家業として受け継がれていたことがわかる。

このほかにも、六二二年（推古三〇）に制作された斑鳩町中宮寺に伝来された天寿国繡帳《てんじゅこくしゅうちょう》には、図柄を描いた画師として、東漢末賢《やまとのあやまけん》、高麗加西溢《こまのかせい》、漢奴加己利《あやのぬかこり》の名が記されている。東漢氏をはじめ高句麗や中国などを出身地とする画師が繡仏《しゅうぶつ》の作成にもかかわっていたことを示すのであろう。繡帳にはパルメット文や連珠文《れんじゅもん》をはじめ、蓮華唐草文《れんげからくさもん》や飛雲、鳳凰、亀形、月とうさぎ、人物像などの図柄が刺繡され、女子の着る襞《ひだ》のある裳《も》の表現に高松塚壁画の図柄との共通性も指摘されている。

乙巳の変（六四五年）の後、画師たちの活躍ぶりが日本の正史に残っている。『日本書紀』によれば、白雉《はくち》四年（六五三）、画師《えかき》狛堅部子麻呂《こまのたてべのこまろ》・鯽魚戸直《ふなとのあたい》らが、川原寺（或る本には山田寺に在り）に安置するための仏菩薩像を造ったことが記されている。六五九年（斉明五）にも高麗の画師子麻呂の名がみえるが、先の狛堅部子麻呂と同一人物であると考えられる。川原寺跡の北にある川原寺裏山遺跡では、彩色された塑像《そぞう》片や金箔押しの三尊仏が多数出土しており、このような金色の塼仏《せんぶつ》が川原寺の堂内壁面を飾っていたことが想像される。このほかにも、山田寺跡から二点の彩色された壁画片が出土しており、堂内に壁画が描かれていたことが判明した。これらの造像や絵画が画師子麻呂の手になるものかはわからないが、当時の画師たちが、盛んに造営されていた寺院の装飾などにたずさわっていたことは間違いないであろう。

ところで、六六九年（天智八）に第七次の遣唐使節が派遣されたが、このとき黄文本実《きぶみのほんじつ》が随行して唐に渡った。黄文氏は山背を本拠にする高句麗系の渡来氏族で、五姓の画師の一つである黄文画師と同族とみられる。同氏は画師として奈良時代の史料にもみえることから、多くの画師を輩出した一族であったと考えられる。本実は、六七一年（天智一〇）に唐から帰朝すると、天智天皇に水臬《みずばかり》とよばれた測量道具を献上した。第二章で述べたとおり、キトラ・高松塚古墳の石室造営には、最新の土木技術としてこの水臬が用いられた。また、本実は唐の長安にあった普光寺《ふこうじ》の仏足石の図の粉本（絵の下描き）を持ち帰ったことでも知られている。その後、本実は鋳銭司《じゆせんし》に任じられ、持統・文武両天皇の葬送において殯宮司《ひんきゆうし》や装束司《しようぞくし》をつとめた。このように唐の最新の技術を伝え、また天皇の葬送にたずさわっていることから、本実が古墳壁画にも関与していたとする説が有力視されている。

飛鳥時代の画師たちは、仏教寺院の建設に伴う絵画制作や仏像の彩色などさまざまな仕事を担ってきた。当然、法隆寺金堂壁画のような仏教壁画も飛鳥時代の画師たちの仕事である。キトラ・高松塚古墳の壁画の制作には、同時代の仏教壁画にみられる技法や製作工程、顔料などの画材など共通するところが多い。それはおそらく、古墳壁画の制作に寺院壁画にたずさわった画師たちが関与していたのだろう。キトラ・高松塚古墳壁画に彩管を揮《ふる》った人物は、仏教をモチーフとした寺院壁画の技術を修得して古墳壁画に応用できる熟練者であり、唐などの最新の画題や図像に接する機会に恵まれた渡来系の画師であったようである。

（二）キトラ・高松塚古墳の石室規模

キトラ・高松塚古墳の石室の大きさはどのように決められたのであろうか。この時期の石室は、野口王墓古墳を除けば、一人を埋葬するための石室であった。表1（六七頁参照）はキトラ・高松塚古墳とほぼ同時期の石室の大きさを示している。石室のタイプには刳抜《くりぬき》式横口式石室と組合《くみあわせ》式横口式石室がある。このなかで、越塚御門《こしつかごもん》古墳と寝屋川市の石の宝殿古墳、斑鳩町の御坊山三号墳の石室のサイズは小さい。

一方、鬼の俎《まないた》・雪隠《せっちん》古墳や石のカラト古墳、マルコ山古墳は、石室の長さや幅、天井の高さが一定の範囲の中に収まっている。キトラ・高松塚古墳の石室の大きさもこの範囲にあるので、キトラ・高松塚古墳の石室は、先に造られた石室の規模を参考にしたとみられる。

キトラ・高松塚古墳の石室は、表1に示すように南北の長さが少し異なる以外は、東西幅、天井の高さが一致していることがわかる。おそらく採石場では既成の石室石材が準備されていたのではないだろうか。

(三) キトラ・高松塚古墳壁画のモチーフ

キトラ古墳と高松塚古墳には次のモチーフが描かれている。

《キトラ壁画》
天井……天文図（円形星図）
天井と壁をつなぐ斜面（折上げ部）……日・月像
四壁……四神像、獣頭人身十二支像（以下では十二支像と表記）

《高松塚壁画》
天井……星宿図（方形星図）
四壁……日・月像、四神像、人物像

本章で詳しくみるように、両古墳壁画は制作工程を同じくしており、互いに深い関係にあることが認められる。したがって、これらの壁画のモチーフの相違は、キトラ古墳と高松塚古墳で別々の画題が採用されたとみるよりも、キトラから高松塚のあいだで画題が変更されたと捉えるほうが自然かもしれない。具体的には、キトラ壁画の十二支像は、高松塚壁画では省略されて人物像に変わり、天文図は円形から方形に変更された。キトラ壁画が科学的な天文図と、天の方位や時刻を象徴する十二支像を描く宇宙図そのものであるのに対し、高松塚壁画では十二支像は外され、また天文図も天の象徴性の強い星宿図が描かれたのである。

こうした画題の変更は、これらの壁画が描かれた動機、あるいは壁画が象徴しようとしたものが何であったのかを示唆するであろう。壁画を描かせた施主にとって、いわばキトラ壁画は不完全なものであり、意に沿うものではなかった。それゆえ次の古墳築造にあたって再び壁画を描くことが企画されたのかもしれない。

高松塚壁画の主題はキトラ壁画よりもはっきりしている。すなわち、壁画のモチーフは宇宙の最高神である天帝が所在する天と、天帝から命をうけて使者にたった四神（祥瑞）、および天帝から天命を受ける儀式（人物群像で表現）の場をみごとに表現したのである。より端的にいえば、これは天武天皇の即位（天武二年二月）の翌月に行われた受命儀式の場面を描いたものとみてよいであろう。

このような画題の変化はあるものの、両壁画の画面には互いに統一感や一体感がうかがわれる。こうした統一感はどこから生まれるのか。このことを示した研究は目下のところ皆無である。筆者は壁画の一体感には、描く前に壁面に対して行われた綿密な下準備が関係していると考えている。とくに割付けの作業である。以下では、壁面の割付けを復元することで、両壁画の構成をみていきたいと思う。

（四）キトラ古墳石室の構築と壁面の割付け

両古墳の石室の構築は、高松塚古墳の解体調査によって、石材の据え付け方法や順序などが細部まで明らかにされている。この成果とキトラ古墳の調査成果をあわせて記していくことにする。

まず、キトラ古墳の石室の構成は、床石が四石、東西壁石のうち東壁は四石、西壁は三石である。東西壁石で石材の数が違うのは、東壁のなかに上下二段積みとした部分があるためである。北壁は二石、閉塞石を兼ねる南壁は一石である。天井石は四石が置かれた。

石室の構築順序は床石からはじめられた。床石は側壁や天井石のすべての基礎部分であり、割付け作業でも最初の基準を設定するための重要な位置づけにある。

床石設置の工程は（図31）、石材の長辺を南から東西方向に据えて北に順番に置かれた。高松塚古墳の調査では、床石の裏側は平らに削られることなく凸凹がそのまま残されていたが、キトラ古墳の床石も同様であると考えられる（高松塚古墳石室。図36参照）。南に設置された床石の表面は床面の水平面の基準となり、北に向けて一石を設置するごとに、石の下に土砂を入れて表面の高さを均一に調整する作業が繰り返された。

床面が水平に調整されてようやく次の工程に移る。まず、床石の上には、床面を南北と東西に二分割する中軸線が引かれた（図32）。以下では、この南北線を「a線」と呼ぶ。その次にa線の中央点から直角の東西方向に線が引かれた。この線を「b線」と呼ぶことにする。実際に床面の調査では、朱線の南北線（a線）が確認されたが、東西線（b線）はみつからなかった。しかし、a線の確認によって、石材の割付けが行われたことが裏付けられた。

次に床面上にはa線とb線を基準にして、南北二・三八m、東西一・〇四mの長方形が描かれた。この長方形は四壁を立てるときの前面（内側）の基準線である。またこの長方形のサイズが石室の大きさそのものとなる。そして四辺の外側はL字形に一段低く削り取られた。この削り取られた部分が北壁と東西壁、南壁の板石を設置するための個所となる。深さは三㎝である（九二頁・図24参照）。壁石は最初に北壁が設置された。その後に東西壁を北から置いていき、最後に天井石が南から北に置かれた。

そして南壁がいったん置かれて石室は完成をみた。石室の外では、天井の高さまで盛土され石室そのものが安定した。第二章でみたとおり、ここまでが「第一次墳丘」である。

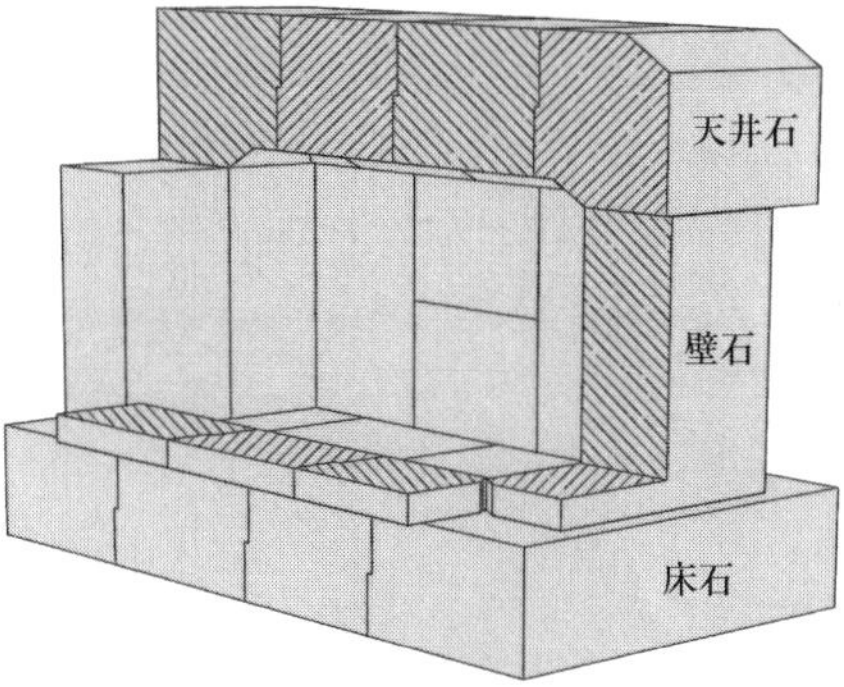

図31　キトラ古墳石室模式図（右が南）
（文化庁ほか2014を改変）

次はいよいよ石室内の割付け作業の工程に移る。石室内での作業の出入りのためにまず南壁がはずされ、葬儀が終了し石室が閉じられるまで外に置かれた。したがって、南壁の壁画だけは石室の外で描かれたことになる。このようにして組み上げられた石室の高さは、床面から側壁部分で一・一四m、屋根形までの高さは一・二四mである。

壁面に割付線を引く

この段階になってようやく石室内での作業になる。ここから先は、(1)壁画を描く基準になる割付線を壁面に引くこと、(2)壁面のすべてを漆喰壁とすること、(3)天井と側壁に壁画を描くこと、という工程に大別される。

まず、(1)割付線を引く工程をみていこう。割付線はキトラ・高松塚古墳では朱色(顔料はベンガラ)が確認されている。

図32はキトラ壁画の石室全体に引かれた割付線と壁画の関係を示している。床石の上面には十字のa・b線がある。a線は床面を東西に二分割した線、b線は南北に二分割した線である。このうち、a線は床面から北壁、天井にかけて延長され、各々の壁面を等分に分割する。b線は東西壁から天井に延ばされる。天井の分割線は、床面上のa・b線に相当し、天文図を描くための基準線になった。南壁は外に置かれていることから、割付線はこの原則にしたがって別に引かれた。a・b線が天井と壁面の縦ラインの基準線ということである。

さらにいえば、天井のa・b線の交点は、天文図の天極星が位置する点となっている(一三二頁・図33参照)。このような割付け線と天極星の関係からみれば、壁画を描くうえで、天文図の中心となる天極星の位置を最初に決めることが、もっとも重要だとする構想があったとみられる。

天極星を中心に壁画が構想されたことは、このような壁画がなぜ描かれたのかという問題をひもとくうえでも重要な視点となる。

天武天皇は壬申の乱によって即位したが、いわばクーデタによる簒奪王権であったことから、自身の即位を正当づける大義や思想を必要とした。そこで導入されたのが、古代中国において皇帝の即位

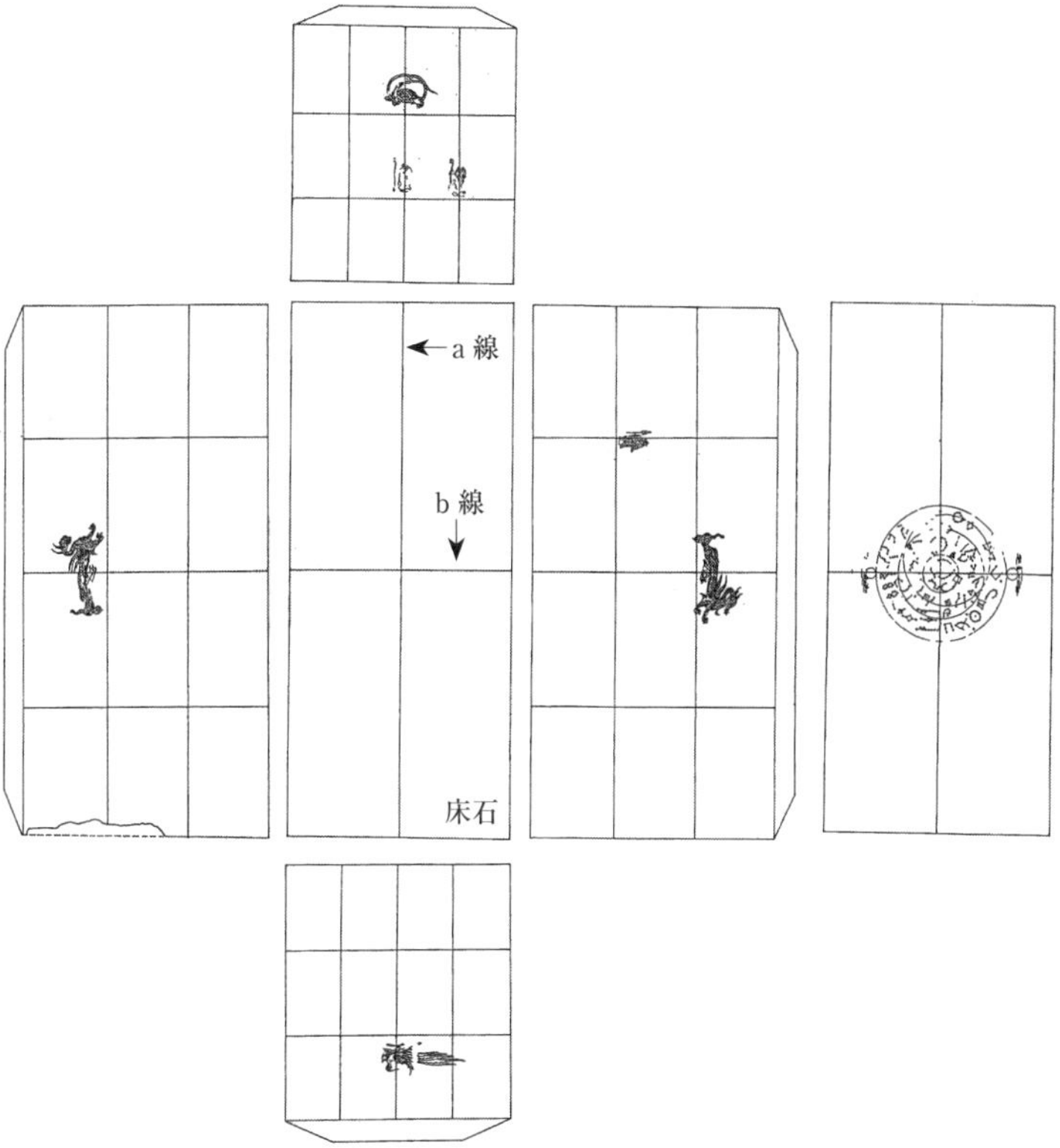

図 32　キトラ古墳壁画と割付基準線展開図

に対する正当性を担保した天命思想であった。天極星は全宇宙を支配する最高神を象徴する。その最高神である天帝の命令によって地上を支配することが許されるというのが天命思想である。天極星を重視する天文図は、天極星の存在が天武の皇位を担保するという構造を示すものなのであろう。

キトラ壁画では、このような意味を持つ天文図と四神のほかに、十二支像を四壁に三体ずつ分割して描いている。そこで壁面をそれぞれ三分割する必要があることから、各壁面のａ・ｂ線から壁面をさらに左右に二分割する縦の補助線が引かれた。これで縦の分割線は完成である。次に床面を基準にして、この面から壁面を上下に三分割する線が二本（上・下辺）引かれた。以上で壁面の縦・横の割付けの完成である。

割付線の転写

次の作業は壁面と同じ大きさの紙に壁面に引かれた割付線を写し取ること、すなわち転写である。石室内に大きな紙が持ち込まれ、この紙を天井と四壁に押し当て、朱色の割付線が写し取られた。転写された紙はいったん工房に持ち帰られ、割付線にしたがって画題が描かれ壁画の原図が制作されたのである。

一方、石室内では割付線の入った原図と壁面割付線とを一致させるための「当たり」を残して、それ以外の朱線は消され、その後、壁面全体に漆喰が塗られた。

もっとも、壁画を描くための作業性を考慮すれば、天井での作画作業が終わっていない段階で側壁に漆喰が塗られていては不都合である。このため漆喰を塗る作業は段階的に行われたと考えられる。

壁画を描く

漆喰が乾いた段階でようやく壁画を描く作画作業に入る。この時に工房から画題が描かれた原図が再び石室内に持ち込まれ、壁面に残された「当たり」と、紙の上に転写された割付線を一致させるように壁面に貼りつけられた。この作業によって、壁面に描かれる画題の正確な位置取りが可能となる。

壁画の作画作業は天井の天文図から開始された。天井での作画は、画師が天井に向かって仰向けの姿勢で行われる困難な作業となる。このため、仮設の作業台が狭い石室内に組み立てられた。

天井の割付けと天文図

図33は天井に引かれた割付線と天文図、ならびに日・月像の位置関係を示している。天文図は七〇cm四方に収まる大きさの原図が準備され、その中に三つの同心円と北西にずれた黄道を示す円が描かれ、外規の内側に星座が配置されている。

《転写》　まず漆喰面に天文図の原図が貼りつけられるが、もっとも重要なことは三つの同心円の中心とa・b線の交点を一致させることである。壁画の星図をみると北極五星の右にある天極星の下に中心点が存在し、この点がa・b線の交点でもある。黄道の円の中心は紫微垣東蕃《しびえんとうばん》という星座の右から二番目の星に接している。

次に星座を漆喰面に写し取る作業である。星は円形で約三五〇個あり、このうち星座として表現されているのは六八星座である。星の一つ一つは紙上の星を先の尖ったヘラでなぞることで、漆喰の上に写し取られる。星の直径は九㎜と六㎜であるが、大半が六㎜である。星間もヘラで写し取られて転写作業がすべて終わり原図ははがされる。

《作画》最初に同心円の内規・外規・赤道と黄道が朱線によって描かれた。内規・赤道・外規の直径はそれぞれ、一六・八cm、四〇・二cm、六〇・六cmある。円形はコンパス状の機器で描かれたが、朱線の円弧を子細に見れば、黄道や外規に筆をついだ痕があるものの精度の高い円形である。

なお、この天文図の黄道は描かれた位置に誤りがあり、角度にして五〇～六〇度北西にずれている。正しくは中心から北東にずれた位置に描かれるべきであるという。工房での原図制作の過程で、黄道の中心を間違えたのだろう。画師はそもそも天文学に精通しているわけではなく、オリジナルの天文図と違うことには気づいてはいなかったようだ。

星座の位置は、ヘラ状の工具によって原図の線が凹線として漆喰面に転写されている。星は円形の凹線の内側に金箔を貼る。星間は凹線が残っているにもかかわらずフリーハンドで朱線が引かれた。

天井には天文図だけではなく、天井の折上げ部に日・月像が描かれている。図33ではb線が日・月像の中心ラインとして通っている。日・月像は直径五・三cmの円形で、日像は金箔を貼り、月像は銀箔を貼っている。日・月像の仕上げで天文図は完成する。

この後、作業用の仮設台は取り払われて、いよいよ石室の側壁に対する作画に移る。この時点では、まだ漆喰は塗られていないので塗装作業からはじめられる。漆喰の厚みは三～七㎜の非常に薄いものである。奈良時代の史料によれば、壁画面の漆喰塗りは画師が直接行ったという。キトラ・高松塚古墳の漆喰は、純度の高い石灰が使用されたことも報告されている。純度の高い石灰であれば表面がより平滑になることから、画師が壁画を描くための作業性を追求したのであろう。石室内は幅・高さ

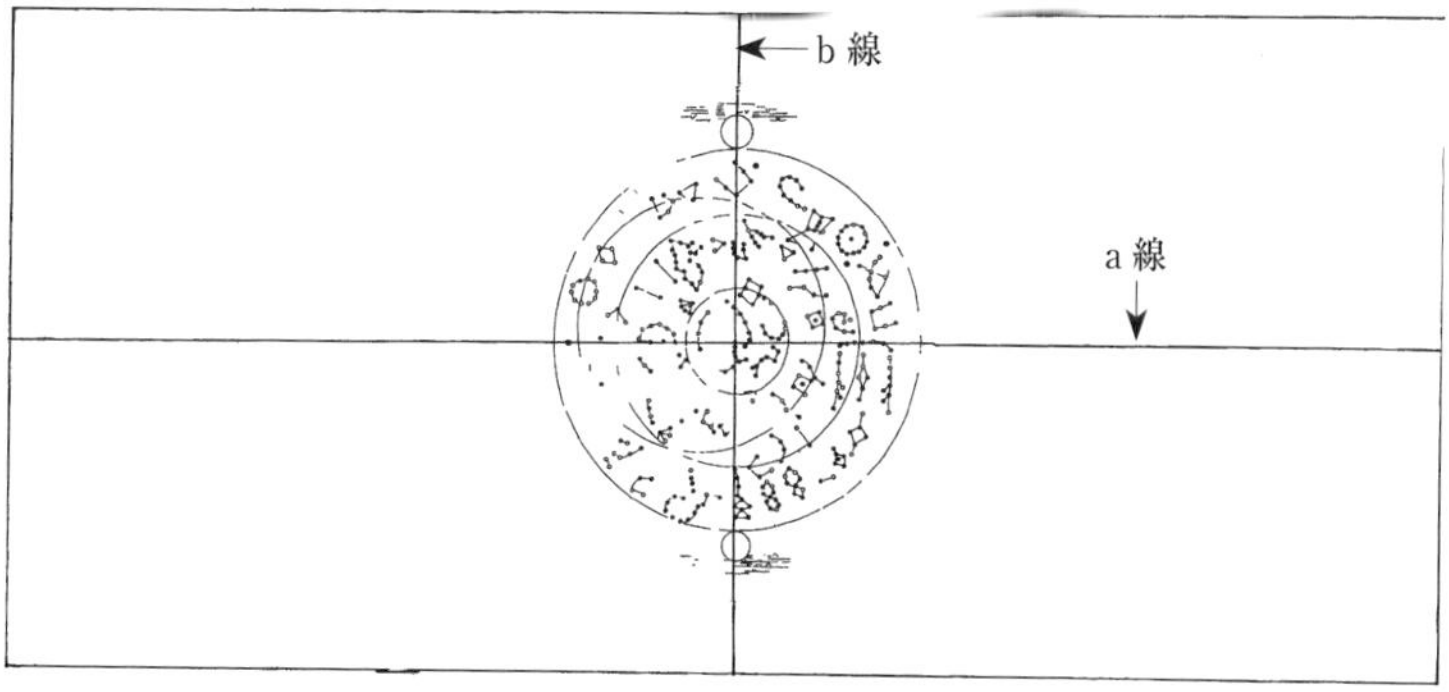

図 33　キトラ古墳天井部の天文図割付基準線

ともに一mほどしかなく、また四壁とも漆喰壁になっていることから、作画にあたる画師は一人から二人の限定された人数であったと推測される。

四壁の作画

《北壁》　四壁に壁画を描く作業は、まず石室の奥にあたる北壁から行われた（図34）。天井と同様、まず割付線と画題が描かれた原画が持ち込まれ、壁面の四周に残された「当たり」と紙の上の割付線を一致させるように貼り付けることから作業が開始される。原画には四神のうちの玄武と、十二支像のうちの亥・子・丑が描かれている。ところが、亥は壁面から剥離して残っていなかった。割付線との関係を図34でみると、玄武はa線と上辺が交わるところの直上に描かれた。玄武は亀と蛇が合体した形をしているが、a線は亀の甲羅と蛇の顔面を通るような位置にある。十二支像は下辺に描かれているが、亥は西、子はa線と下辺の交点直上、丑は東に描かれている。a線は子の身体の中央を通り、また、a線の東辺の線が丑の中央を通っている。

つまりa線には十二支像の始まりである子が置かれ、側壁を右まわりで東→南→西壁と巡って、最後にa線の西の補助線に亥が置かれた。

《南壁》　南壁は石室内への出入りのため、石室が完成した後にいったんはずされて外に置かれた。このため壁面の割付けと作画は外で行われた。図34の南壁の割付線と朱雀との関係をみると、a線は前脚と翼の根元を通っており、朱雀のバランスを考えた位置取りになっている。

上下方向の割付線は、両脚が上辺に接して描かれている。十二支像のうち巳・午・未が下辺に描か

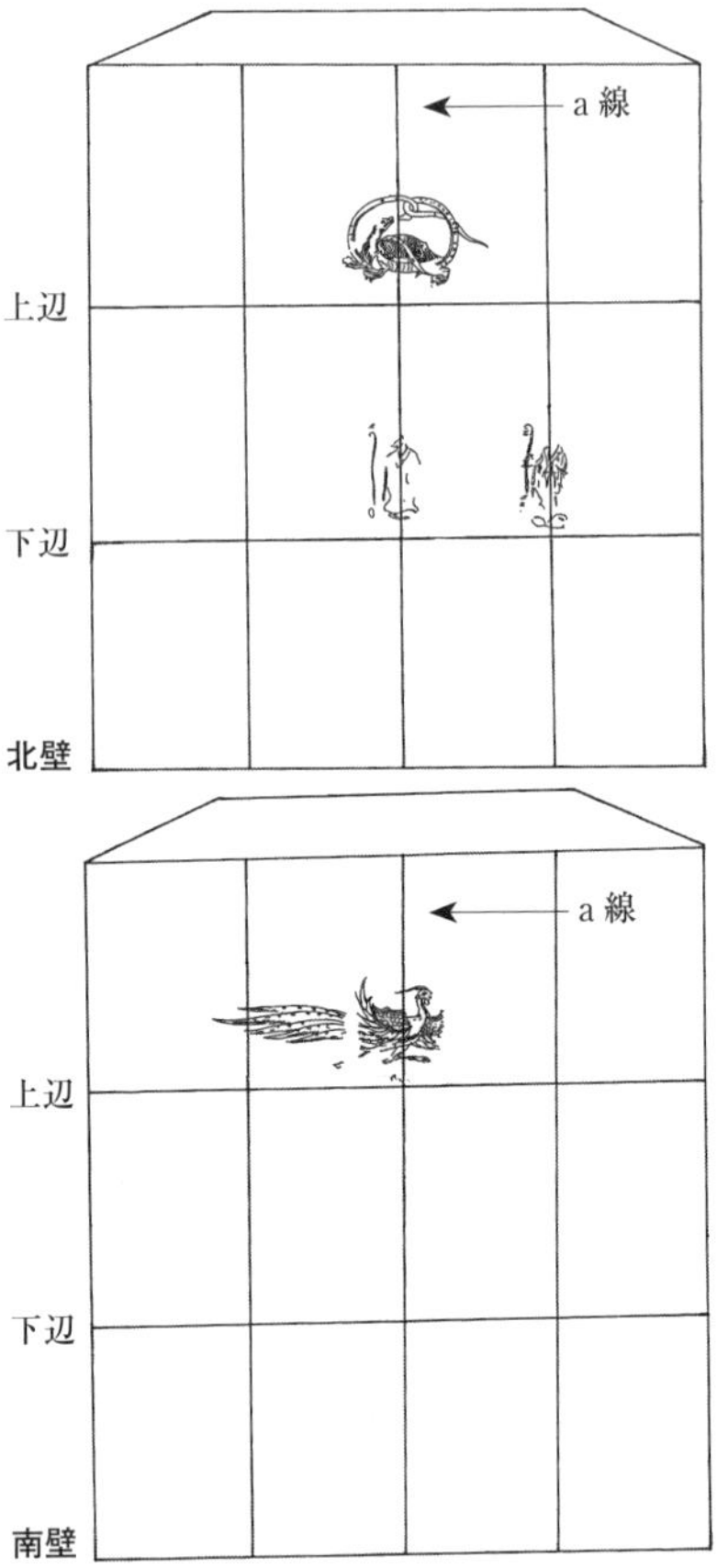

図34　キトラ古墳南・北壁の壁画割付基準線

れたはずであるがまったく残っていない。

《東西壁》　東西壁は一対で中央の割付線として縦方向のb線が引かれ、この線を基準にしてさらに壁面を南北に二等分する補助線が引かれて全体で四つに分割された。そして、壁面を上下に分割する二線が床面を基準にして引かれた（図35）。

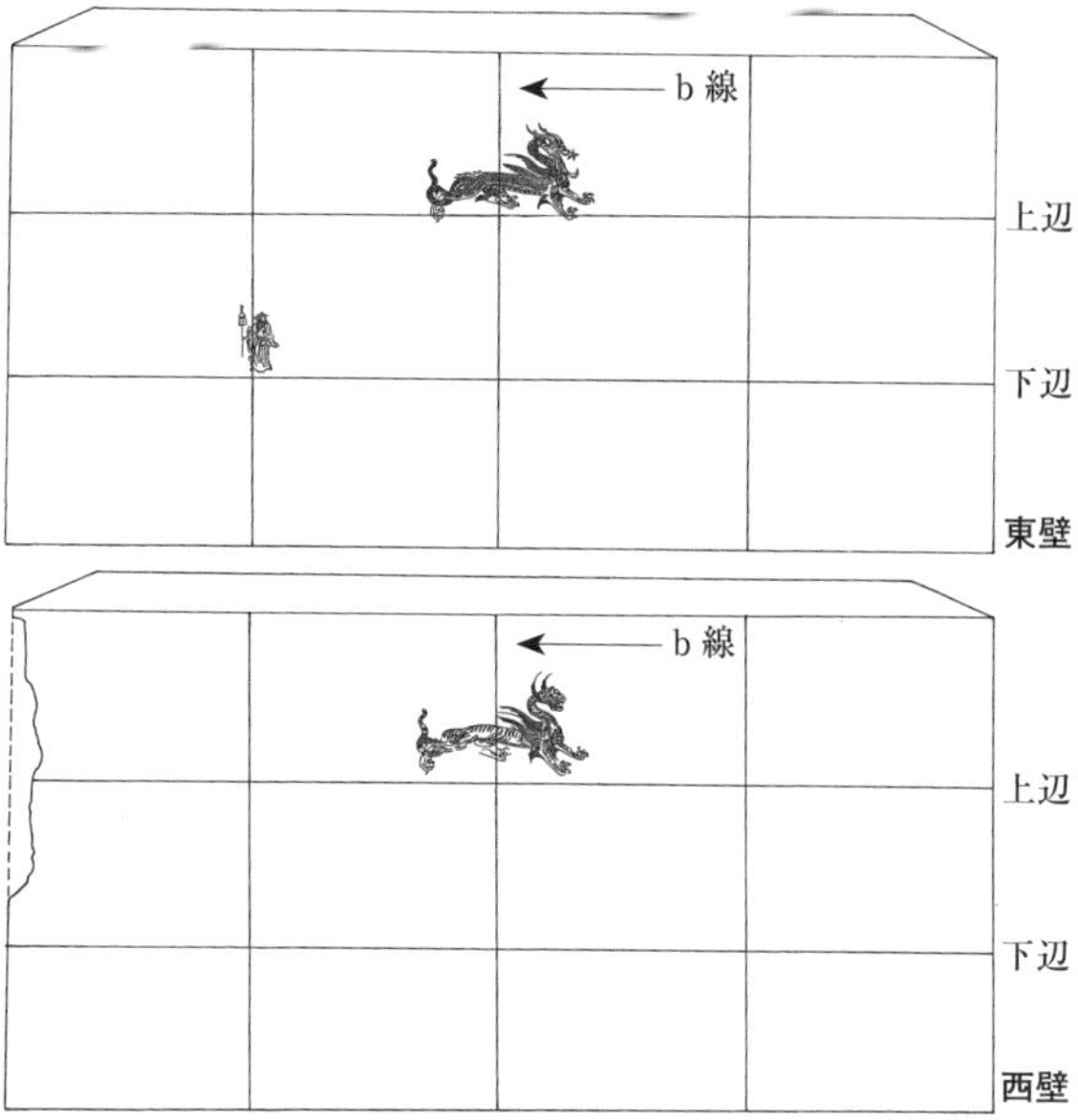

図35　キトラ古墳東・西壁の壁画割付基準線

東西壁の画題の構成は、東壁のb線上段に青龍、西壁のb線上辺に白虎が描かれた。十二支像は下辺に描かれ、東壁は北から寅、卯、辰、西壁には南から申、酉、戌が描かれた。

東壁の青龍と十二支像のうちの寅がよく残っているので、これと割付線の関係をみておきたい。東壁の割付線はb線が基準線で天井まで貫いているが、b線は青龍の胴体のほぼ中央を通り、さらに西壁の白虎の胴体中央を通っている。青龍の四肢は、壁面を上下に分割する上辺の線が通る上に接している。十二支像の寅は、b線から北に二等分された補助線上にあり、脚の部分は下辺に接して描かれている。

このように、キトラ壁画の割付線は、床面を南北と東西に分割するa・b線と、床面を基準にして壁面を上下に三分割した二線を引くことで、すべての画題を描く位置が決められたのである。

（五）高松塚古墳石室の構築と壁面の割付け

高松塚古墳の石室の石材構成は、床石が四石と東西壁が各三石、北壁一石、閉塞石である南壁が一石である。石を据える工程は、キトラ古墳の項目で記した通りで、床石を南から北に据えた。石材の裏面は粗く厚みも一定ではないが、内側はていねいに均一な面として仕上げられている（図36）。

床石の小口面の組合せに特徴があり、互いの接合面をL字形に加工して組み合わせた合欠である（第二章、九一〜九二頁参照）。この技術は当時の寺院建築のなかで多く使われたことから、ここに携わっていた石工が、石室を造るのに応用したのであろう。

床石を設置した後の床面の調整や側壁を据えるための削り加工も、キトラ古墳の床面と同じである。また、床石が据えられた後の床面上における南北・東西の分割線（a・b線）を入れることも同じである。キトラ壁画の作画に携わった工房が高松塚壁画でも制作に参加したことを示唆する。

高松塚古墳石室の大きさは、南北の長さが二・六三m、東西幅一・〇三m、高さ一・一三mである。キトラ古墳の石室と比較すると、高さや東西幅はほぼ同じであるものの、南北において高松塚古墳の石室は二七㎝長い。

《天井》　まず天文図からみていこう。高松塚壁画の天文図が円形星図であるのに対して方形星図が描かれている。図37の天文図には星座の周囲に方形線を入れているが、実際にはこのような線は描かれていない。ところが、ａ・ｂ線の交点から東西南北の四辺に案分した正方形を設定すると、星座のそれぞれの外側ラインが、方形線に一致し、また天文図の中心点が天極星の位置に一致しているのである。天文図の天極星は金箔が剥がれ落ちて残っていないが、もっとも重要な星であることから、この星を中心にして四辺に七星座ずつ案分されたとみられる。

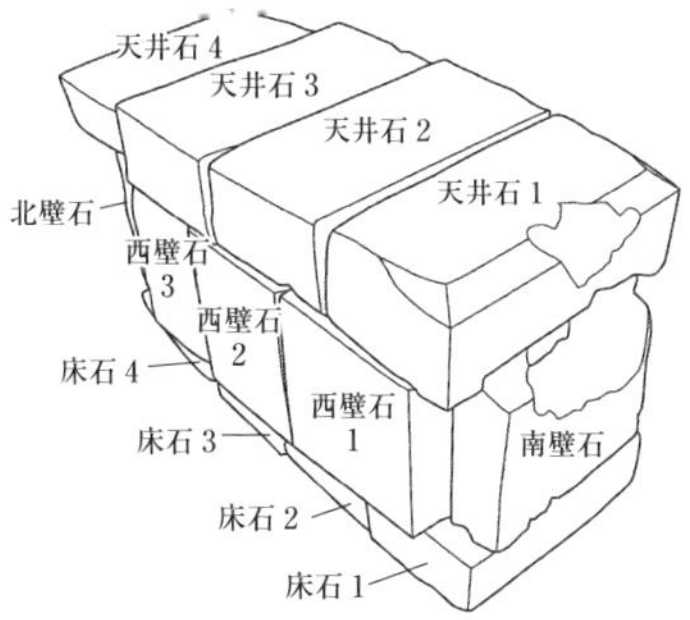

図36　高松塚古墳石室模式図（右が南）
（文化庁ほか2017を改変）

《転写》　天文図は東西八〇・四㎝、南北七九・三㎝の方形でその中央には、天極星と北極五星・四輔《しほ》が配置されている。東西南北の各辺には七星座ずつ配置した二十八宿図である。星は直径八㎜の円形で二一八星が現存している。キトラ壁画天文図の星の数に比較して三分の一ほどである。

この天文図の原図が天井に貼りつけられ、星と星間を結ぶ線はヘラでなぞることで漆喰面には凹線として転写された。この時に北極五星のそばに位置する天極星が、割付線であるａ・ｂ線の交点に一致するよう細心の配慮がされた

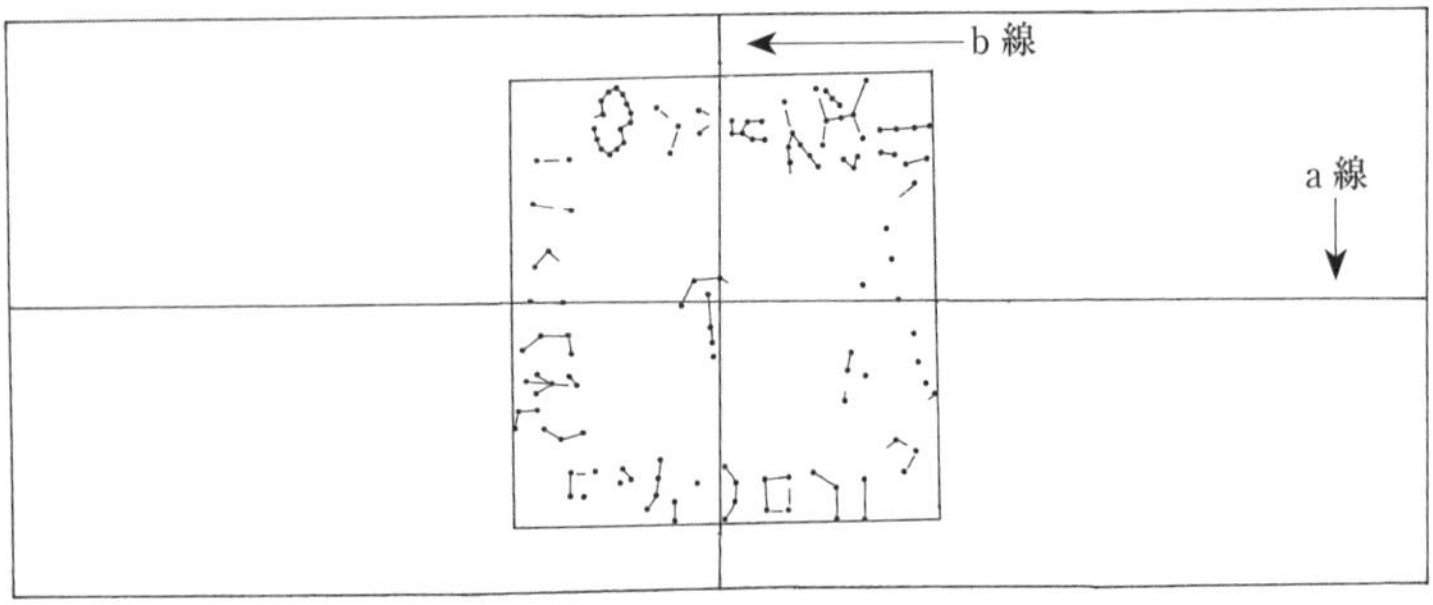

図 37　高松塚古墳天井部の天文図割付基準線

ことは、キトラ壁画の星図に同じである。

《作図》　作図にあたって、星の凹線に沿って直径八㎜の金箔が貼られた。星間の朱線は定規を用いて直線が引かれたが、キトラ古墳ではフリーハンドの直線であったことと対照的である。

ちなみに、図37の方形星図は抽象化されたものであるが、もとは天文観測された天文図であるため、西洋の星座形によく似た星図がいくつか散見される。まず北東隅には六星を柄杓形に結ぶ南斗六星がある。また南西隅にはオリオン座、北西隅にはアンドロメダ座、南西隅にはふたご座が描かれている。これらは複雑な形をしているにもかかわらず、西洋星座の図形によく似ている。

《北壁》　天井の天文図が完成した後、北壁と東西壁に対して、漆喰が塗られて乾燥するのを待ち、その後に壁画を描く作業に移った。この作業もキトラ壁画の手順と同じように北壁から開始された（図38）。まず、転写された割付線と玄武が書かれた原図が北壁に貼られ、玄武がヘラによって漆喰面に転写された。そして、紙が壁面からはがされた後に、玄武に指定された色が彩色された。

玄武の位置を割付線との関係でみると、a線と北壁の上下を二等分する線（c線）の交点は北壁の中心点でもある。ちょうど玄武の亀と蛇の中心にあたる。
北壁の調査の際に甲羅の所から十字の朱線が確認された。この十字線はa線に一致し、さらに北壁を上下に二分したc線にも一致するのである。壁面の十字線は、本来は北壁の大きさを決定するための基準線であるが、玄武の割付線として利用されたことがこれにより裏付けられた。

《東西壁》東壁は中央に青龍、その上に日像が描かれ、青龍の右（南）に男子四人の群像、左（北）には女子四人の群像が描かれた。西壁は中央に白虎、その上に月像が描かれ、白虎の左（南）には男子四人の群像、右（北）には女子四人の群像が描かれた（図39）。

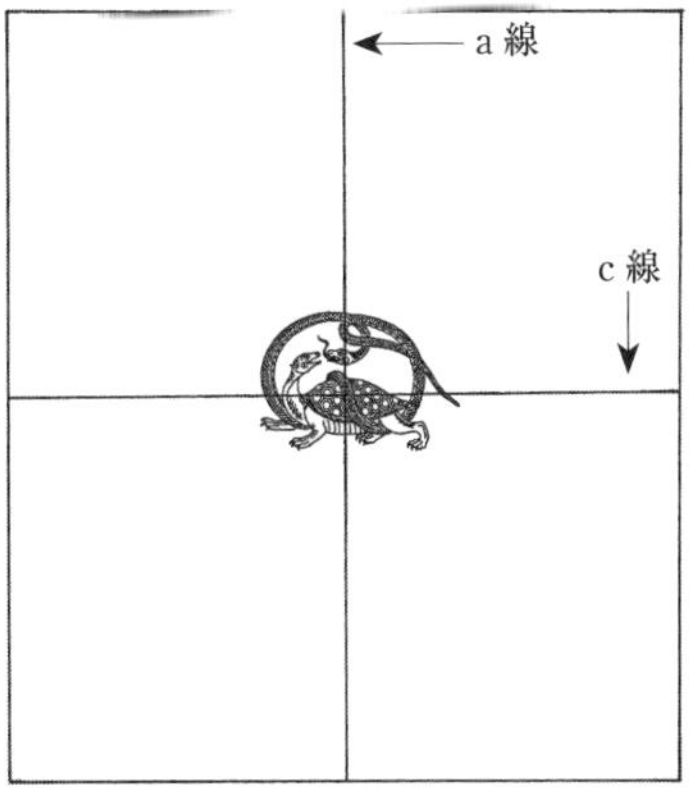

図 38　高松塚古墳北壁の壁画割付基準線

東西壁の壁画と割付線との関係をみると、東西壁を南北に二分割するb線は、東壁では青龍の中央を通り、日像では円形の中央を通って天極にいたる。西壁のb線は白虎の中央を通り、月像の中央を通って天極にいたっている。

さらに、東西壁にはb線を基準にして、南北に二分割する補助線が引かれている。この分割線をもとに東西壁の男女群像をみると、女子像は先頭の人物の前を補助線が通るが、男子群像では先頭から二番目の人物の前を

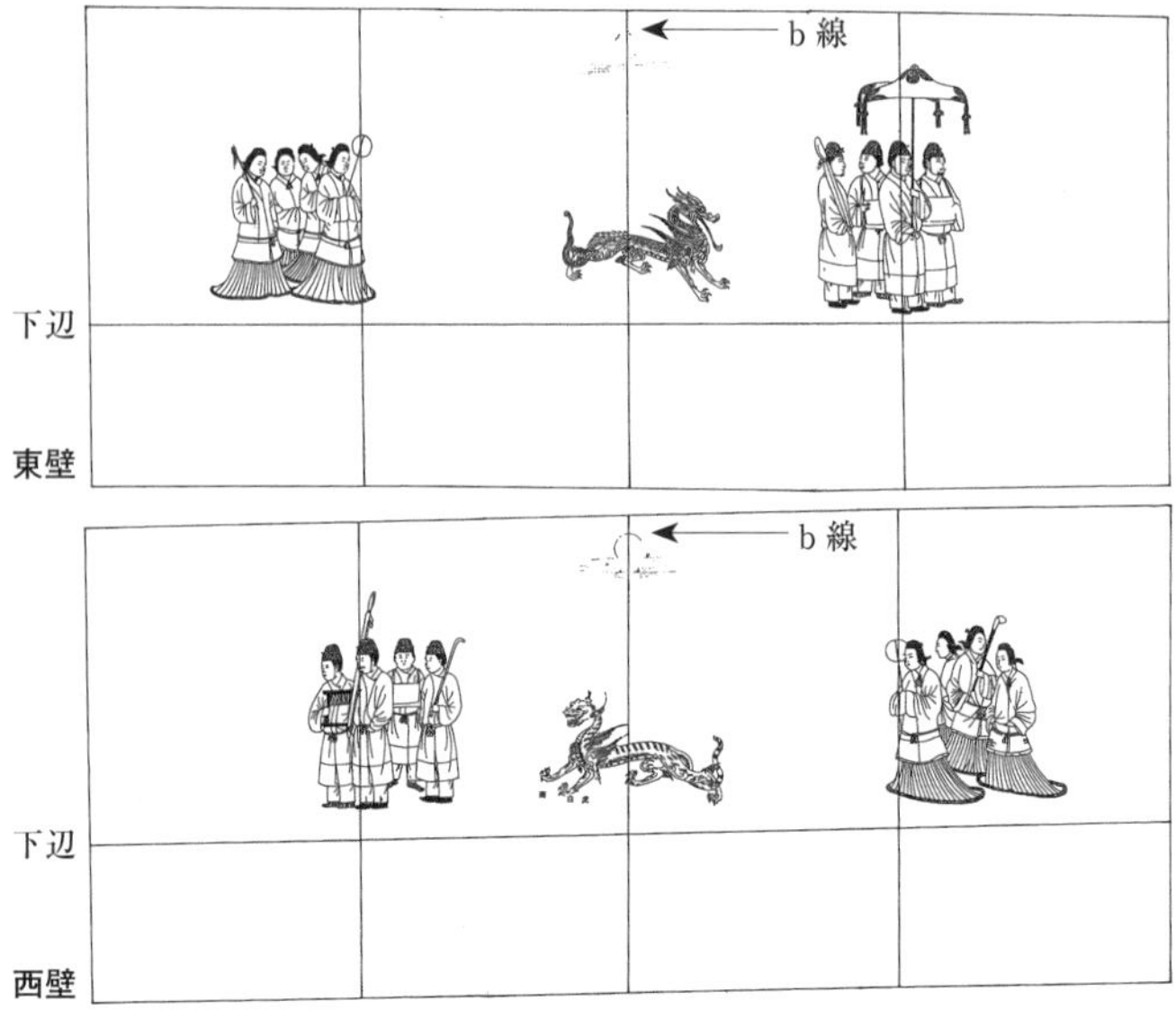

図39　高松塚古墳東・西壁の壁画割付基準線

通っていて、男女の配置にはアンバランスが生じている。割付線との関係からいえば、女子像の位置が正しいのであろう。

　それでは、なぜこのような壁面全体の配置を崩してまで男子群像の位置をうしろに移したのだろうか。男子群像は石室の開口部である南側に描かれたが、本来の位置取りでは南壁に近づきすぎて壁画を損傷する恐れが生じ、このことを回避するために二番目の男子に割付線をあわせて配置したと推測される。しかしこの結果、青龍・白虎と東西の男子群像との間隔が狭くなってしまったのである。

　次に検討するのは、人物群像や四神の下辺の割付けである。壁面を上下に分割することはキトラ壁画の割付けに準じており、床面を基準にして高さ方向を三分割したうちの下辺を基準にしている。

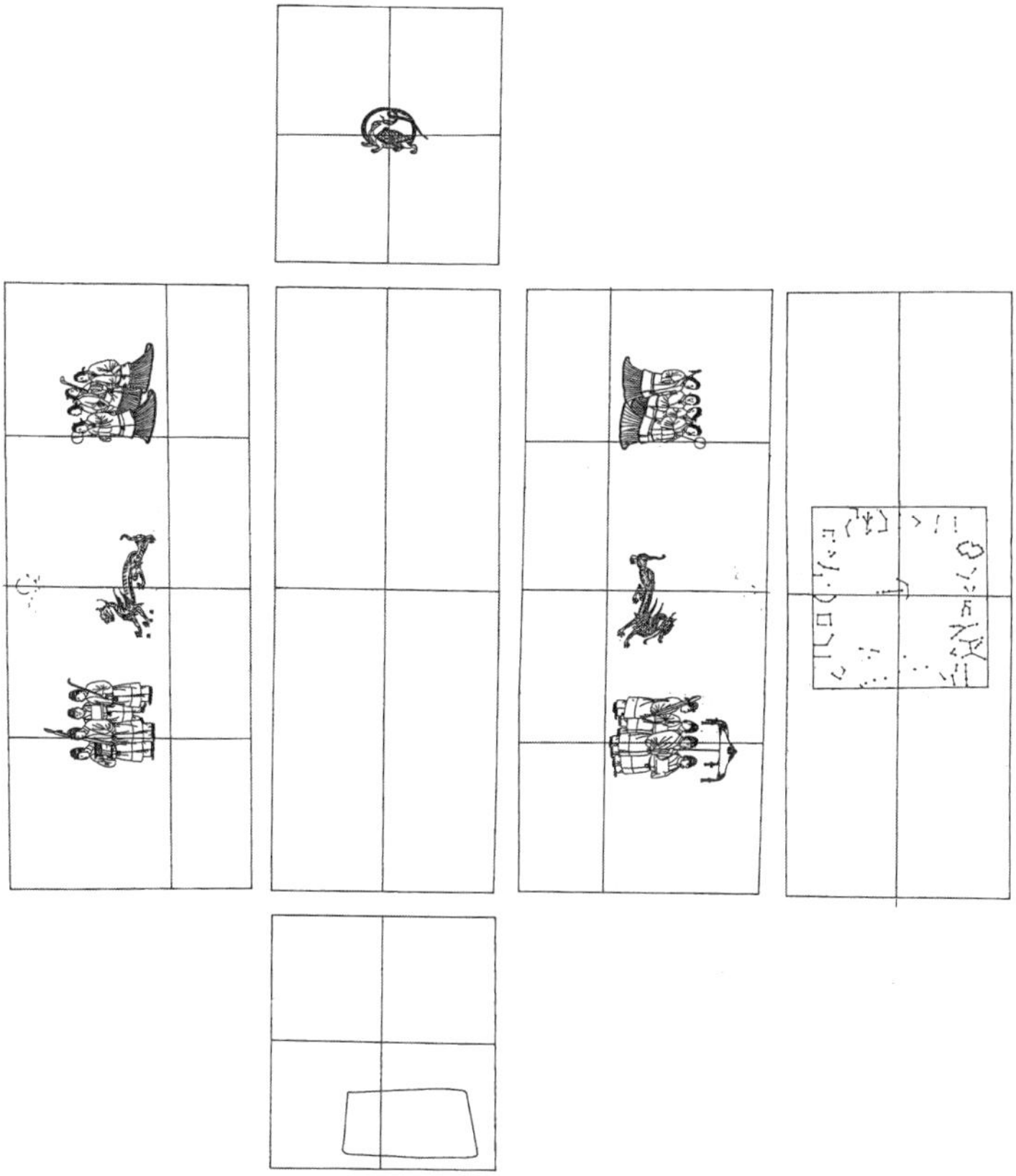

図 40　高松塚古墳壁画と割付基準線展開図

ところが、分割線と男女群像や青龍・白虎の足下は、必ずしも下辺の線上にはなく、少し離れた上に描かれている。人物像では三〜七㎝、白虎では八〜一〇㎝の開きがあり厳密性に欠けている。この理由は明らかではないが、工房での原図の作画作業に原因があったのであろう。この点、日・月像は正しく位置取りされている。

図40は天井の天文図と四壁の壁画の展開図である。高松塚壁画では、画題が変更されたことで、東西壁の青龍・白虎は、人物群像と同じ割付線上に描かれた。玄武の位置もキトラ壁画では三分割線の上辺に描かれたのに対して、高松塚壁画では北壁の中央であるａ・ｃ線の交点に描かれたのである。

南壁の壁画は、本来は朱雀が描かれていたはずである。ところが、後世の盗掘穴を開けるときの振動や穴の位置によってすべて消失した。

以上、キトラ・高松塚壁画は、壁画を描くための割付けが作画作業の前に行われたとの想定をもとに、描かれたモチーフと分割線との位置関係をみてきた。壁面に分割線が設定されたという仮説の検証で分かったことは、①床面がすべての基準であること、②この割付けはキトラ壁画と高松塚壁画に共通する基準線として機能したことである。このような割付線の設定こそが、二つの古墳に共通する壁画の統一感を醸成する重要な作業であったと考えられる。またこのような作業があったとする仮説は、両古墳の壁画が同じ工房によって制作されたことも推測される。

(六) 壁画の下地

壁画を描くためには壁面を平滑にして、顔料の定着をよくする下地を造る必要がある。この時代の壁画下地には、白土や漆喰などが用いられた。

ところで、飛鳥寺の建立を契機に、倭京では「二十四寺」が建立されたと伝えられている。飛鳥時代はいわば寺院建築のバブル期ともいえる活況が出現していた。このようななかで、画師が寺院の金堂や塔の内壁に壁画を描いていた。彼ら画師が主に活躍した舞台は仏教寺院であったが、キトラ・高松塚壁画にも寺院壁画と共通する作画の技術が用いられていることから、同じ工房の画師の関与をうかがうことができる。

一方でまた、キトラ・高松塚壁画と寺院壁画とでは異なる点もみられる。

寺院壁画の下地――白土

奈良県斑鳩町の法隆寺西院伽藍の金堂に描かれた壁画は、現存する寺院壁画としてはもっとも古いものといわれている。最初に建立された法隆寺（若草伽藍）は焼失しており、現存の伽藍は天武・持統朝の再建《さいこん》であり、金堂壁画もこのとき再び描かれたとされている。

法隆寺金堂壁画の下地には「白土」が用いられている。白土は奈良時代の仏像制作において、原形を作る時の土台や塑像の上塗りなどに用いられた白色の粘土である。

図41－1にみられるように、金堂の壁の四辺をヒノキ板で格子状に組み、この上にわら縄でしばった木舞《こまい》とよばれる土壁の基礎を作り、三回にわけて土が塗られた。白土は最後の上塗に使用され、壁画を描くための下地とされた。山田幸一氏によれば、法隆寺五重塔の初重内壁の下地に下絵の印刻が

確認されており、このことから白土の上塗りは画師が行ったものと推測されている（山田一九八一）。

古代寺院で壁画が出土したのは九か所であるが、これらの壁画の下地にも白土が使用されていた。次項でみるように、キトラ・高松塚壁画の下地は漆喰を用いているから、この点で違いをみせている。

なお世界に目を向けると、白土を壁画の下地とする例は多い。一つは中国甘粛省にある敦煌莫高窟《とんこうばっこうくつ》壁画である。図41－2にあるように、莫高窟は鳴沙山《めいさざん》と呼ばれる山の崖（砂岩）に掘り込まれた岩窟であり、内壁に極彩色の壁画が描かれた。その第三二三窟の壁画の下地は、砂岩の表面に三層の下地塗が重ねられ、その上に麻スサと土の仕上げ層、さらに石灰と白土、石膏などの白色層が作られているという。また、イタリアのフレスコ画の下地（ブオン・フレスコ。図41－3）は、レンガや石組み壁を支持体とし、二層の石灰が塗り重ねられ、最後に上塗りとして上質の石灰（グラセッロ）が塗られている。

壁画の下地に白土を用いることは洋の東西にみられるが、日本では仏教寺院の壁画にいち早く採用された。日本では中国の寺院壁画の制作技術を受容したのである。

古墳壁画の下地材料——漆喰

寺院壁画の下地には白土が用いられたが、古墳には漆喰が使用されていた。ただし、漆喰を塗った石室が確認された例はわずかで、奈良県内三〇か所と多いものの、その他は、大阪府七か所、群馬県五か所、広島県三か所の計四五か所にとどまる。古墳に漆喰を使用するのはきわめて稀であったとい

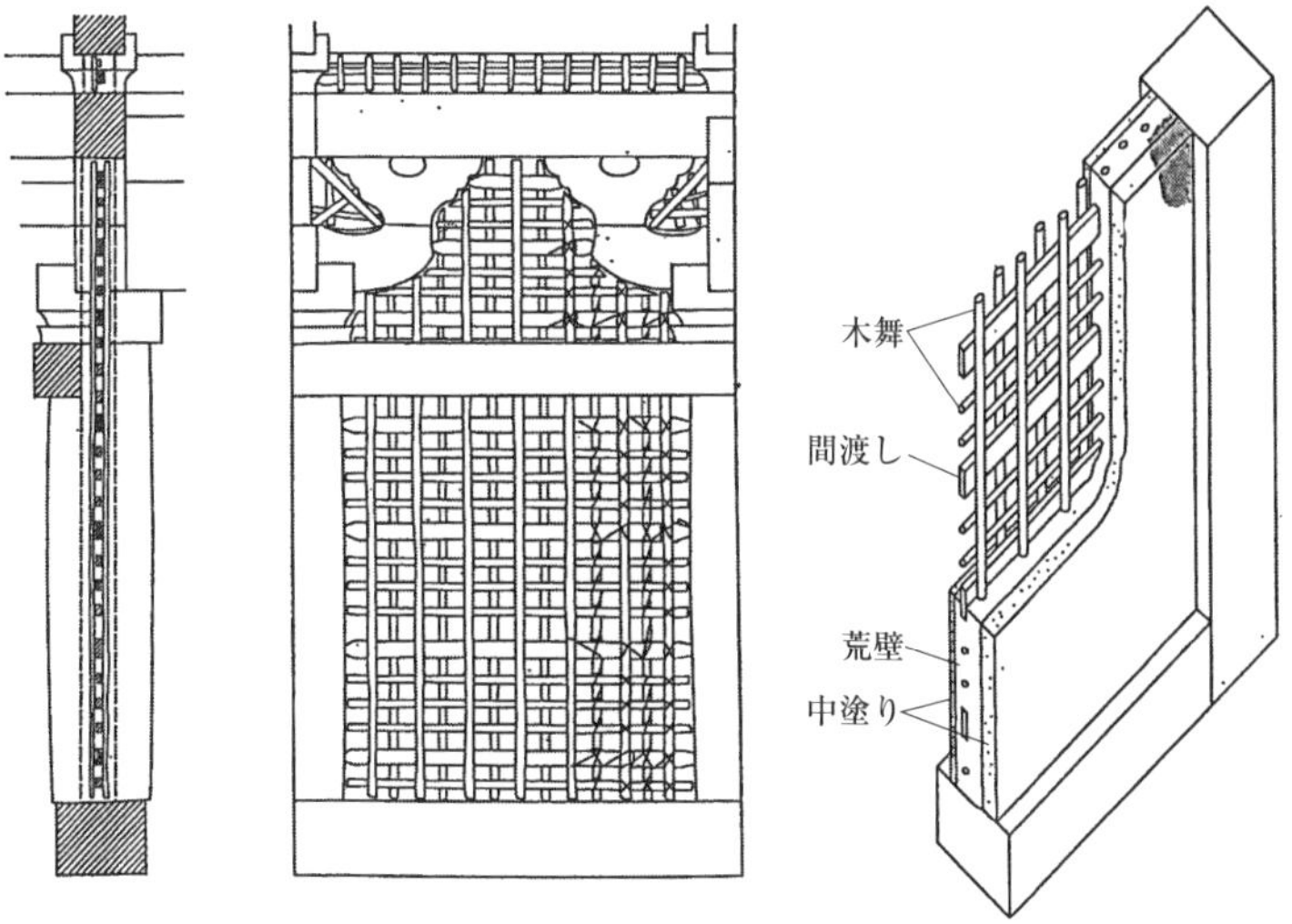

41-1　法隆寺金堂壁下地

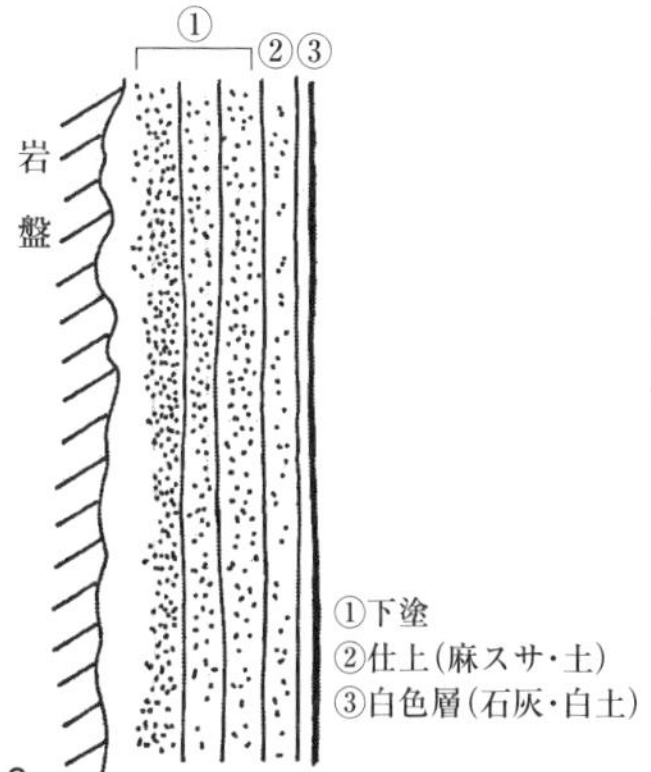

41-2

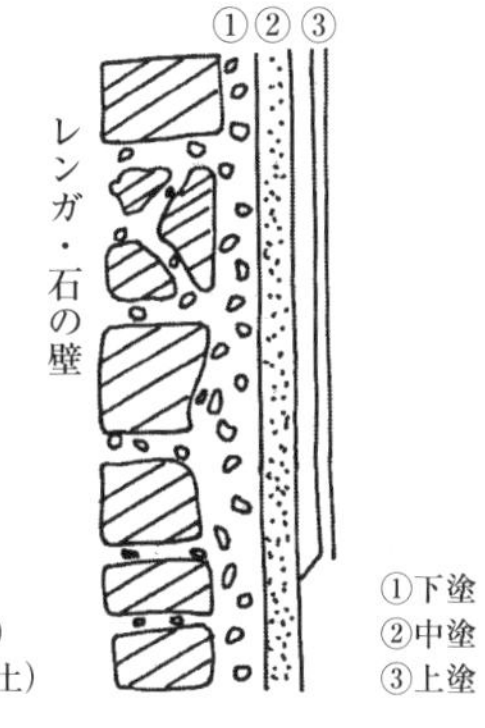

41-3

図 41　壁画下地の断面

41-1：法隆寺金堂壁画下地（山田 1981 を改変）　41-2：敦煌莫高窟壁画下地（大野 2003 を改変）　41-3：フレスコ画下地

える。時代も限定的で、七世紀中ごろの古墳に集中し、七世紀末期まで継続したようである。

漆喰は石材同士の接着材や、石室の壁全体を塗りこめて白い空間とするために使用された。このような例は、西飛鳥の古墳では、キトラ・高松塚古墳以外に、カヅマヤマ古墳、テラノマエ古墳、マルコ山古墳、束明神古墳などで確認されている。しかし、キトラ・高松塚以外の古墳には壁画は描かれておらず、この意味から言ってもキトラ・高松塚に壁画が描かれたことは特筆される。

高松塚古墳では漆喰層の上に鉛白が塗られていたことも確認されている。鉛白は発色を高める効果があり、東壁の日像から青龍の胴部にかけての部分、および西壁の白虎あたりは濃度が高い。鉛白は持統天皇のころに国産化されたといわれている。

法隆寺金堂壁画や中国莫高窟の敦煌壁画、イタリアのフレスコ画などは、三層以上のていねいな下地作りが行われている。一方、キトラ・高松塚壁画の下地の漆喰は、石室石材の凝灰岩の壁面に直接塗られており対照的である。キトラ・高松塚壁画は純度の高い石灰を用いているものの、同時代の例からいえば、簡略化された下地であったといえる。

白土・漆喰の産地

白土を用いた古墳はほとんど例をみないものの、奈良市郊外にある石のカラト古墳は、石室目地に白土が使用されたことが確認されている。しかし、おおむね寺院で用いられており、壁画以外に塑像仏などの制作にも使われた。

この時代の白土の産地について、『正倉院文書』には奈良市佐保山の馬庭坂《まにわざか》（現在の黒髪山）の名が記され、また滋賀県石山寺の造営に関する文書には真野《まの》土のことが記されている。真野は琵琶湖西岸、現在の大津市堅田にある。ところが、東大寺から石山寺の造営に派遣された画師の文書には、真野土は粗くて使えないため、奈良の上質な土を送るように請求している文書があり興味深い。しかし、白土の産地であった馬庭坂や真野は、土地開発が進み現在ではどのような土であったのか明らかにできないのは残念である。

漆喰は大別すると、貝殻漆喰と石灰岩漆喰の二種の材料がある。ともに炭酸カルシウムを主成分とする。石灰岩は石灰質の殻をもつ生物の遺骸が堆積して生成される岩石である。いずれも使用法は同じで、粉砕した粉が生石灰で、粉を焼いたものが消石灰である。これを水に溶いたものが漆喰である。貝殻を原料とした漆喰はカヅマヤマ古墳で確認され、粉砕された貝殻を焼かずに漆喰の原料とした。漆喰のなかに貝殻片が見つかったことで、この貝殻がイワガキであることがわかった。さらに、このイワガキは、大阪湾から紀伊水道沿岸に生息するものであることが判明している。同古墳で使用された漆喰は一～一・五ｔであると推定されている。貝殻の状態ではその数倍以上の数量になるため、おそらく貝が採取された海辺で処理してからカヅマヤマ古墳まで運ばれたのであろう。

漆喰の精製法の実験によれば、貝殻とサンゴ、石灰岩の三種類を焼いた後では、貝殻は粉砕した状態で水をかけると数分で煙を出して膨張し、すぐにもろくなって粉末の石灰が得られる。これに対して、石灰岩は白くなるのに長い時間を要したという。このような実験から、漆喰として製造が容易な

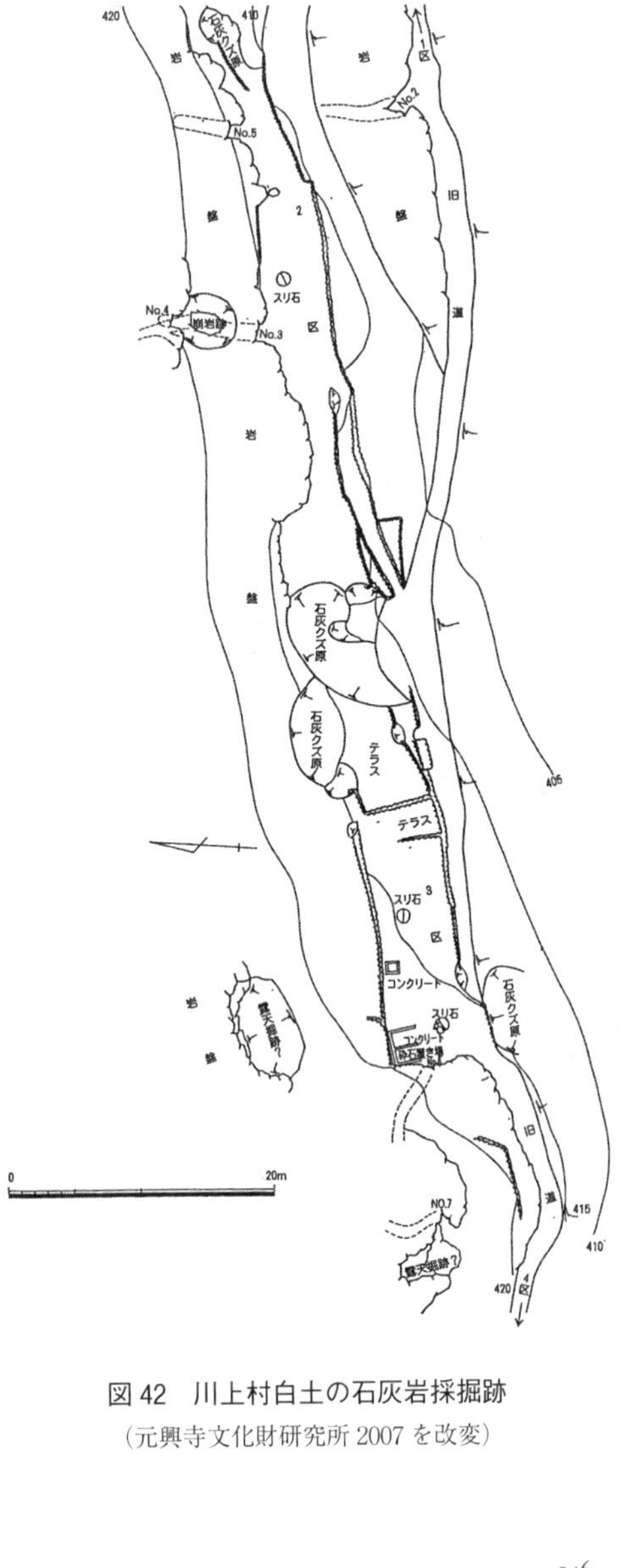

図 42　川上村白土の石灰岩採掘跡
（元興寺文化財研究所 2007 を改変）

のは貝殻であったといえよう。

石灰岩を原料とする漆喰は、原料になる岩石の採取地を探索しなければならず、また採掘・運搬も容易ではなかったであろう。海岸で採取できる貝殻とは、かなり違った工程が必要である。

近畿地方で石灰岩が採取できるのは、兵庫県東部山地から京都府北部にかけての丹波山地、滋賀県北部の伊吹山を中心とする山地、三重県の鈴鹿山地などである。紀伊山地では大峰山周辺から大台山、伊勢半島にかけての地域である。

このなかで大峰・大台山系の奈良県川上村では、江戸時代から良質な石灰岩が採取されていた。古代にさかのぼる遺跡ではないものの、明日香村にもっとも近い産地として注目される。この採掘坑跡（図42）は吉野川左岸の白屋集落にある。集落から白土山《きごやま》とよばれる山地に入ると、すぐに石灰岩が露頭しているのが見える。採掘坑跡は八か所、露天掘り跡は五か所が残り、このほかに作業場やそこに残された石臼、石灰岩の屑を捨てた跡などが残る。白屋産の上質な石灰岩は「白土」として精製され、吉野町国栖《くず》で漉かれた国栖紙の紙漉きに混ぜられて、強くて破れにくい紙を製造する原料とされた。

（七）金・銀箔の産地と製造技術

次にキトラ・高松塚壁画の星や、日・月像に使われた金・銀箔の材料についてみていこう。壁画に彩色を施すための顔料については次節でみることにする。

両古墳の漆喰壁には、金・銀箔が直接貼りつけられているが、接着剤として使われた糊の原料が何であったかは今のところわかっていない。

金・銀の産地

金・銀鉱山の開発は、飛鳥時代には開始されていたことが、紀伊半島から銀が朝廷に献上された記録からわかる。紀伊半島では、現在の三重県南牟婁郡から和歌山県那智勝浦町にかけての地域が産地である。

近畿地方で金・銀の産出がもっとも多かったのは兵庫県である。中村威・先山徹両氏の「兵庫県下の鉱物資源」（中村・先山一九九五）によれば、鉱山からの産出のほかに、自然金・銀として露頭する場所が五か所、砂金が採集された場所が二か所である。同論文によれば、兵庫県養父郡の金山である中瀬鉱山は、天正元年（一五七三）に八木川で砂金が発見されてから開鉱したという。砂金の発見は、鉱石を採掘するための技術的な困難をほぼ解決する。砂金は川沿いの崖や川岸にあるため採取から精練までの工程が比較的容易であるからである。

東大寺の大仏の鍍金に使用された金は、陸奥国で採取された金であるが、これは黄金山《こがねやま》神社の下を流れる小金沢で純度の高い良質な砂金が採取されたという。また、谷口一夫氏によれば、山梨県富士川の古代の金は、川床の砂金と芝金（河岸段丘に堆積した砂金）を採掘したもので、金鉱石の採掘は一五世紀末から一六世紀ごろから始まったという（谷口二〇〇七）。それは山梨県湯之奥金山遺跡で、標高一六〇〇ｍの山中にある金山遺跡である。島根県石見銀山では、鉱石を採掘するための技術的な発展段階として、①露天掘り、②ひ押し掘り（鉱脈に沿って採掘）、③坑道掘り（鉱脈を調べて水平坑道を掘る）があり、③の段階は江戸時代になってからであるという（遠藤二〇一三）。

このように、古代における金・銀の採掘は、鉱脈に沿って採掘する前段階の技術水準であり、砂金や露頭にみえる鉱石を採取したものが主として利用された。湯之奥金山ではオニシダを金山草とよんだという。金のあるところに好んで群生するからである。

飛鳥時代の金・銀工房

明日香村の飛鳥池工房跡（図43）は、七世紀後半から八世紀はじめの天武〜持統朝にかけて操業した官営工房跡である。飛鳥時代は宮殿や寺院の創建が相次ぎ、需要の高まった各種の金属製品やガラス製品、漆塗製品などが生産された。このような工房跡の調査において、金属精錬のための各種のルツボや、製品クズ、鍛冶炉跡が数多く発見された。

金・銀箔の製造

飛鳥池工房跡（図43）では、金・銀製品は発注元に出荷されるため、製品そのものは残っていなかったが、製品が作られる過程で発生したクズや金・銀を溶かしたルツボなどが出土した。金の内訳は、溶解の時に飛び散った滴《しずく》や金箔片、薄板片、切れ端などである。金の純度はK17（純度七〇・八％）からK24（純金）まで品質にバラツキがある。銀は塊状のもの、針金、角棒、板状、無文銭を切断したものなどがあり、九〇から九九％の純度である。

金・銀の精製に使われたルツボは、銀の容量が四三〇cc、金のルツボは一〇〇cc以下で、銀のルツ

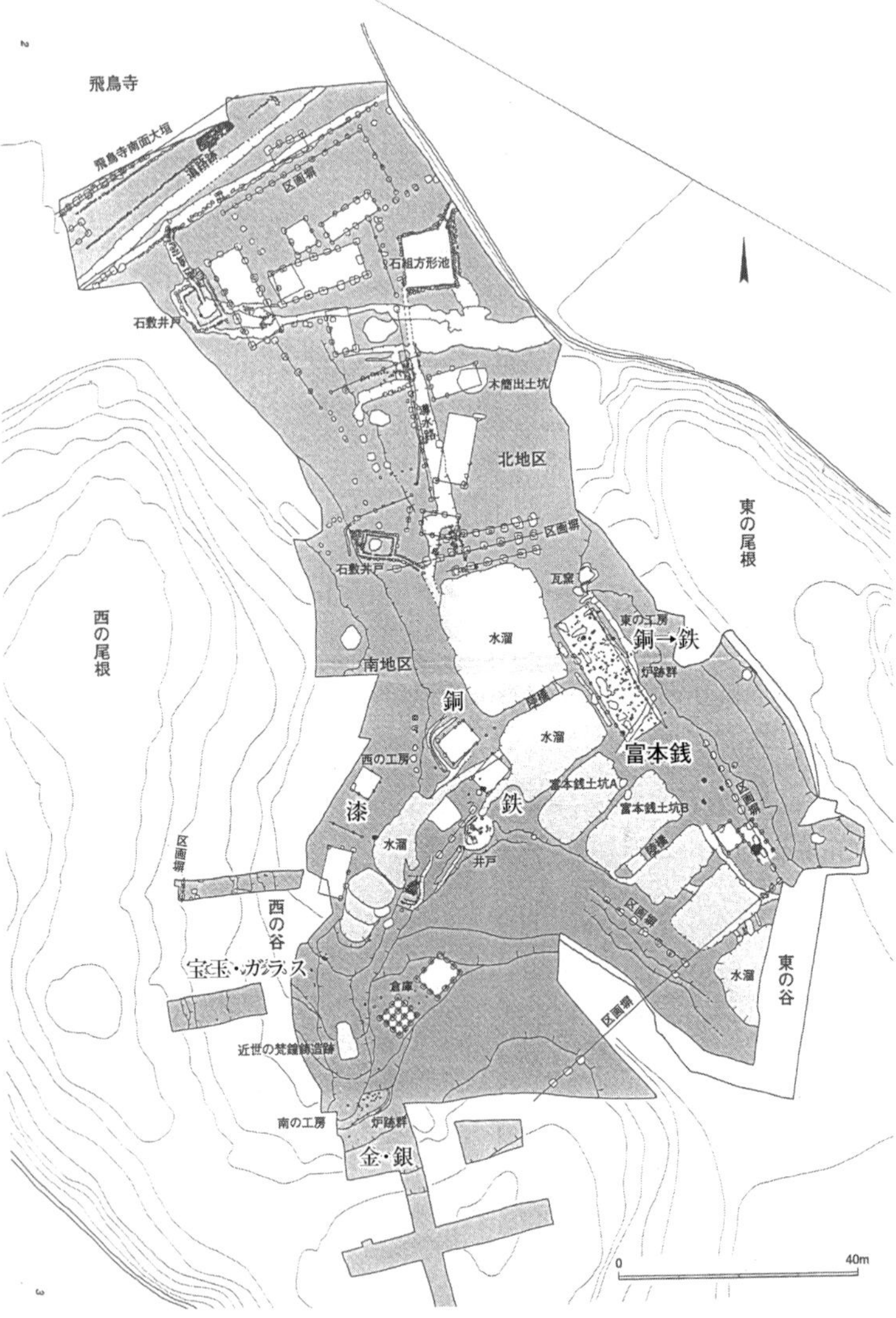

図 43　飛鳥池遺跡工房跡（飛鳥資料館 2018）

ボの四分の一以下の容量である。古代においても金がいかに貴重品であったかを物語っている。

金・銀箔はキトラ・高松塚壁画の星や日・月像の表現に使われたが、飛鳥池工房跡でも箔が出土したことから、壁画の金・銀箔は飛鳥池工房の製品と推定される。ところが、当時の金・銀箔がどのような工程で製作されたのか具体的なことはわかっていない。

現代の金・銀箔の製造は、北川和夫氏によれば以下のとおりである(北川一九八六)。(1)箔打ちの前段階は、延《の》べとよばれる五五㎜角の金の薄板(厚さ〇・〇四㎜)を、澄打紙《ずみうち》に交互に数百枚重ねてハンマーで打つ。

澄打紙は楮《こうぞ》と稲わらを原料として製紙された強靭で特殊な和紙であり、箔製造には欠くことができない。(2)延べの段階の金の薄板から、厚さ〇・〇〇三㎜の「澄《ずみ》」とよばれる箔ができる。北川氏はこの段階で箔というが、箔打ちはさらに次の工程がある。(3)「澄」を五五㎜角に切断し、箔打紙と「澄」を交互に一六〇〇枚ほど重ねて、最終的には、〇・〇〇〇三㎜の厚さに仕上げて金箔として製品化するのである。

もちろん、北川氏がいわれるように、現代の金箔製造は機械打ちによるもので、古代では金を延ばせる箔の厚みに限界があったことは言うまでもない。高松塚壁画の金箔の厚みは計測されていないが、筆者の観察では、市販されているアルミ箔(〇・〇二㎜)の厚みにちかく、上記工程でいえば、(1)の延べ段階にとどまるであろう。

特殊な紙

上記(1)の工程でみたように、箔の製造では澄打紙と呼ばれる特殊な紙が必要である。これは金箔の性質に由来する。金箔は薄くなるほど、静電気を帯びる性質があることから素手で取り扱うことはできない。もちろん箔を直接重ねることもできない。このため、奈良時代の金箔の製造でも、箔の間には「移紙《うつしがみ》」と呼ばれる紙が使われた。この紙は麻紙《まし》ともよばれ、写経の料紙にも用いられた。麻紙は麻の繊維を原料として漉かれた紙で、厚さ〇・一㎜まで叩き加工して仕上げられたという。

現在では、奈良県吉野町で製造される宇陀《うだ》紙、兵庫県西宮市の名塩《なじお》紙がある。これらは紙漉きの工程で、石灰岩や凝灰岩を泥状にしたものが原料に加えられて漉かれた。

藪内清氏は高松塚壁画の天文図を観察され、金箔の星がはげて紙だけが残っているところがあると指摘している(藪内一九七五)。注目される発言であり、これが正しければ現存する紙としては最古のものとなろう。しかし、この紙の存在は調査では明らかにされておらず、通常、金箔の貼つけで紙が漆喰面に残ることはない。

箔を円形に仕上げる道具

キトラ・高松塚壁画の日・月像と星は、金・銀箔を円形に裁断して使われたが、その小ささに驚く。キトラ古墳では日像は金箔で直径五・三㎝、月像は銀箔で直径五・三㎝である。星は金箔で大きいのが直径九㎜、小さいものは直径六㎜である。一方、高松塚壁画の日像は金箔が削られているが、月像は銀箔で直径は七・三cm、星は金箔で直径が八mmである。このような小さな円形は、どのような工具で作られたのであろうか。

正倉院中倉に保存されている金銀平脱皮箱《きんぎんへいだつかわばこ》の蓋には、金・銀の円形の箔が貼られているが、この制作には半円のタガネを使用し、円と円の切り込みはヤスリがかけられているという。皮箱の大きさから金の円形は直径四～五mmほどである。古墳時代で円形のタガネが使用された例としては、群馬県高崎市の観音塚古墳（前方後円墳、六世紀末）から出土した轡《くつわ》の両端に付属する杏葉《ぎょうよう》の円文がある（図44）。タガネの先端の刃形が冂になった工具で叩かれており、円文の直径は六～八mmである。金工芸でいう魚々子《ななこ》文とよばれる施文技術である。この文様を刻むのに使われたタガネの直径は、ちょうどキトラ・高松塚壁画の星を打ち抜くのに都合のよい大きさである。このような工具で箔を扱えば、直接手に触れることなく安定して連続的に制作することは可能だろう。

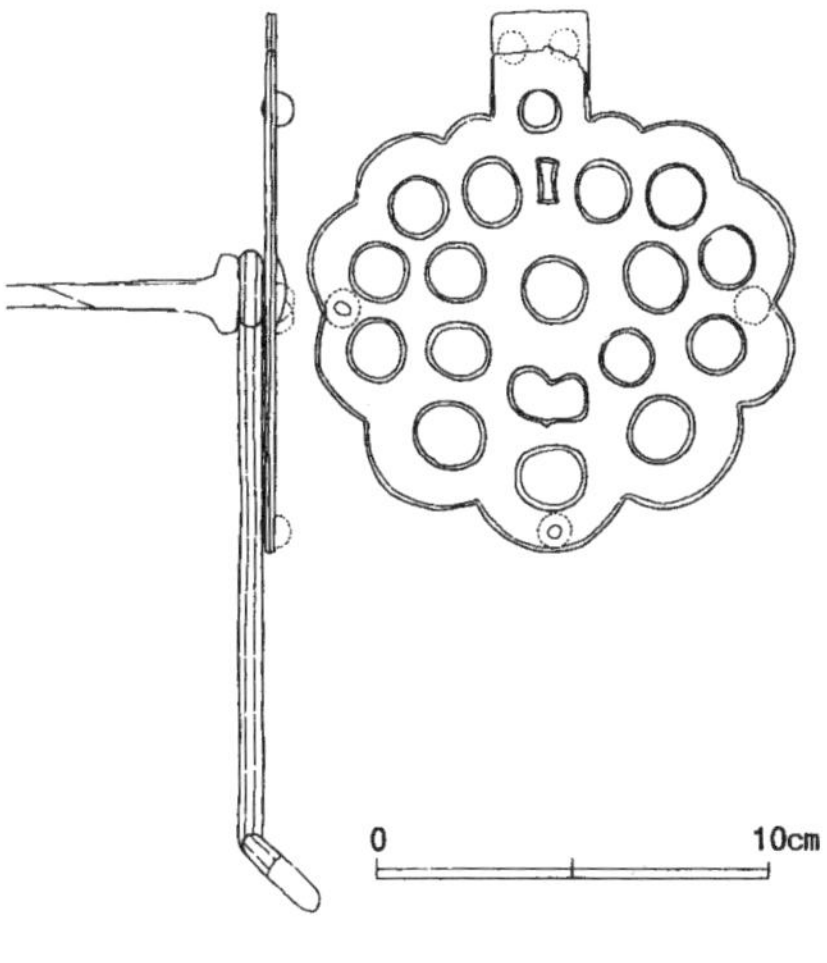

図44　円文が刻まれた杏葉
（高崎市教育委員会 1992 を改変）

（八）顔料の種類と産地

次にキトラ・高松塚壁画に使用された顔料についてみていくことにしたい。

顔料は、文武朝の初期に諸国から朝廷に献上された記事が集中している。顔料がどこで使用されたものか不明であるが、特異的に集中することから、緊急を要して集められたと推測される。ちょうど再建法隆寺や、本薬師寺、山田寺などが相次いで建立された時期に重なっており、金堂や塔の堂内に壁画を描く顔料として広く調達されたのであろう。

記事にみえる顔料のうち、群青《ぐんじょう》や緑青《ろくしょう》は近江国《おうみ》（滋賀県）や安芸国《あき》（広島県）、長門国《ながと》（山口県）から献上された。朱沙は辰砂《しんしゃ》鉱物に由来する赤色顔料で、伊勢国（三重県）や常陸国《ひたち》（茨城県）・備前国（岡山県）・伊予国（愛媛県）・日向国《ひゅうが》（宮崎県）からの献上である。長門国では持統朝から文武朝にかけて長登《ながのぼり》銅山が開発され、当時需要の高まった銅製品の原料とされたが、一方、良質な紺青と緑青の顔料も産出していた。

キトラ・高松塚壁画の顔料と産地推定

キトラ壁画の顔料は、青龍の舌が朱の赤色、泥でおおわれた胴体は、銅成分が検出されたことで群青であることが判明した。玄武は体のまわりや亀の甲羅線には黒色が用いられ、亀の首から体の表面、

	上衣	袖口	襟結び	帯	袴	長裙	同裾	内衣	下げ袋	長袋
東壁男子①	薄墨	−	−	青緑	−	−	−	−	淡黄	−
〃 ②	黄	淡緑	−	〃	−	−	−	−	−	−
〃 ③	青	白	−	−	白	−	−	−	淡黄	−
〃 ④	緑	〃	−	赤	〃	−	−	−	−	※赤
東壁女子①	淡緑	淡赤紫	−	〃	−	淡赤紫・緑・赤・青	白	−	−	−
〃 ②	黄	−	黄	−	−	青	〃	−	−	−
〃 ③	赤	青	赤	−	−	緑	−	−	−	−
〃 ④	淡赤紫	緑	−	黄	−	青・赤	白	−	−	−
西壁男子①	黄	淡緑	−	青	−	−	−	−	−	−
〃 ②	青	−	−	白	白	−	−	−	−	赤褐
〃 ③	緑	−	−	赤	〃	−	−	−	淡黄	−
〃 ④	薄墨	−	−	緑	〃	−	−	−	−	−
西壁女子①	黄	青緑	黄	〃	−	緑・赤・青・淡赤紫	白	緑	−	−
〃 ②	淡赤紫	−	−	−	−	緑	−	−	−	−
〃 ③	赤	青	−	青	−	青	※白	白	−	−
〃 ④	淡緑	赤紫	赤	赤	−	赤・緑・青・淡赤紫	淡黄	赤紫	−	−

表２　高松塚古墳壁画の人物着衣と袋物の色彩

（高松塚古墳総合学術調査会 1974　※印は筆者の観察）

甲羅は黄色、うしろ足や甲羅の縁の一部に朱が用いられている。亀にからむ蛇の胴体は黄色、内側は朱色で一部に緑青もある。朱雀と白虎は、基本的には黒色で全体の形を表現した中に、赤色のグラデーションによって鮮やかな色彩をほどこしている。白虎は口の中や装飾に赤色を限定的に用いている。

　高松塚壁画については、表2に人物群像と人物が首からさげた袋の色彩を示した。これによれば、色彩は赤・青・緑・黄・黒・白の六色が基本となり、このほかに、淡赤紫や赤紫、赤褐色、青緑、淡緑色、薄墨色などの中間色もみられた。図52（一八三頁）は高松塚壁画の東西壁に描かれた男女の人物群像であり、表2に対応する番号をつけている。

赤色の顔料

　キトラ壁画では前述したように四神や十二支像は赤色で描き、天文図も四本の円と星間をつなぐ線も赤色である。

高松塚壁画では女子の着る上衣や、袖口、襟結び、帯など縞模様に色分けされた長裙《ちょうくん》の縦縞に赤色が使用された。男子では帯の色に使用されたが、女子に比べると限定的である。東西の男子がもつ長袋はともに赤色である。四神では青龍の舌や爪、首飾り、背びれ、尾ひれ、翼の一部、背や腹部の文様も赤色である。白虎は舌や下唇、四肢の爪が赤い。玄武は胴体の内に赤色を使っている。

赤色顔料は肉眼で朱かベンガラかを区別することは難しいが、北野信彦氏は、赤色顔料を①水銀を主成分とした朱色、②酸化鉄を主成分としたベンガラ、③酸化鉛を主成分とした鉛丹に分類している（北野二〇一三）。

朱

朱は奈良時代には朱沙《しゅさ》とよばれた顔料である。原材料は水銀と硫黄《いおう》の化合物である辰砂である。辰砂は四〇〇～六〇〇度で加熱すると、水銀蒸気と有毒な亜硫酸ガスが発生する。この水銀蒸気を冷却することで水銀ができる。しかし、辰砂を焼くと赤色が失われるため、辰砂から赤色を取り出すには加熱することなく、石の粉砕を繰り返して赤色部分だけを精製した。

古代の金属工芸では、銅の表面を鍍金して金銅製品を作るためには、辰砂から得られた水銀が必須の材料であった。東大寺大仏の金銅仏は、金と水銀を混合した溶液（金アマルガム）を銅の上に塗り、大仏の内側から温度を加えることで金色にかがやく鍍金がほどこされた。辰砂鉱物は、顔料だけでなく、水銀を得るために必要な原料であった。

辰砂は紀伊半島の中央を東西に横断する中央構造線の内帯（北側）に沿う鉱脈が産地となる。東は三重県志摩半島から櫛田川流域と、西は金剛山地の大阪府千早赤阪村にかけて分布し、四国から九州にかけても、中央構造線に沿うように分布する。

奈良県内の産地は、明日香村の東部に位置する大和水銀鉱床群とした地域で（図45参照）、桜井市針道から宇陀市大宇陀区・菟田野《うたの》区にかけて広く分布する。津田秀郎氏によれば、この鉱床群は、中央構造線の北側七kmの間に、東西約三〇kmにわたって広く分布するという（津田一九六〇）。奈良県の報告、菅谷文則氏や奥田尚氏の報告では、二九か所の鉱山が記載された（奈良県一九七〇、菅谷一九七五、奥田一九九〇）。もちろん、記録された鉱山以外にも探鉱の段階で終わったものや、小規模な露頭など、鉱山として操業に至らなかったものが多数あったことは想像に難くない。

大和水銀鉱床群の中心は菟田野区であったが、現在では閉山していて坑口や坑道の所在は明らかではない。この鉱区の十谷斜坑では、奈良時代の須恵器が残されていたという。しかし、古代の採掘は露頭の確認と、そこからの採取がおもな手段であったことを考えれば、坑道の須恵器が操業の時期を示すとはいえないだろう。宇陀市芳野川と宇賀志川の合流点付近には、辰砂が露頭していたという。宇陀市大澤集落には、宇陀丹生《にう》神社が祀られている。「丹生」とは辰砂のことであり、当地がまさに辰砂採掘の中心地であったことを象徴している。

この地域の鉱山は、集落に近い小河川の崖に露頭が確認される。古代には、鉱物の専門的知識があ

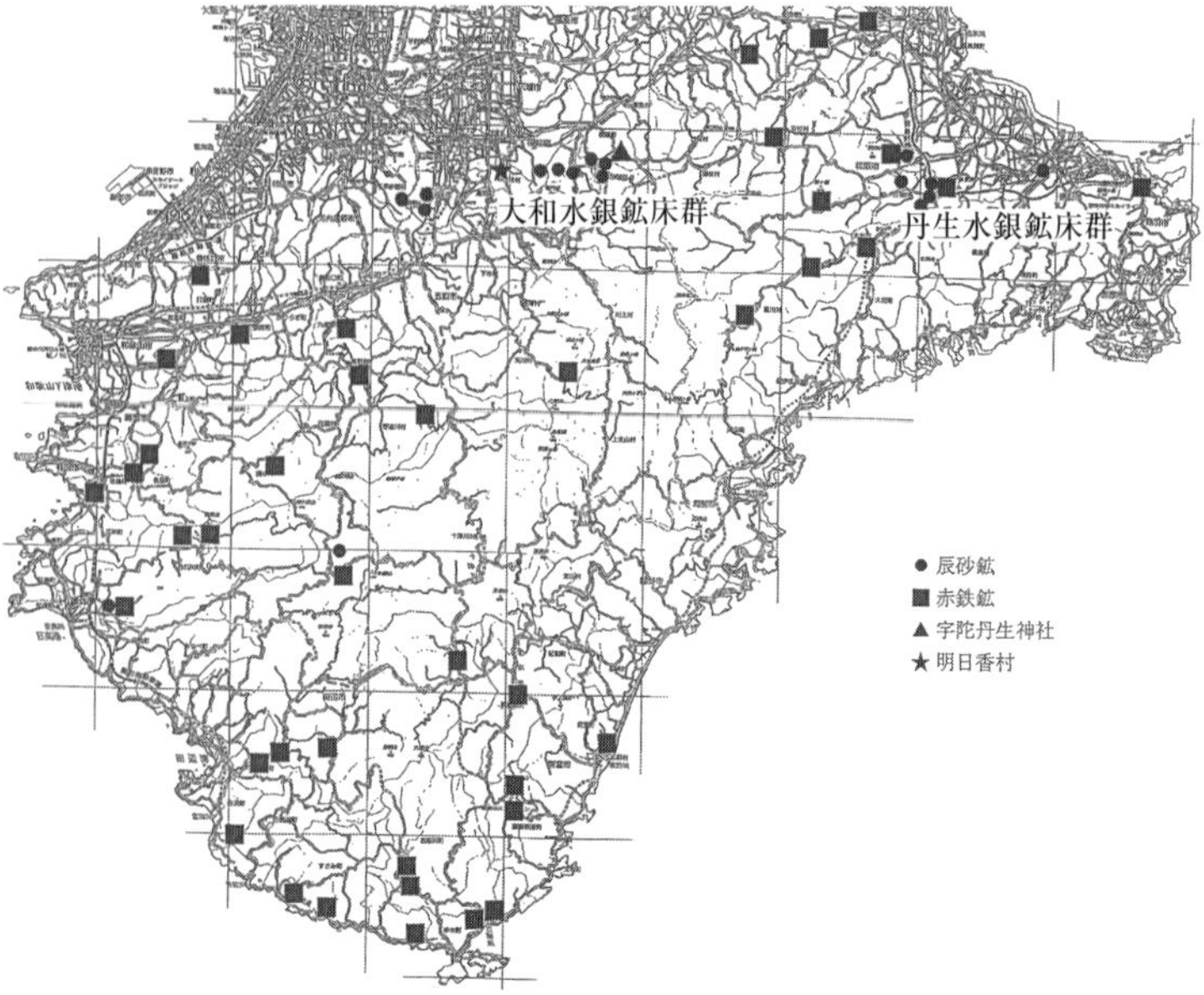

図 45　赤色顔料産地鉱山（泉 2018）

れば、探鉱と採掘が容易に行えたことをうかがわせる。このことについて、津田秀夫氏は、神生水銀鉱山の露頭は芳野川の川床にあり、その延長を採掘していたと述べている（津田一九六〇）。この付近の水銀鉱床の露頭や旧坑は、いずれも川床や崖などにあったことに特徴がある。

奈良県の奈良市富雄丸山古墳や大和郡山市小泉大塚古墳、五條市猫塚一号墳、天理市大和天神山古墳、桜井市茶臼山古墳などの前期古墳から出土した朱は、化学分析ではいずれも大和水銀鉱床群の辰砂を使用していた。このうち、大和天神山古墳からは、約四一kgのブロック状の朱沙塊が出土した。この塊はまさしく辰砂鉱石を粉砕して精製したもので、一六tの鉱石を処理する必要があった。

三重県の丹生水銀鉱床群は、宇陀市から伊勢街道が通る高見山峠をこえて、櫛田川（中央構造線が作った断層河川）が平地に出たあたりに位置する多気郡多気町丹生（旧勢和村丹生）にある。丹生集落には丹生神社が祀られ、同神社と成就院には、水銀鉱石を採掘した道具と水銀捕集器といわれる土釜、蓋などが保管されている。丹生鉱山は一八三か所の旧坑が記録され、このなかで、保賀口坑跡が見学できる。文武天皇二年（六九八）に伊勢国から朱沙が献上された記録があり、この時の朱沙は丹生から産出したものだろう。同地は明日香村の東に位置し、直線距離にして六〇㎞である。

また、三重県埋蔵文化財センターによれば、伊勢自動車道勢和多気ＩＣ地区において、八八か所の辰砂旧坑跡を確認したという（三重県埋蔵文化財センター二〇〇四）。このなかで丸山口坑跡は、九世紀末ごろに操業が始まり室町時代まで稼働していたようである。

奥義次氏は、松阪市小片野町の太田・臼ケ谷遺跡において、四か所の辰砂採掘坑跡とズリ山を発見された（奥二〇一五）。ズリ山は辰砂の採掘で掘り出された鉱石をその場で選び、辰砂を含まないくず石を捨てた場所のことである。遺跡の中で叩き石や磨石、打製石斧とともに、弥生時代中期の土器を採取された。

奥氏は叩き石の打点面に朱の粉末が付着していたことから、この遺跡は弥生時代に辰砂を採掘した遺跡であるとされた。

筆者は二〇一九年に同遺跡を見学したが、小片野町の集落奥の舗装道路が切れたあたりの斜面の崖や道路上に、弥生土器片や須恵器片、土師器片が散布し、これらに混ざって叩き石や磨石などの石製品もみられた。露天掘り跡やズリ山といわれたところは、この道路がとぎれた山林内にあった（図46）。ズリ山は数か所あり、片麻岩《へんまがん》の小片が堆積したものである。古代にはここで辰砂鉱物を露天掘りし、さらに鉱石を小割にして赤色の辰砂と屑石《くずいし》を分ける作業を行っていたのである。

櫛田川の川岸にある露頭も見学した。松阪市勢和大橋に近い川岸の岩塊のひとつに辰砂の岩脈が報告されていた。岩は直径一m以上あり、表面に石英の脈が通る。その中の亀裂にオレンジ色の鮮やかな部分がみられた。これをサンプルとして持ち帰り分析したところ、辰砂ではなく鶏冠石《けいかんせき》であることがわかった。この地点から下流では、右岸の崖に旧坑口とみられる採掘跡があった。ここで注目されたのは、これらの鉱物は櫛田川の岸辺の露頭としてみられたことである。これは大和水銀鉱床群が河川の露頭で発見されたことに共通していて興味深い。

なお、鶏冠石はヒ素を含む硫化鉱物であり、素手で触らないようにするなど、取り扱いには注意が必要である。

図46　露天掘りの辰砂採掘跡（松阪市太田・臼ヶ谷遺跡）

ベンガラ

高松塚壁画の顔料分析は、安田博幸氏をはじめとして複数の研究者によっててがけられ、赤色は朱のほかにベンガラも使われていることがわかった（安田一九七二）。また、高松塚古墳の石室に残る割付線にもベンガラが使用された。

ベンガラは鉄鉱石の酸化による錆（酸化第二鉄）で、赤鉄鉱《せきてっこう》（ヘマタイト）を長時間にわたって焼くことでえられる。一方、最近の自然科学の分野では、赤鉄鉱とは別のパイプ状ベンガラとよばれるベンガラの存在が注目されている。これは鉄バクテリアとよばれる微生物が作り出したベンガラである。

赤鉄鉱由来のベンガラ

図45は赤鉄鉱の産出地を示しているが、この鉱物は紀伊山地から伊勢にかけて広く分布する。とくに岐阜県大垣市の赤坂鉱山や福井県おおい市野尻鉱山は、表面の土をはぐとたやすく採掘できる鉱山である。八賀晋氏は、赤坂鉱山の赤鉄鉱を分析し、酸化第二鉄が九〇％を超す含有値であり、ベンガラとしてそのまま使用できるといわれた（八賀一九九九）。

赤鉄鉱を原料とするベンガラ製造は、野尻ベンガラの製造について安田氏が詳しく報告されている（安田一九八五）。製造の工程は次のようであったという。

(1)鉱石の採掘。
(2)原石の窯焼き（一回の窯焼きで一五tの赤鉄鉱を七～一〇日間焼く。この工程で堅い鉱石はもろくなり砕きやすくなる)。

(3)鉱石の窯出し(鉱石は粉砕が繰り返され、流水に入れて選別。この後、乾燥をへて製品化される。野尻では最盛期には月産八〜一二tの生産量があった)。

しかし、赤鉄鉱からベンガラを得るには、野尻ベンガラのように、原料の鉱石を長時間焼くことが必要で、また焼くための特別なカマドも必要であった。古代の技術水準では、赤鉄鉱からベンガラを製造することは困難であったと思われる。

パイプ状ベンガラ

一方、パイプ状ベンガラは、バクテリアの分泌物に由来する、いわば微生物が作り出した酸化鉄を原料にして作られたベンガラである。

鉄バクテリアは水分に豊む土中に広く存在する微生物である。鉄分子(Fe^{2+})を多量に含む地下の環境下において、細胞内に鉄分子を取り込むことで生存のためのエネルギーを作る。この後、不必要になった酸化鉄(水酸化第二鉄)が細胞の外に排出され、さらに細胞が死滅することで、分泌物として排出された鉄を多く含む硬い膜だけが残ることになる。

鉄バクテリアが分泌したかたまりは、ゆるい流れやわき水のある地表面、あるいは池や溝に設置された排水用のパイプの先に、赤褐色や黄褐色の泥状のかたまりとなって集まる。これを採取して乾燥させ、八〇〇度の高温で焼くことであざやかな赤色のベンガラが得られる。パイプ状といわれるのは、鉄バクテリアの細胞を包む外側の膜が細長い円筒形をしているからである。

鉄バクテリアの塊を求めて

鉄バクテリア特有の泥はどこにでもみられるものだろうか。この泥の存在が見込めるためには鉄の存在が不可欠である。

地質学の成果によれば、苦鉄《くてつ》質鉱物に分類される橄欖石《かんらんせき》や輝石《きせき》、角閃石《かくせんせき》には鉄が豊富に含まれる。地学団体研究会大阪支部『大地のおいたち』（一九九九）には、奈良盆地と大阪平野の境にある生駒山に鉄やマグネシウムなどの金属元素が多く含まれるという。同書には生駒山の東西断面が示されて、山頂から西は石切《いしきり》、東は暗峠《くらがりとうげ》・鳴川峠《なるかわとうげ》までの広い範囲にとくに多くの鉄をふくむ角閃石斑糲岩《はんれいがん》がある。また『生駒市誌』（一九八五）の閃緑岩質斑糲岩《せんりょくがんしつはんれいがん》の項目にも、多量の鉄を含むと記している。この岩石は奈良盆地周辺の桜井市三輪山や橿原市香久山、山添村神野山などにも分布する。

さらに地質調査所が発行した『鉱物資源図中部近畿』（須藤ほか二〇〇〇）には、岩型が中性苦鉄質で、鉱種が鉄で示された地域は奈良盆地周辺に分布する（図47）。これらの地質学関係の資料を総合すると、奈良盆地の西では生駒山の周辺、東では三輪山から宇陀山地、香久山、神野山のある大和高原などに、鉄バクテリアが生み出した泥が存在することが推測された。

ちなみに、苦鉄質鉱物に対するものとして、珪長《けいちょう》質鉱物があり、この岩石には石英や長石を含む。透明感があり鉄などの金属類はほとんど含まない。明日香村の南から高取町貝吹山《かいぶきやま》の岩は、角閃石花

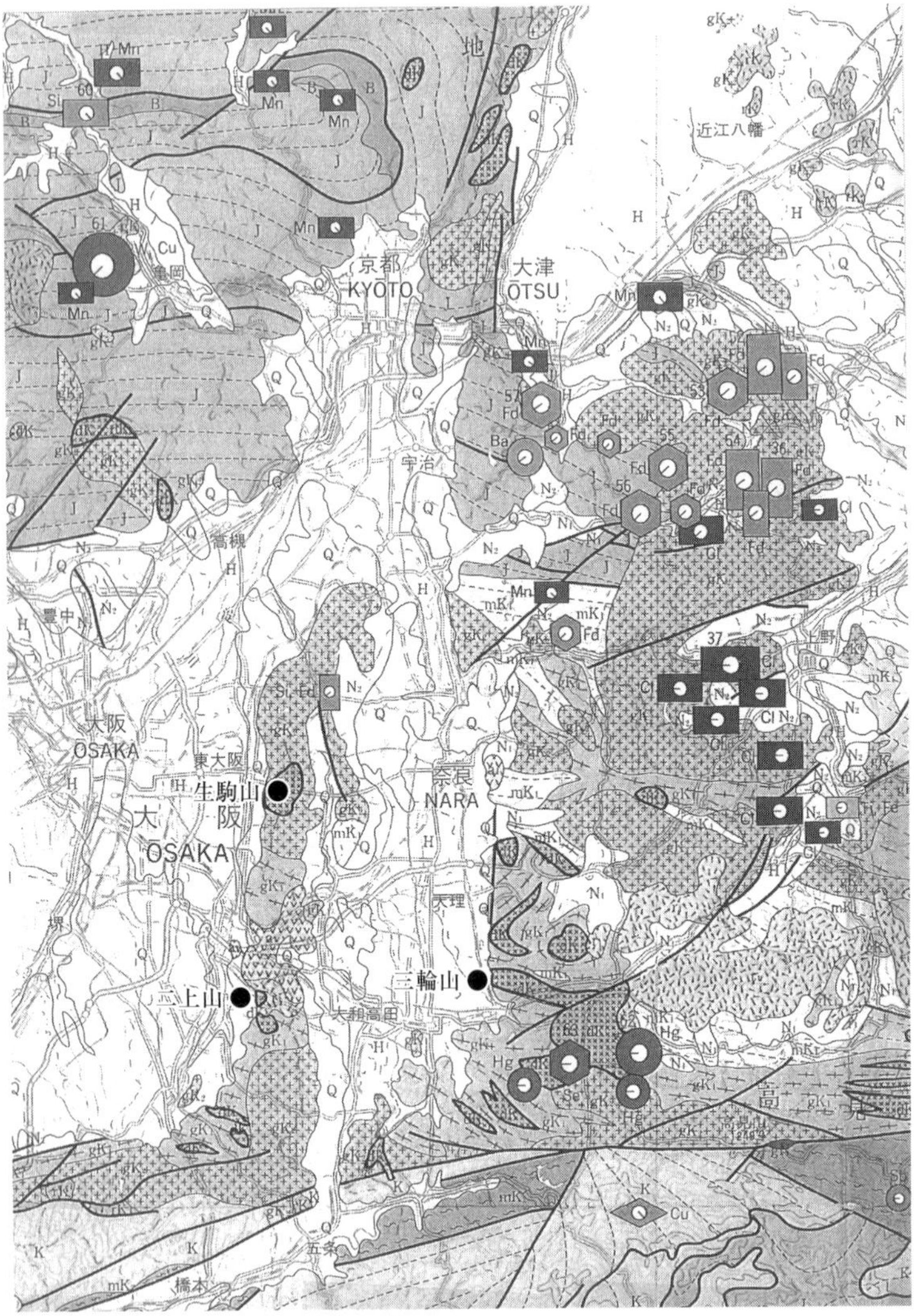

図 47　奈良盆地周辺の鉄を多く含む山と鉄バクテリア踏査地

（須藤ほか 2000 を改変）

崗岩と石英閃緑岩が分布する山である。また生駒山の南の葛城山や金剛山は、花崗岩、片麻岩《へんまがん》の山であり、これらの地域も鉄バクテリアが乏しい地域といえる。

稲垣紘武氏は、「奈良県鉱物誌」（一九六五）を著し、奈良県内の鉄の産地を記録された。前記した角閃石斑糲岩の分布地と鉄の産地が重なれば、その地に鉄バクテリア塊が広がっている可能性が高いと予想された。そこで、図47を資料にして奈良盆地周辺の鉄バクテリアをさがす踏査をはじめた（二〇一九年。これ以降も踏査は継続している。主な産地は奈良市北郊と宇陀市赤埴《あかばね》、二上山周辺である）。

踏査地は、①奈良市白毫寺《びゃくごうじ》町の能登川上流、②宇陀市域の榛原区笠間川上流、菟田野区駒帰《こまがえり》、同見田、③桜井市三輪山、④生駒市小平尾町長谷池（図48）、⑤明日香村内各所、⑥橿原市香久山、⑦三重県多気町丹生、⑧奈良市都祁町などである。

①の能登川上流の高円山は、室生《むろう》溶結《ようけつ》凝《ぎょう》灰岩《かいがん》の山であるが、一部に褐鉄鉱《かってっこう》が産出する。鉄バクテリアのかたまりは、地獄谷ハイキングコースの路上で豊富に産出する地点が確認された。②の菟田野駒帰では、白鉄鉱が産出すると同時に大和水銀鉱床群の中心地でもある。③の三輪山では、この山塊から宇陀市笠間にかけて広いエリアに鉄の分布がある。④の生駒市小平尾町は褐鉄鉱が産出する。小平尾大広の褐鉄鉱を分析した山崎一雄氏の報告は、酸化第二鉄が八一・四％と高い含有率であった（山崎一九五五）。⑤は明日香村の盆地周辺の小河川や水路を中心とした踏査である。このなかで鉄バクテリアが確認されたのは、発掘された亀形石造物の周辺の石がことごとく黄色く染色して、鉄バクテリアの存在が推測された。このほか、高松塚壁画館の周辺の谷水田や、キトラ古墳に近い高取町の

水田でも見ることができた。

⑥は橿原市香久山周辺の踏査である。この山麓の北東にある古池堤の用水路と、北側の水田排水溝のパイプで広く鉄バクテリアが確認できた。⑦の三重県丹生は、前述したように水銀鉱床があり、保賀口坑跡近くの水路で湧出する鉄バクテリア塊を採取できた。⑧は奈良市東部の山間部にある集落周辺の水路の事例である。踏査では奈良市須山、都祁白石町《つげしらいしちょう》、天理市山田町などの水田でも広くみられた。

これらの地域で鉄バクテリアの存在に共通するのは、湧水地点からゆるやかな流れがあるか、ほとんど流れはないものの、沼地状に水が停滞している地点であることである。また水田の用水溝や排水パイプに付着していることも多い。

この踏査で注目されたのは、②菟田野区と⑤丹生のように、水銀鉱山と鉄バクテリア塊が同一地域で確認されたことである。水銀鉱山は古代では辰砂を採掘したが、同じ地域で由来の異なる赤色顔料の原料が採取できることは、ほかの地域にはない特性であろう。また、辰砂は採掘すれば無くなるという有限の鉱物資源であるのに対し、鉄バクテリア塊は、採掘してもただちに再生産される物質であることは重要である。

鉄バクテリア塊の再生産は、生駒市小平尾町長池でみることができた（図48）。ここでは池の堤から出た二か所の排水パイプから、水を含む状態で一〇〇kgの鉄バクテリア塊を採取して、一〇kgのベンガラを精製できた。

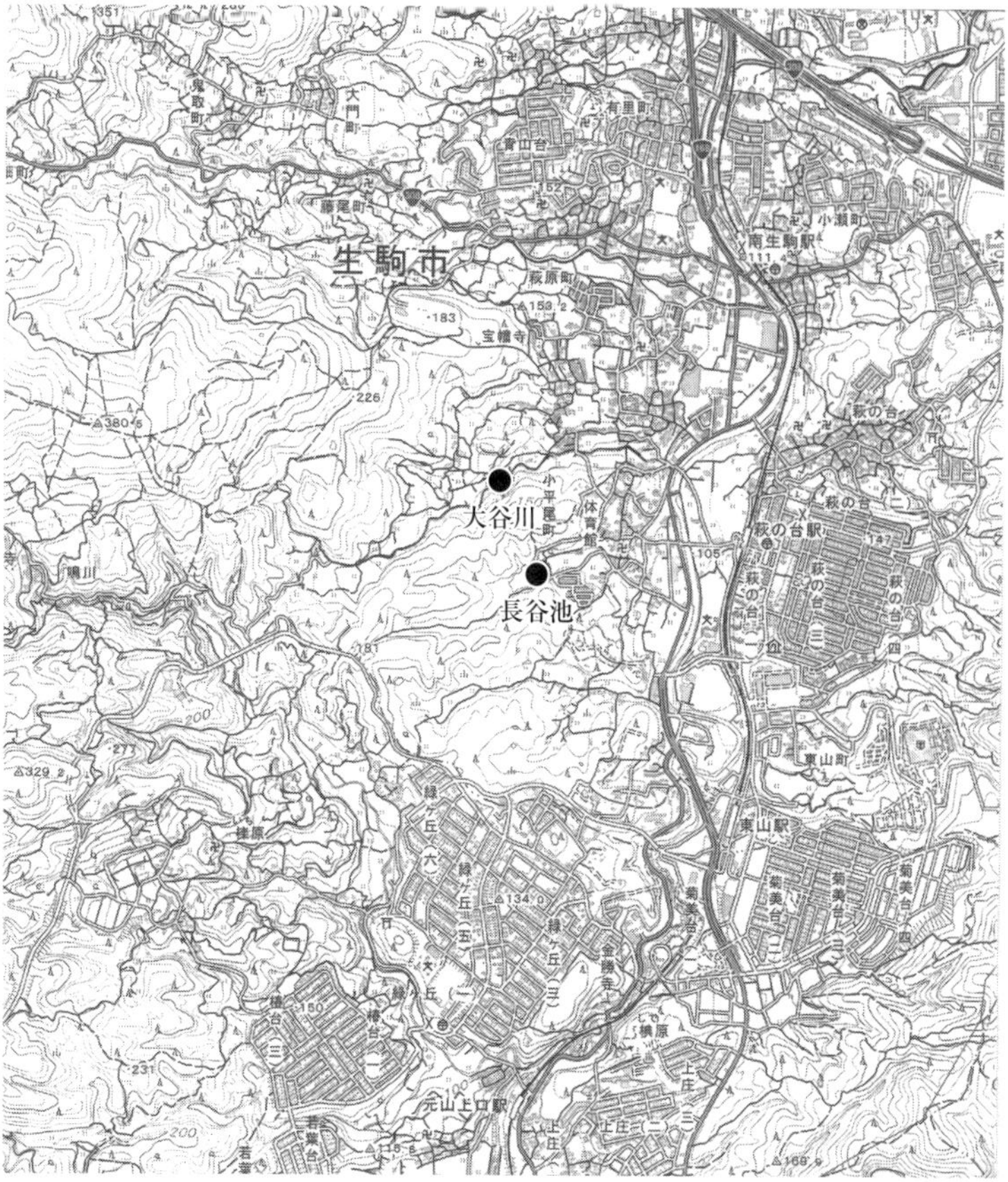

図 48　パイプ状ベンガラの集塊産地（生駒市小平尾町長谷池）

長谷池での最初の採取から半年後に再訪したが、ひとつの排水口は水の流れが止まっていて鉄バクテリア塊もまったく生産されていなかった（口絵参照）。ところがもう一つの排水口では、最初に訪れたときと同じように回復していた。つまり五〇kgの鉄バクテリア塊は、半年ほどの間に再生産されたことになる。ほかの地域では三〇～五〇gが採取できるだけであることから、これほど活発なバクテリアの活動がみられたのは驚きである。

次に注目されたのは、⑥の香久山周辺と図49の宇陀市赤埴《あかばね》において鉄バクテリアが採取できたことである。⑥に関して『日本書紀』神武天皇即位前紀や崇神天皇紀には、香久山の土に関わる祭祀伝承を伝えている。これらの記事のなかで、土を「はに」とよんでいる。埴土、つまり香具山は赤い土が採取された山として、倭国の物実《ものざね》であるとも観念されたのである。

図 49-1　鉄バクテリア塊

図 49-2　赤埴の真赤土（まはに）の万葉歌碑

（宇陀市赤埴甲公民館歌碑）

『万葉歌』巻七・一三七六　作者不明

「大和《やまと》の宇陀《うだ》の真赤土《まはに》のさ丹付《につ》かばそこもか人《ひと》の我《わ》を言《こと》なされ」

（訳　大和の宇陀の真っ赤な粘土の赤が着物についたら、そんなことでも人々は噂の種にするだろう）

図 49　宇陀市赤埴の鉄バクテリア

宇陀市赤埴の地は、飛鳥時代には旧暦五月五日（新暦六月二〇日夏至）に、宮廷を挙げて薬草を採る薬猟が行われ、またシカの若角を獲る狩猟が行われた地域の一画である。赤埴という地名は、赤い土（ベンガラ）に由来するところから、飛鳥人にとって万葉歌にも歌われたなじみのある土地でもあった。

奈良県内の前期古墳で使用された朱は、大和水銀鉱床群の辰砂が使用されたことは前述した。ところが、天理市黒塚古墳の竪穴式石室では、粘土棺床で朱とパイプ状ベンガラの両方が使い分けられていた。今後、古墳でパイプ状ベンガラの使用例の発見が増えることで、朱とパイプ状ベンガラがどのように使い分けられたのか解明されることが期待される。

青・緑色の顔料

青色の顔料が使われているのは、キトラ壁画では玄武の蛇の一部であり、現在も鮮やかに残っている。十二支像では寅の着る衣服にもみられる。

高松塚壁画では、男子の上位や帯、女子では上衣とその袖口、帯、長裙の色分けされたなかにある。人物の持ち物では、男子の持つ蓋の布と四方に垂れた房、女子の持つさしばの本体も青い。四神では玄武の蛇の胴体と、青龍は全身に使われている。

青色は鉱物名を藍銅鉱《らんどうこう》（アズライト）、緑色は孔雀石《くじやくいし》（マラカイト）である。どちらも銅鉱物の酸化によってできた色である。このため多くは銅鉱山で産出する。顔料名は岩群青《いわぐんじよう》、岩緑青《いわりよくしよう》である。赤色のベンガラが鉄鉱石の酸化物であることと対照的である。壁画の赤色と青色は、酸化した鉱物、すなわち錆の鮮やかなものがもとになっているのである。

明日香村にもっとも近い藍銅鉱・孔雀石が産出する鉱山は、近代に操業した御所市朝町の三盛鉱山跡である。現地で採集できるのは銅鉱石のズリ（屑石）で、この表面には銅が酸化した緑青が付着している。御所市の調査で、鉱山の全体像が明らかにされた（御所市教育委員会二〇一一）。鉱山跡は里山から中腹にかけて坑口跡と選鉱場などが残されている。中世の時期の土器片が出土しており、鉱山の操業時期の一端を示すものである。

多田銀銅山跡は兵庫県猪名川町《いながわちょう》にある鉱山遺跡で、川西市や宝塚市などに広がる。青木美香氏は長暦元年（一〇三七）から間もない時期の史料に、紺青と緑青のことが記されているのを見出された（青木二〇一四）。これ以降も顔料について再三記されていることから、大阪や京都の画材商に商品として出されたという。現在では顔料の実物や製造道具などは伝わっていない。

発掘調査で判明している、操業時期が飛鳥時代にさかのぼる遺跡は、山口県美祢市の長登《ながのぼり》銅山跡である。池田善文氏は同銅山から良質な藍銅鉱や孔雀石が産出し、さらに褐鉄鉱もあることから、群青や緑青のほかにベンガラも作られていたことを推測されている（池田二〇一五）。

近代の緑青生産の工程は以下のとおりである（池田一九八九）。

①原石を色目によって上・中・下に分ける。

②同一品位の原石を金槌で大豆粒ぐらいに砕き水に浸しておく。

③この原石粒を桶の上に乗せた石臼で水をかけながら小さくし、ふるいにかける。ふるいに残った石は再度石臼で砕く。
④ふるいを通った粉石を水とともに鉢に入れ、鉢の縁を軽くたたいて振動させる。こうすると、良質の緑青が鉢の底に留まるので、上の不純物は捨てる。
⑤緑青粉石を石臼にかけ、立鉢に水とともに入れ、ほかの桶に移す。この時、三段階の網に通し、網に残った粗粒は再度石臼にかける。
⑥ユリ盆の中に粉石を入れ、この盆の水八分目を入れたタライ桶の中に浸して、ユリ盆をゆすりながら不純物を取り除き、緑青を得る。
⑦緑青を一×一・二mぐらいの板に移して天日で乾かす。色の濃い上品は炮烙《ほうらく》に入れて火熱で脱水する。
⑧出来上がった製品は、正味一斤（六〇〇g）を和紙に包み商品にする。

緑青を六〇〇g精製するのに、もとの原料鉱石がどれぐらい必要であったのか、ということには触れていない。池田氏によれば、原石を粉砕した段階では捨てるところがないほど高品位であるという。以上が緑青の製造工程である。群青も同じ製造工程であったと推測される。群青や緑青の製造は、鉱石を粉砕し、色実のある部分だけを選別する作業を繰りかえしたのである。ベンガラ製造のような高温の焼成はない。

青色についてはまた、高松塚壁画の青龍と男子の着る上衣にラピスラズリが使用されていた。この顔料は古代からの主要産地として、アフガニスタン北部のバダフシャン地方などが知られている。中国では北魏から宋代にかけて、すなわち五世紀から一三世紀ごろに、敦煌などの寺院壁画の顔料として使用された。高松塚壁画のラピスラズリは、中国から輸入された高級品であったと考えられる。

黄色の顔料

黄色の顔料は、キトラ壁画では玄武の亀の首から体表部と甲羅、蛇は体表部外側に使用されている。高松塚壁画では男子の上衣、女子では上衣、帯などがある。男子の首から下げた袋はいずれも淡い黄色である。黄色の鉱物としては硫黄《いおう》があるが、顔料として用いられることはなく、ほとんどが黄土《おうど》を原料としている。黄色の顔料が黄土であったことに最初に注目されたのは万葉研究者の金子晋氏である（金子一九九〇）。金子氏は『万葉集』に、黄土と地名とが結びついた「住吉の黄土」が詠みこまれているのを見出され（巻一・六・七・十一）、住吉大社周辺の台地（上町台地《うえまちだいち》）の崖から黄土を採取し、布地を染色する復元に取り組まれた。日下雅義氏も、黄土は住吉大社周辺の崖などに露出している、赤黄色の粘土あるいはシルト層を指すと述べている（日下二〇一二）。

筆者が所有する黄土のサンプルは沖縄県与那国島のもので、与那国空港近くの北部海岸の崖で採取されたものである。沖縄の島々は石灰岩が隆起した地形で、海岸に面した崖は打ち砕く波浪によって強く浸食されている。黄土はこの浸食面のくぼ地に堆積していた。

与那国島の黄土を分析した結果、アルミニウムを多く含むことがわかった。また、興味深いことに、この黄土は中国大陸から毎年飛来する黄砂であることがわかった（奥山ほか二〇一三）。本来、黄砂には鉄が多く含まれるが、与那国産の黄土はアルミニウムが主成分であり、鉄は微量に含まれるだけである。このような鉱物組成になった原因は、中国大陸で上空に舞い上げられた黄砂が東シナ海上空で海上に落ち、与那国島の海岸線に達するまでに、重い鉄の粒子は海中に沈み、軽いアルミニウムが海面を漂いながら海岸線の崖に漂着し堆積したためであると考えられる。

日本列島には現在でも春季になると黄砂の飛来があって毎年数ミリずつ堆積しているが、上町台地の黄土も黄砂が堆積したものであり、これが古代において染色材料とされたことは十分考えられる。しかし、黄土の主成分である鉄やアルミニウムが、どのようなメカニズムで黄色く発色するのかはわかっていない。

黒色の顔料

キトラ壁画で黒色が使われているのは、四神や十二支像の輪郭線などで多用されている。高松塚壁画では、男子の上衣や男女の髪、男子の冠、あるいは男子の履く靴などと持ち物に多用されている。また、四神の輪郭線や文様、日・月像や星の輪郭線などがある。分析の結果、黒色は墨とマンガンの二種類の成分が検出された。

紀伊山地のマンガン産地は、明日香村に近い奈良県川上村に集中する。マンガンは古墳時代前期には染色材料として使われたことがわかっている。天理市の下池山古墳では、竪穴式石室をおおう粘土が四層に分かれ、上から二層目の粘土の表裏に染色された麻布が張られていた。この麻布の表面を辰砂の赤色とマンガンの黒色を染めわけ、麻布の裏面はベンガラの赤色とマンガンの黒色に染めわけられていた。壁画古墳から三〇〇年前に、すでにマンガンを染料の材料とする技術があったことを教えてくれる。

しかし、マンガン鉱石をどのように処理して顔料を精製したのか解明されていない。マンガン鉱石は赤鉄鉱と同様に硬い鉱物であり、人力で粉砕することはむずかしい。和歌山県田辺市龍神村にマンガン土が産出するが、津田秀郎氏によれば、日高鉱山《ひだかこうざん》のマンガン土は露頭していて軟らかく、マンガンを五〇%ほど含むという（津田一九六四）。この土であれば粉砕の必要はなく、精製を繰り返せば純度の高い黒色顔料が得られるであろう。

以上、壁画に使用された顔料の種類とその精製技術、産地などをみてきた。ラピスラズリ以外の顔料は、古墳のある明日香村に近い地域で調達が可能であり、またベンガラや黄土、マンガンなどは硬い鉱石を粉砕する必要のない土として産出していることもわかった。

飛鳥時代は寺院の建築ラッシュの時期を迎えていた。寺院で壁画を描くには莫大な数量の顔料を必要とした。とりわけ、ベンガラは寺院以外にも藤原宮や京の建物の柱・壁に塗るために大量に消費された。これほどの需要にこたえる顔料がどのような生産体制で生産されたのか未解明の部分が多い。ただ、最近では鉄を多く包含する土であるリモナイトの存在が注目されている。たとえば、先に記した岐阜県大垣市の赤坂鉱山や、熊本県阿蘇市のリモナイトは大量に埋蔵することから、採掘は鉱石のような技術を要することなく掘りあげられる。しかも八〇〇度で焼くことができれば、ベンガラは容易に大量に生産することができるため、飛鳥時代の需要を支えた可能性があろう。

（九）壁画の作画技術

キトラ・高松塚壁画は、どのような作画技術で制作されたのだろうか。何より壁画は狭い石室内での制作であり、またおのずから時間的な制約があったことは想像に難くない。そこには時間的・空間的な制約をクリアーする諸技術があり、それによって完成されたはずである。

ここでは、これまで明らかにされた高松塚壁画の粉本《ふんぽん》の存在と、その使いまわし、あるいは壁画の捻紙法《ねんしほう》による形取りなどの制作技術などをみることにする。さらに、同時代の法隆寺金堂壁画との共通点などにもふれてみたい。

粉本の使いまわし

粉本《ふんぽん》は東洋画において用いられる作画技法のひとつで、胡粉《ごふん》を用いて下絵を描き、のちに墨を入れた絵画の見本である。壁画を制作するのは石室の中であるが、その前の作業として、工房において壁画のモチーフを紙の上に描いた下絵が粉本にあたる。

一九九二年に坂田俊文氏らが著わした『高松塚壁画の新研究』には、「高松塚壁画はどのようにして描かれたのか」と題する意欲的な研究がある。コンピューターによる画像処理という、当時としては先端の技術を駆使した研究であった。

坂田氏たちは、青龍と白虎の姿がよく似ていることに着目され、青龍に白虎を反転させた画像との重なり具合をみられた。この結果、

(1)青龍と白虎の胴と脚の微妙な弧線の一致度が高い。相似性と類似性はともに高い。

(2)前足のブロックは相似性が高い。複雑な表現の一致度が高い。

(3)後脚のブロックは類似性が高い。右脚については相似しているが位置が異なる。左脚については類似性が高い。

(4)後脚に合せたとき、尾の先端が一致する。胴を合せたとき、眉間の中心が一致する。これを反転すると両者は同位置にある。

(5)個々の部分の形状は類似しているが相似していない。個々の形状は同じだが、位置が異なっているところが多い。

という結論を出された。

この研究で「コンピューターによって、青龍と白虎は部分ごとに一致することがわかった。部分を組合せて、一つの図像を作成している。同一の画像を転写する原紙の存在は否定できない」と述べ、「白虎の画像を反転し、青龍と重ねると胴が一致した。脚部もつま先を合せるとピタリ。体の部分が、驚くほど合う。白虎に背ビレを加えると青龍になる。部分絵を合成する手法とカーボン紙のような型

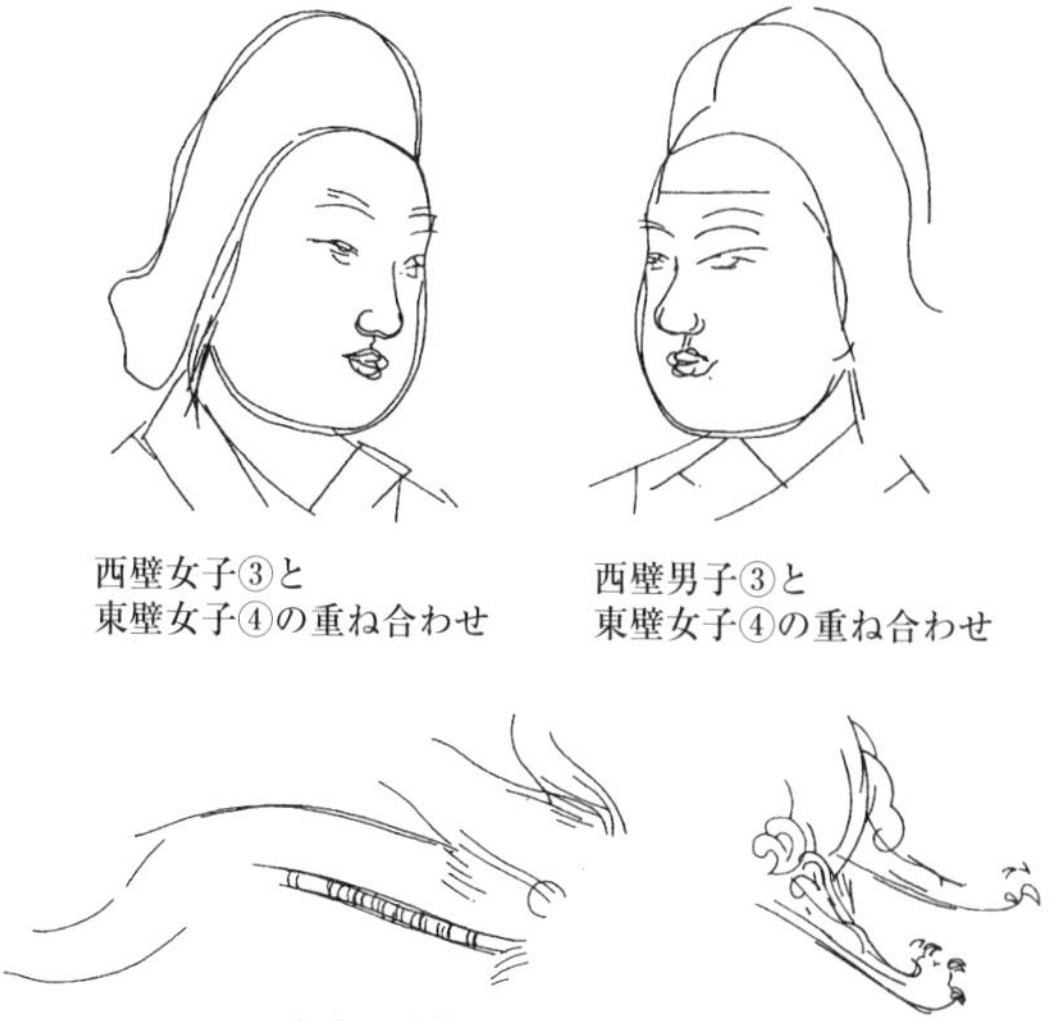

西壁女子③と東壁女子④の重ね合わせ

西壁男子③と東壁女子④の重ね合わせ

白虎の画像の反転を青龍に重ねる

図50　高松塚古墳壁画のパーツ図の重ね合わせ
（飛鳥資料館1992を改変）

紙がこの謎の種明かしであろう」と解説された（飛鳥資料館一九九二、二頁）。図50は白虎と青龍の前脚の部分と、男女の人物像の顔面を、それぞれ重ね合わせた図である。

実際に青龍と白虎の線画を同一サイズにしてみると、二つの線画は全体的には一致を見ないものの、部分的にはよく合致する。具体的には両像の脚や胴体、爪などの部分である。

しかし、この全体の不一致と部分の一致という、相反することはどのように解決されるのだろうか。また、男女の顔面はふっくらとして描かれているが、重ね合わせの図を見る限り、顔面だけで男女の区別をつけるのは困難である。これも同一の粉本が使いまわされたことによる一致なのであろう。

捻紙・筋彫りによる形取り

高松塚壁画の描き方は、星山晋也氏によれば、

(1)淡墨線で細部にいたるまで図取りする。

(2)この下書きに合せてあらかじめ指定された色彩をほどこす。

(3)彩色された上に濃墨により下描きの線を描き起こされる。

というものである(飛鳥資料館一九九二)。つまり、下描き→彩色→描き起こしの順序で描かれた。東壁女子④の顔の輪郭線や、青龍の舌の円弧を描く部分、首飾り、前肢の毛並みなどと星座には筋《すじ》彫《ぼ》りの痕跡がみられる。「筋彫り」は、図51に見られるように、先端の鋭いヘラなどで粉本の線画を漆喰の壁面に写し取る技法のことである。

キトラ壁画はどうであろうか。有賀祥隆氏によれば、白虎の作画法は、

(1)捻紙と筋彫りの方法で下当たりがつけられる。

(2)筋彫りに沿って赤褐色の線が認められるからベンガラなどを塗った捻紙を使用。

(3)筋彫りに沿って淡墨で下描き。

(4)彩色。

(5)濃・中墨で描き起こして仕上げる。

というものであった(有賀二〇〇六)。「捻紙」というのはカーボン紙のように紙の裏に漆喰の壁面に転写するための墨やベンガラなどが塗られた紙のことである。

図51の上の図は、キトラ壁画の天文図に描かれた星座のひとつである。若杉智宏氏と井上直夫氏によれば、天文図の描画法は次のようであった。

(1)はじめに赤道や黄道などの四本の円がコンパスのような機器で描かれる。

(2)円の位置を基準にして念紙法により星の位置や星座の形の下描きを行う。

(3)下描き線と粉本を参考に星の位置に円形の金箔を貼りつける。

星座「積卒」（奈良文化財研究所 2016）

図51　筋彫りによる形取り
キトラ古墳壁画の星座と寅（文化庁ほか 2006 を改変）

⑷最後に金箔を結ぶ朱線を描き、星座を仕上げる。

そして、⑵の段階の下描き線は、星を結ぶ朱線とは別の赤褐色線で描かれていることを明らかにされた（若杉・井上二〇一六）。これは有賀氏が白虎で確認した下描き線と共通する技法である。また、若杉・井上両氏は、漆喰面への粉本の転写に念紙法が用いられたのか再現し、念紙法と筋彫りの有効性を確認された。

キトラ壁画のなかで、もっともよく捻紙・筋彫り技法がみえるのは、図51にある十二支像の寅である。立ち姿の大きさは約一五・五㎝と小さい。顔面は虎であるが、首より下は人間の姿で、上半身にまとった衣服に袂の広い赤色の襟をつけ、下半身は中国風の長袍《ちょうほう》を着けている。筋彫りは外のラインだけでなく、服の内側にまでおよんでいる。サイズの小さな画題を効率的に壁面に描く技法として、捻紙と筋彫り技法の組合せは合理的な作画であったようだ。これを終えれば、粉本に指定された色彩を入れるだけである。

(一〇) 法隆寺金堂壁画との比較

七世紀後半から八世紀初頭の壁画としては、キトラ・高松塚壁画のほか、法隆寺金堂の壁画がある。西院《さいいん》伽藍《がらん》の金堂はこのころに再建され、金堂内陣の壁面に仏教絵画が描かれた。実は、これより以前の若草伽藍の遺構から法隆寺の創建時の壁画が出土している。したがって、金堂壁画に先行する壁画が描かれていたことは確実視されるが、それがいつごろの時期のものなのか、あるいは壁画の技法などは未解明のままである。

ちなみに、古代寺院の発掘調査で出土した壁画の例は、前記した法隆寺若草伽藍跡のほか、桜井市山田寺跡、同市安倍寺跡、奈良市大安寺跡、大阪府柏原市田辺廃寺跡、京都府大山崎町山崎院跡、滋賀県高島市日置前《ひおきまえ》廃寺跡、鳥取県米子市上淀《かみよど》廃寺跡などがある。これらの壁画は火災を受けたため（上淀廃寺は自然倒壊）色彩が変質して、もとの色を復元することはむずかしい。

ひとまずここでは、『法隆寺金堂壁画』と同書の柳沢孝氏の解説（柳沢一九七五）を参考に、法隆寺の再建金堂の壁画の描画技法をみることにする。

捻紙と筋彫りの技法

柳沢孝氏によれば、金堂壁画には下描きのデッサンの形跡はなく、壁画面に凹線の筋彫りの痕跡があるという。このなかで、十一号壁画には筋彫がよくみられるという。作画の方法は、下絵を壁面に貼りつけ、鋭い刃物またはヘラの類でその文様をなぞったことを示すといわれた。さらに壁画の下絵は原寸の大きさで、しかも完成した図様そのものである。

十一号壁画は損傷を受けているが、筋彫り痕跡は三重の同心円を描いた頭光《ずこう》や、首まわりの皮膚のたるみを表現した襞、衣服にもみられる。さらにほかの壁画にも、筋彫りの痕跡は多かれ少なかれ確認できるという。捻紙と筋彫りの技法は、広く使われた基本的な技法であったことがわかる。

一方、若草伽藍跡の調査で出土した壁画片に筋彫りのあることが確認された（斑鳩町教育委員会ほか二〇二二）。再建金堂の作画の系譜が若草伽藍壁画までさかのぼることの意味は大きいであろう。キトラ・高松塚壁画の作画法でも、同じ技法が使われたことは前記したとおりである。寺院壁画と古墳壁画とに共通した技法が使われたことは、キトラ・高松塚壁画を描いた画師の系譜を考えるうえでも重要であろう。

顔面の輪郭線の作画法

さらに柳沢氏は金堂壁画の顔の輪郭の作画法について、顔の輪郭線は額ぎわから下がる線を上瞼のところでいったん筆をとめ、下瞼からふたたび筆を継いでいるといわれた。すなわち、目の部分だけ輪郭線をはずして、かわりに目の彩りがこの線の役割を果たすようにしたのである。僧形の場合も顔の輪郭は菩薩と同じように輪郭線を引くが、さらに顔の起伏にしたがって微妙に筆を継いでいるという。金堂壁画の横を向く顔面にはほとんどこの技法が使われている。

高松塚壁画では、東壁女子像④や西壁女子像③・④、東壁男子像③、西壁男子像②に同じような顔面の輪郭線がみられる。

唇の表現

唇の作画法は、上原和氏の観察がある（上原一九八〇）（図53）。上原氏は中国敦煌莫高窟《とんこうばっこうくつ》（初唐期の

図 52　高松塚古墳壁画の人物群集番付（明日香村教育委員会 2009）

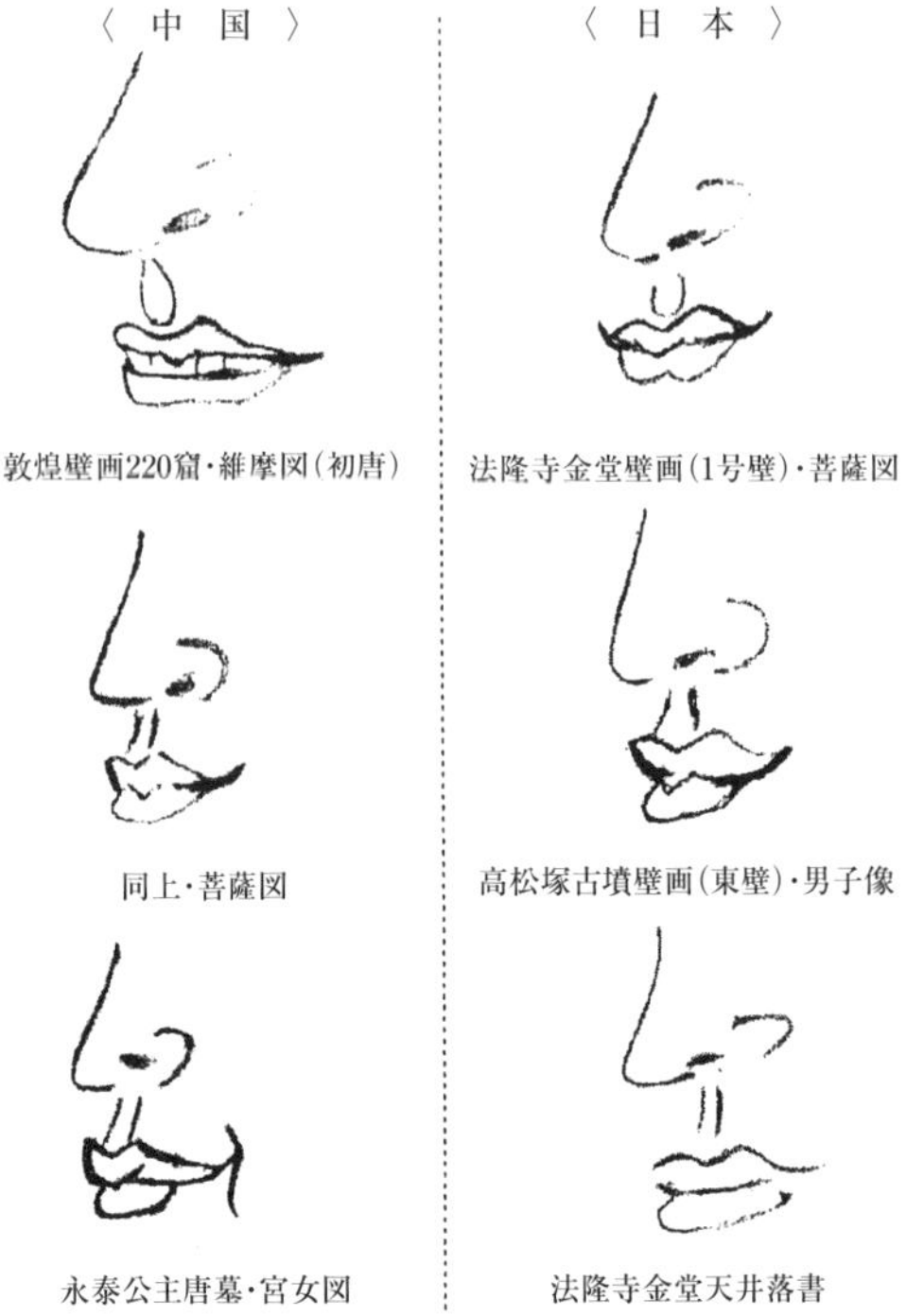

図53　唇の表現法（上原 1980）

二二〇窟）に描かれた仏像の唇表現と、法隆寺金堂壁画、および高松塚壁画の唇表現を比較された。このなかで、莫高窟壁画は唇の上に描いた内側の輪郭をたどる墨線が、唇の左右端でさらに口角《こうかく》の左右へ引っ張られるか、あるいは唇の左右端からカギ状に上か下に跳ね返すか、いずれかの表現であるといわれた。

　法隆寺金堂壁画では、一号壁の釈迦如来像の唇にかぎらず、右脇侍菩薩像や十大弟子像、あるいは六号壁の左脇侍観音菩薩像なども同様の表現がある。金堂壁画の拡大写真を参照すると、唇の表現としてはよくみられる描き方である。

　高松塚壁画では、東壁男子③の唇の下描き線が薄墨で輪郭が表現され、ついで朱色によって全体が彩色されている。最後に描き起こし線として、濃い墨で唇の中央線を口角まで墨入れし、外側では両方に跳ね上げている。そのほか、唇部分が残る西壁男子像②や東壁女子像④、西壁女子像②・③などでも同様の表現がみられる。高松塚壁画の唇の描き方は、法隆寺金堂壁画の作画によく使われた技法を用いたものといえる。

莫高窟二二〇窟は紀年から貞観《じょうがん》一六年（六四二）の制作と判明しているが、唇の表現はこのころにはすでに成立していた。この描き方が法隆寺金堂壁画や高松塚壁画の作画法に採用されたのだろう。

顔面の二重顎

図54　顔面の二重顎（来村2008を改変）

高松塚壁画の人物像には、顔面の顎の部分が二重の輪郭線によって表現されているものがある。これまでも男女の顔面がふっくらして柔和な表現であるといわれてきたが、この二重顎がその特徴をきわだたせている。典型的なのは、東壁男子像③の輪郭線である（図54）。左側の顔の輪郭線は、下瞼からさがる線が顎付近でいったん休止し、顎部分だけを別筆で引いている。右側の顔の輪郭線は、耳の下から顎まで一筆でライン取りする。西壁男子像②の顔面は、鼻部分から下が残っていて、顎の線とは別筆で二重顎として描かれている。

女子像は男子像ほどに明瞭ではないが、東壁女子像③は正面を向く顔面で、顎の線とその上に平行するように短く孤を描く線が描かれている。西壁女子像①・③なども同じ表現がみられる。

金堂壁画の仏画の顔面は二重顎であるが、仏画を二重顎で表現するのは一般的である。中国の壁画墓では、李賢《りけん》墓、懿徳《いとく》太子墓、李仙恵《りせんけい》墓などの女子像は、下膨れの二重顎でふっくらした顔面が表現されている。

暈取《くまど》り

有賀祥隆氏は、キトラ壁画の朱雀の彩色について、「朱を片暈《かたぼか》しの暈染《うんせん》で表現している」といわれた（有賀二〇〇六）。暈染法は立体感を表現するための彩色法であり、莫高窟壁画にも多く見られる。

キトラ壁画の朱雀の首筋の彩色は、外側が濃い朱色で、胸部分にかけて次第に薄く塗られている。尾羽や脚も全体を均一に塗ることなくグラデーションがかけられ立体感を出している。

莫高窟の壁画の暈染は、瞼や鼻梁、下顎など盛り上がった部分に白粉を塗って立体感を強調している。しかし、高松塚壁画の人物像の彩色にはこのような暈染はなく、玄武の前肢や首、あるいは青龍の長くのびた舌、胴部の青色に片暈しがみられるだけである。

一方、法隆寺金堂壁画では、暈染法は一般的に使われた技法で、一号壁の釈迦如来像壁画の頭光や眉などにみることができる。

蓋の連珠文

渡辺明義氏は、高松塚壁画に蓋に連珠文《れんじゅもん》が朱色で大きく描かれていることに注目し、これと同一の文様が法隆寺金堂壁画の一〇号壁にあることを指摘している（渡辺一九八四）。

高松塚壁画の蓋（図55）は、東壁男子②が両手で持つ大きな傘である。傘の布張りに朱色と青色で文様が書かれ、頂部と傘の先端の四方に朱色の同心円文がある。これが連珠文といわれるものである。この文様と同一なのは、金堂壁画一〇壁の薬師如来像の上衣の縁取りや、一号壁の主尊である釈迦如来が座る台座の縁飾りにみることができる。莫高窟では、隋時代の第三九四窟西壁北側の菩薩立像の縁取りにみられるが、この連珠文は莫高窟では五八九年から六一八年ごろに限定されている。

以上、キトラ・高松塚壁画と法隆寺金堂壁画の描き方の特徴を比較した。このことにより、捻紙・筋彫り技法、顔面の輪郭線の作画法、唇の表現、顔面の二重顎、暈取り、蓋の連珠文など、下絵の段階から仕上げにいたるまで、共通する技法によって制作されていたことがわかる。

柳沢孝氏は金堂壁画の下絵は原寸大で、これが壁面に貼られて転写されたといわれている（柳沢一九七五）。キトラ・高松塚壁画の壁面割付けで検討したなかで、壁面と同じ大きさの紙が持ち込まれたことを想定したが、この原寸大の下絵の存在も法隆寺金堂壁画の作画技法の解明によって裏づけられるであろう。

さらにこのような作画の共通性は、法隆寺金堂壁画の制作にたずさわった画師集団と、同じ技術や

図 55　蓋の連珠文（②は 183 頁に一致する。右：来村 2008）

作風をもつ画師が、キトラ・高松塚壁画を制作していたことを強く示唆する。

彼ら画師たちの日常の仕事場は、今まさに盛んに建立されている寺院であり、仏画の制作が第一の仕事であったろう。しかし、キトラ・高松塚壁画は、法隆寺金堂壁画の画題とは異なるモチーフであり、そこに仏教的な要素はまったくといってよいほど見いだせない。おそらく依頼者の要請に応じて派遣先である古墳壁画の制作において、日ごろから身につけてきた高度な技術を駆使し、狭い空間で完璧な仕事を完成させたのである。

第 4 章

キトラ・高松塚古墳の被葬者像

本書はキトラ・高松塚古墳がどのように造られたのか、また壁画がどのように描かれたのかということについて、考古学からアプローチしてきた。最後にキトラ・高松塚古墳にはどのような人物が葬られたのか推論を試みてみたい。

（一）副葬品にみえる被葬者の人物像

飾り大刀

キトラ・高松塚古墳の被葬者の身分を想定するのに、示唆を与えてくれるのは副葬品である。両古墳の副葬品の中で生前の身分をもっとも象徴するのは、朝廷の儀式の場において佩用《はいよう》された飾り大刀《たち》である。

キトラ古墳では、黒漆塗銀装大刀《くろうるしぬりぎんそう》と鉄地銀張大刀《てつじぎんばり》などが出土している。黒漆塗銀装大刀の外装金具《がいそうかなぐ》には銀製鞘尻金具《ぎんせいさやじりかなぐ》一点、同鞘口《さやぐち》金具一点、同把《つか》片一点があり、鉄地銀張大刀には金象嵌帯執金具《きんぞうがんおびとりかなぐ》一点がある。

高松塚古墳では、銀装唐様大刀《ぎんそうからよう》の外装具がまとまって出土した。いずれも銀製品で、冑金《かぶとがね》一点、露《つゆ》金物《かなもの》二点、留鋲《とめびょう》一点、俵鋲《たわらびょう》二点、山形金物《やまがたかなぐ》二点、石突《いしづき》一点である。図56の1－1は、二点出土した山形金物のうちの一つである。覆輪《ふくりん》の内側には唐草文がみたされ、中央には頭を背に向けて走る獣が彫られている。図56の1－2はその獣の拡大図である。末永雅雄氏は、「これらは銀の板を打ち出しによって形が作られ、俵鋲や山形金物の文様は、鋳の間から銀の光沢のある生地が山形覆輪の上辺各部に残る。（中略）獣文を表した部分は所要の形を作った銀板を鏨で彫り透かした工程がわかり裏面に押し出したタガネ枕が見える」と細部にわたって観察された（末永一九七二、一〇五頁）。末永氏は正倉院宝物である金銀鈿荘唐《きんぎんでんそうから》大刀の鞘に、金・銀平文や漆文で表現された同様の文様があることを見出され、高松塚古墳の山形金物の獣は、虎や獅子、あるいは熊などの瑞獣《ずいじゅう》を表現したものだろうと推定している。

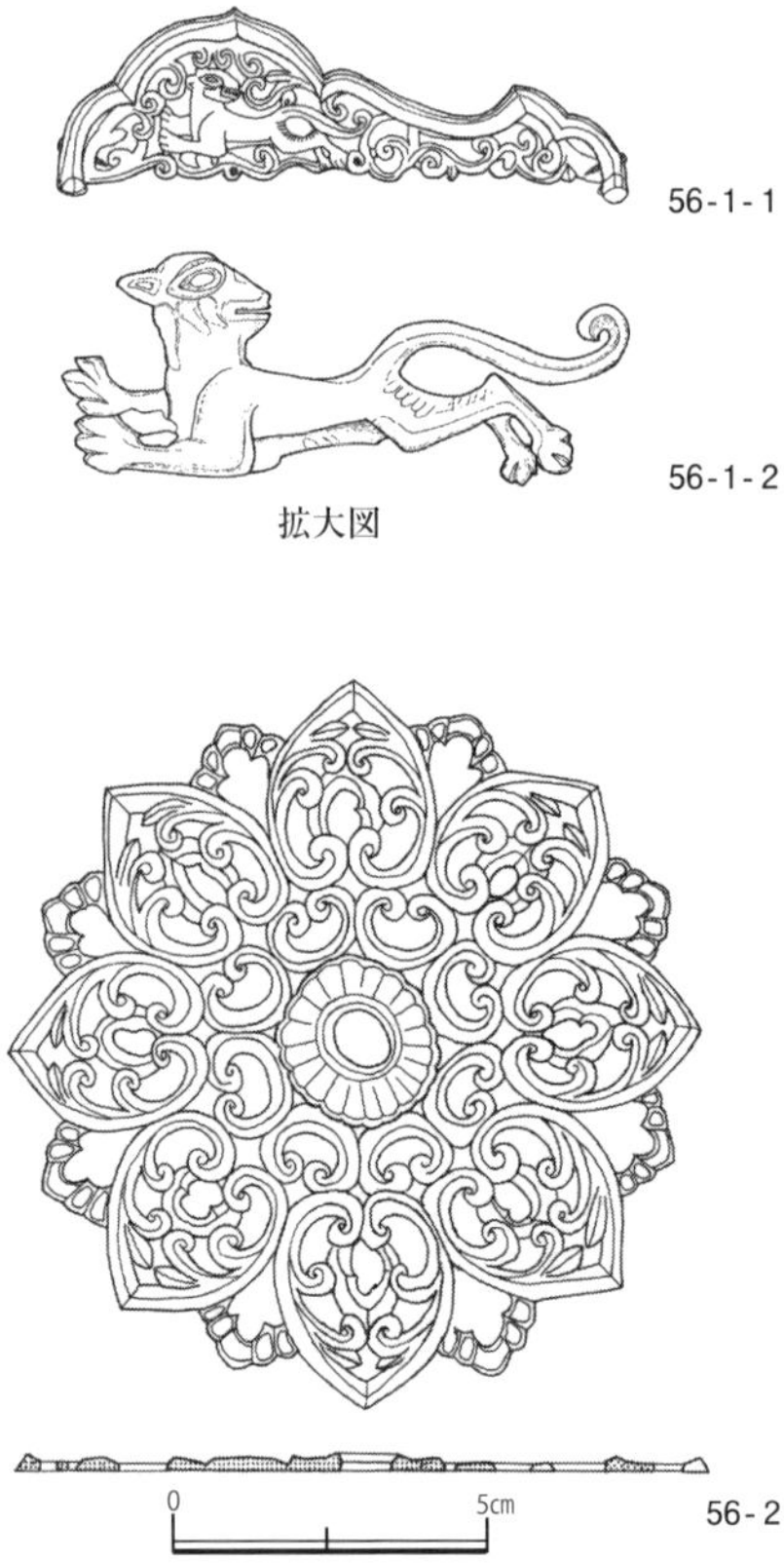

図 56　高松塚古墳出土金具

1-1：飾大刀山形金具

1-2：走獣の拡大図（縮尺不同）

2：木棺に貼られた飾金具

（同一縮尺　橿原考古学研究所 1972 を改変）

両古墳から出土した大刀の装具は、銀を素材にしている。金製の飾り大刀は、朝廷の儀式で最高の身分（天皇）の人物が佩用するものとされていることからすれば、銀装の大刀はこれに次ぐ身分の持ち物であるといえる。銀装大刀がキトラ・高松塚古墳に副葬されたことは、被葬者として想定できるのは、天皇ではないにしても高位の人物に限られるといえよう。

また、両古墳で出土した佩用金具の形に違いがある。キトラ古墳は双脚足《そうきゃくあし》の帯執金物《おびとりかなもの》であるのに対して、高松塚古墳では山形金具である。前者は奈良市にある石のカラト古墳、後者はマルコ山古墳で類示品が出土している。そして、双脚足金物は山形金物よりも先に使用された。七世紀末から八世紀初頭において、高松塚古墳で出土したような唐様大刀への転換があり、この中で金銀装大刀は、少数の上級貴族のみに佩用が許されるようになったようである。

漆塗木棺

被葬者の身分を特定するものとしては棺も重要である。古墳時代を通じて大王や豪族の棺は石棺が土流であったが、七世紀中ごろから漆塗棺の使用がはじまった。この棺は材質によって、①布を芯にして漆で塗り固めた夾紵棺《きょうちょ》、②木を芯にして漆を塗った漆塗木棺、③植物の藤などを籠に編み、これを芯にして漆を塗った漆塗籠棺《うるしぬりかごかん》がある。②については、芯の部分が陶棺や石棺などの特殊な漆棺もある（菖蒲池古墳。第一章五四～五六頁参照）。漆塗木棺の芯は木胎《もくたい》とよばれるが、木胎の上に麻や絹布を貼って、その上に漆を塗り重ねた棺もある。

種類	古墳名	埋葬施設	時期	所在地
夾紵棺	牽牛子塚古墳	横口式石室	7世紀末	奈良県明日香村
	平野塚穴山古墳	横穴式石室	7世紀中～後半	〃　香芝市
	叡福寺北古墳	〃	〃	大阪府太子町
	塚廻古墳	横口式石室	7世紀後半	〃　河南町
	阿武山古墳	〃	〃	〃　高槻市
	八幡山古墳	横穴式石室	7世紀前半	埼玉県行田市
	安福寺蔵品	－	－	大阪府柏原市
漆塗木棺	キトラ古墳	横口式石室	7世紀後半	奈良県明日香村
	マルコ山古墳	〃	〃	〃
	束明神古墳	〃	〃	〃
	カヅマヤマ古墳	〃	〃	〃
	高松塚古墳	〃	8世紀初頭	〃
	石のカラト古墳	〃	7世紀後半	奈良県奈良市
	御嶺山古墳	〃	7世紀末～8世紀初	大阪府太子町
	初田2号墳	横穴式石室	7世紀末	〃　茨木市
	岩内1号墳	〃	7世紀中	和歌山県御坊市
	八幡山古墳	〃	7世紀前半	埼玉県行田市
漆塗籠棺	平野塚穴山古墳	〃	7世紀中～後半	奈良県香芝市
	アカハゲ古墳	横口式石室	7世紀後半	大阪府河南町
	塚廻古墳	〃	〃	〃　〃
	シシヨツカ古墳	〃	6世紀後半	〃　〃
漆塗陶棺	御坊山3号墳	横口式石室	7世紀末	奈良県斑鳩町
漆塗石棺	菖蒲池古墳	横穴式石室	7世紀中	〃　橿原市

表3　漆棺一覧表

表3は漆塗棺を使用した古墳の一覧である。これによって、夾紵棺や漆塗木棺が使われた古墳は、近畿地方では横口式石室に限られたことが知られる。終末期古墳のなかでも、天皇や皇親、あるいは高位の人物が使用した特殊な棺である。

ところで、香芝市の平野塚穴山古墳と大阪府河南町の塚廻《つかまわり》古墳では、夾紵棺と漆塗籠棺の二種類が出土している。一見、材質の異なる二種の棺に思われるが、漆塗籠棺は棺の本体部分であり、夾紵棺は、本来は蓋であったと理解されている。これらの古墳の石室が一人用であることからも、このような理解は妥当である。

夾紵棺が使用された古墳には明日香村の牽牛子塚古墳がある。野口王墓古墳も朱塗りの夾紵棺であろうといわれている。

ほかに確認されているのは、大阪府太子町の叡福寺北古墳《えいふくじきた》（聖徳太子墓）や大阪府高槻市の阿武山《あぶやま》古墳だけで使用例はきわめて少ない。類例の少なさからも、天皇やそれに近い身分の人に限定された専用棺であったといえよう。

漆塗木棺はキトラ・高松塚古墳のほか、マルコ山古墳、束明神古墳など、飛鳥地域を中心とする限られた古墳から出土している。これらの古墳はすべて円墳であり、この点からも夾紵棺を頂点として、漆塗木棺がこれに次ぐ人物に使用されたことをうかがわせる。

キトラ古墳の漆塗木棺は、断片が出土しているだけであるため、本来の形は復元できない。木片の分析により棺にはヒノキが使われた。棺の内外面に布を貼りその上に漆地粉と黒漆を塗っている。さらに朱を塗り重ねていたことが明らかとなった。棺の外側につけられた棺金具は、金銅製環座金具《こんどうせいかんざかなぐ》のはか、銀環付六花形飾金具、金銅製六花形飾金具、銅製座金具などである。高橋克壽氏は、棺の身・蓋ともに水銀朱を塗った赤色を呈し、蓋の内面は屋根型の刳りが入った形で、石室の天井に似たものであったと想定している（高橋二〇〇八）。

一方、高松塚古墳の木棺も断片しか出土していないが、岡林孝作氏が詳細な復元を行っている（岡林二〇一二）。スギを芯とする木棺に粗い麻布を貼り、その上を黒漆で仕上げ、また、内面には布の上に朱を塗っていた。キトラ古墳で使用された木棺と同じ仕上げである。棺の小口には直径一〇・四cmの金銅製透彫金具《こんどうせいすかしぼりかなぐ》が取りつけられていた（図56－2）。中心には木棺に取りつけるための穴をあけ、そのまわりには外に開くC字形文をおき、外側には逆ハート形の花紋が配置されている。山本忠尚氏によって中国永泰公主墓《えいたいこうしゅ》の対葉華文《たいようかもん》との類似性が指摘されている（山本二〇一〇）。終末期古墳のなかでも、キトラ・高松塚古墳で使用された漆塗木棺は、明日香を中心とする限定された古墳で使用された棺である。両古墳は石室壁画の存在によってきわめて特殊な古墳であるが、壁画を除いても、この時代に重要な位置を占める古墳であったことは間違いない。

以上にみてきた副葬品と棺の種類を踏まえれば、キトラ・高松塚古墳に葬られた人物は、当時の社会において相当に高位の皇親、あるいは高官であった可能性が高いことが明らかとなる。野口王墓古墳を扇の要の位置に見立てたとき（第一章、二五頁・図2参照）、そこから南に扇状に広がる地域には、天武天皇の系譜に連なる皇親の墓が営まれているが、両古墳もその地域内にある。こうした立地もキトラ・高松塚古墳の被葬者像の特定の重要な指標となるであろう。

キトラ・高松塚古墳からは人骨が出土している。キトラ古墳では、歯牙を根拠に、被葬者は熟年から老年の男性（五〇～六〇歳代）であったと推定されている。また、高松塚古墳も同じく人骨と歯牙から熟年男性（三〇～四〇歳代）であると推定されている。

（二）皇子たちの葬地

それでは、当時の皇族関係者のなかに、両古墳に葬られた該当する人物はいるのであろうか。左に天武天皇から文武天皇までの皇室関係者（男子）の没年とその時の年齢、推定される葬地を列挙する。

	没年	年齢	葬地
天武天皇《てんむ》	朱鳥元年（六八六）	—	檜隈大内陵《ひのくまのおおうちのみささぎ》 持統天皇合葬（野口王墓古墳）
大津皇子《おおつのみこ》	同	二四歳	二上山《にじょうざん》近傍（鳥谷口《とりたにぐち》古墳説）
草壁皇子《くさかべのみこ》	持統三年（六八九）	二八歳	真弓《まゆみ》（束明神《つかみょうじん》古墳説）
川嶋皇子《かわしまのみこ》	同五年（六九一）	三五歳	越智（マルコ山古墳説）
高市皇子《たけちのみこ》	同一〇年（六九六）	四三歳	三立岡（『延喜式』説）
弓削皇子《ゆげのみこ》	文武三年（六九九）	—	—
忍壁皇子《おさかべのみこ》	慶雲二年（七〇五）	—	—
葛野王《かどののおう》	同	—	—
文武天皇《もんむ》	同四年（七〇七）	二五歳	檜隈安古岡上陵《ひのくまのあこのおかのみささぎ》（中尾山古墳）

右の死亡記事で気づくのは、天武天皇から川嶋皇子までは、『万葉集』の挽歌に葬地が歌われ、考古学的にも当該する古墳が推定されるのに対して、高市皇子以下では文武天皇を除いて葬地が明らかではないことである。高市皇子については後述するが、平安時代の文献に葬地が記されているものの飛鳥を離れた地にあることなど問題が多い。なお、長親王《ながしんのう》と穂積親王《ほづみしんのう》は、平城遷都後の七一五年に亡くなっており、また西飛鳥の地に葬地がないため、この一覧から除外した。

以下に、大津皇子以降の諸皇子の葬地を推定し、その上でキトラ・高松塚古墳の被葬者を考えてみることにする。

大津皇子

大津皇子（六六三〜六八六）は、天武天皇が死去した翌月に皇太子草壁に謀反したとの讒言《ざんげん》で刑に処された。皇太子に対する謀反となれば、次期天皇への反逆である。このころは謀反をおこして刑死した者や反逆者の遺骸は、国家の許しがなければ肉親による埋葬はできなかった。このため、大津皇子の遺骸が当初どこに埋められたのか伝わっていない。和田萃氏は大津皇子の妃である山辺皇女《やまべのひめみこ》の屍とともにどこかに仮埋葬されたと推測している（和田一九九五）。

その後、大津皇子の姉の大伯皇女《おおくのひめみこ》によって二上山に移葬（改葬）された。『万葉集』巻二の詞書に「大津皇子の屍《かばね》を葛城《かつらき》の二上山《ふたかみやま》に移《うつ》し葬《はふ》りし時に大伯皇女の哀傷して御作りたまひし歌二種」とあることによって知られる。大伯皇女は伊勢神宮の斎王《さいおう》（天皇に代わって天照大神に仕えるために選ばれた未婚の皇族女性）であったが、大津皇子が刑死（一〇月三日）した翌月（一一月一六日）に解任されて飛鳥に戻った。おそらくこの時に大津皇子を埋葬する許可が下されたのであろう。

現在、二上山雄岳《おだけ》の頂上に大津皇子の二上山墓がある。しかし、この山は古来より神聖視されていたことから、その頂上に謀反をおこした人物が埋葬されたかどうか疑問が残る。

それでは二上山のどこが葬地とされたのであろうか。考古学の成果では、奈良県葛城市の鳥谷口《とりたにぐち》古墳がもっとも有力視されている。同古墳の石室は特異で、横口式石室に使用された側壁や天井石は、製作途中の家形石棺を転用して組み立てられていた。凝灰岩の石切り場にあった既製品を急場しのぎにかき集めたような組み合わせ方である。また、石室の規模が幅六〇cm、長さ一・五八m、高さ七〇cmと小さく、大人の遺骸を埋葬することはできない。

このような小さな石室が造られたのは、大伯皇女によって改葬された時には、大津皇子の遺骸がすでに骨化していたことを物語るであろう。石室の前にはもう一つの前室が併設されていたが、ここには殉死したと伝えられる大津皇子の妃・山辺皇女があわせて埋葬されたと推測される。このようにみれば、大津皇子の葬地は鳥谷口古墳であるとみてよいであろう。

草壁皇子

草壁皇子（六六二～六八九）の邸宅は、嶋宮《しまのみや》（明日香村島ノ庄）であるとする説が有力である（図57）。ひと昔前には蘇我馬子が邸宅を営んで、邸内には苑池も備わり島の大臣《おおおみ》とも呼ばれた。馬子の墓として有力な石舞台《いしぶたい》古墳は島宮とは指呼の間にある。また壬申の乱が終わり、天武天皇が倭京に凱旋したときに最初に入ったのが島宮であった。草壁皇子は皇太子になった後もこの宮を邸宅としていたが、六八九年（持統三）に天皇に就くことなく早世した。

草壁皇子の殯宮《あらきのみや》が営まれた時、柿本人麻呂《かきのもとのひとまろ》の挽歌に多くの地名が残されている（『万葉集』巻二・一六七～一九三）。天皇や皇后、皇子・皇女が亡くなると、埋葬されるまでの間、邸宅とは別の仮設の建物をしつらえて、死者に対する哀悼や生前の功績を称える儀礼が行われた。このような場所を殯宮という。古代に独特な死者の霊を慰める儀式である。

草壁皇子の葬地を検証するとき注目されるのは、『万葉集』巻二の一七五に「檜隈廻《ひのくまみ》」とあり、「廻」は道のことだと注記されていることである。この檜隈道とは、天武・持統合葬陵のある丘陵の南裾を東西に結ぶ谷道（今城谷《いまきだに》）から、檜隈を通る道を指すのであろう。つまり草壁皇子の遺体は、島宮の邸宅を出て飛鳥盆地を西進し、途中で飛鳥川を渡河して今城谷の檜隈道を進み、さらに高取川を渡河したのである。

殯宮が営まれたことが分かるのは、同巻の一六六に「真弓《まゆみ》の岡《おか》に宮柱《みやばしら》を立《た》て」たとあり、一七四には「外《よそ》に見《み》し真弓《まゆみ》の岡《おか》も君《きみ》ませば常《とこ》つ御門《みかど》と侍宿《とのい》するかも」（自分には関わりないものとして見ていた真弓の岡も今は皇子がおられるので、永遠の御殿として宿直奉仕することよ）と歌われているからである。真弓の岡、すなわち現在の明日香村真弓に殯宮が営まれたことが推測される。

一方、葬地については、同巻の一七七、一七九、一八七、一九二に佐田《さだ》の岡（高取町佐田）が歌われているのが注目される。佐田は真弓から南に七〇〇mほどの距離にあり、真弓に隣接する地である。この近くには斉明天皇が再葬された牽牛子塚古墳（明日香村越）もある。

さらに、草壁皇子の曾孫にあたる称徳天皇が紀伊への行幸の途中、「檀山陵《まゆみのみささぎ》」を通過するとき付き添った官人たちに命じて、騎馬の者は下馬させ、儀仗兵には旗や幟《のぼり》を巻かせたという話が伝わる（『続日本紀』天平神護元年〈七六五年〉）。称徳は草壁皇子の葬地がこの地にあることを認識していたうえで、礼を尽くしたのであろう。草壁が亡くなって七六年後でも葬地が正確に伝えられていた証左である。

草壁皇子の葬地は考古学上、高取町佐田の束明神古墳とするのが有力である。古墳の概要は第一章で述べたが、佐田では幕末の陵墓探索のときから同古墳が草壁皇子の墓と考えられていたようである。

現在、古墳の前には一八五一年（嘉永四）の「束明神」と刻まれた石灯籠が立っている。

川嶋皇子

川嶋皇子（六五七〜六九一）は天智天皇の皇子。六七九年（天武天皇八）五月、天武天皇と鸕野讃良《うののさらら》皇后および六人の皇子は吉野へ行幸し、草壁皇子を次の天皇に決めるとともに、兄弟同士が争わないことを誓った。吉野の誓盟とよばれる出来事である。このうちの一人に川嶋皇子がいた。同皇子の葬地は、柿本人麻呂が泊瀬部皇女《はつせべのひめみこ》に奉じた歌の注に、「河島皇子《かはしまのみこ》を越智野《をちの》に葬《はふ》りし時に、泊瀬部皇女に献《たて》まつりし歌なり」とあり、「越智野」の地名が歌われている（『万葉集』巻二・一九五）。これによって、川嶋皇子は越智野を過ぎたあたりを埋葬地としていたことがわかる。越智野とは明日香村越を指す。

考古学上は、明日香村真弓のマルコ山古墳を川嶋皇子の葬地とする説が有力である。第一章で述べたように、マルコ山古墳からは副葬品として金銅製の大刀外装具《たちがいそうぐ》が出土している。銀製大刀に次ぐランクの外装具である。キトラ・高松塚古墳が銀製の大刀外装具であることからすれば、両古墳の被葬者より下位の人物が被葬者として想定される。

以上のように大津皇子と草壁皇子、川嶋皇子の葬地は、同時代の『万葉集』に記された地名と、調査された古墳の特色がうまくマッチする。また草壁皇子と川嶋皇子の葬地は、高取川西岸の越智、真弓の岡、佐田の岡とよばれる紀路に沿う地とするのがよい。

ところが、高市皇子から葛野王までの葬地は同時代史料によって推定することがむずかしい。そして、おそらくこれら人物のなかに、キトラ古墳と高松塚古墳の被葬者が想定されるのである。

（三）キトラ古墳の被葬者

キトラ古墳の被葬者は誰であろうか。結論を先にいえば、高市皇子（六五四～六九六）ではないかと考えている。

高市皇子は大海人《おおあまの》皇子《みこ》（後の天武天皇）の長子として誕生した。「高市」の名は大和国高市郡を本拠とした氏族・高市県主《たけちのあがたぬし》のもとで養育されたことにちなむ。高市県主の人物では、壬申の乱で大海人皇子の軍に従った高市県主許梅《こめ》が有名である。現在、橿原市雲梯《うなて》町に鎮座する高市御県坐鴨事代主《みあがたにますかもことしろぬし》神社《じんじゃ》は、『日本書紀』壬申紀では「高市社」とよばれ、高市県主が祭祀したという。

高市皇子は壬申の乱において、大海人皇子から全軍の大権を委ねられ、戦闘を勝利に導いた最大の功労者である。乱の収束後、近江朝の重臣に対する処分を行う任を務めた。その後、天武天皇の晩年には群臣を率いて藤原宮地を視察している。

持統朝において六九〇年（持統天皇四）に鸕野讃良皇女が即位したのにあわせて太政大臣に任じられ、持統天皇を補佐する地位に就いた。この地位は、令制下では一品もしくは正一位に相当する。高市皇子の当時の位階である浄大弐《じょうだいに》は六番目であることからすれば、持統の厚い信頼と実績がなくては就けない官職である。持統を補佐することで、朝廷における皇親政治の中核的な役割を担っていたといえる。

高市皇子は六九六年（持統一〇）に亡くなった。『日本書紀』には「後皇子尊薨せましぬ」と記されている。高市の死去にあたって「後皇子《のちのみこ》」という異例の表現をとるのは、草壁皇子の後に太政大臣として政務をとったことに対する尊号であるといわれている。

高市皇子の葬地として、これまで有力視されてきたのが奈良県広陵町の三立岡《みたておか》である。これは平安時代中期に著された『延喜式』の「三立岡墓　高市皇子墓　在大和国広瀬郡」という記述に基づく説である。この地は西飛鳥より外れている。前園実知雄氏は西飛鳥に葬られるには、「持統との直接的・間接的に近しいことが、この地域に墓地を営みうる必要条件である」と述べている（前園二〇一五、五一七頁）。もしそうであれば、高市皇子こそ長期にわたって持統天皇の政治の一翼を担い、多くの功績を残した人物なのであるから、西飛鳥を葬地とするのにふさわしい人物といえよう。

土淵正一郎氏の踏査によれば、三立岡は自然の山であり、土地開発のために丘陵そのものが破壊を受けていたという（土淵一九九一）。このことは、この地に保護管理されるべき古墳が存在しなかったことを示唆する。

また、高市皇子の葬列は「百済の原」を通ったといい（後述の『万葉集』巻二・二一九参照）、通説では「百済の原」とは広陵町百済寺付近とされている。しかし、百済寺は鎌倉時代の創建といわれており、飛鳥時代には存在していなかったばかりか、広陵町一帯には古代寺院跡は見つかっていない。そもそもこの三立岡説は『万葉集』のような同時代の文献ではなく、『延喜式』の記載が唯一の根拠である。『日本書紀』編纂当時には、高市皇子の墓の正確な場所が不分明になっていたのかもしれない。要するに、高市皇子の葬地を三立岡とする根拠は乏しいと言わざるをえない。

ところで、高市皇子の葬地を推定する上で、前提となる飛鳥時代の都城と葬地についての考え方に触れておきたい。原則は、①藤原京内では葬送儀礼に関わることや墓などを造ることはできない（喪葬令皇都条）。清浄な空間としての都城が求められた。葬列などもこの原則に抵触しよう。②天武天皇の皇子・皇女の葬地は、大津皇子や平城遷都以後に死亡した人を除いて西飛鳥に営まれた。以上の二点に集約される。①について補足すれば、葬列が西飛鳥に行くために京内を通過する必要もあったであろうから、この点は考慮しなければならないであろう。これらの前提をふまえて、高市皇子の葬送の経路と葬地を考えてみたい。

まず高市皇子の邸宅がどこにあったのか知っておく必要がある。高市皇子は太政大臣として最高の地位にあったから、令の規定により四町（二五〇ｍ四方）の宅地が班給された。その地は藤原宮に隣接した南東隅の香久山西麓の左京六条三坊付近である（図57）。

当地の調査において、主殿とそれを囲む建物群と、東側では屋敷を囲む塀が検出された。しかし、検出された主殿の庇《ひさし》は南側だけの片庇建物であった。彼の身分からいえば、主殿建物は入母屋造《いりもやづくり》（または寄棟造《よせむねづくり》）で、格式の高い四面庇の建物であるほうがふさわしい。本来の主殿は未検出である可能性が高く、今後の調査に期待される。

高市皇子の邸宅が「香具山宮」とよばれたことが、『万葉集』巻二の一九九にみえる。この地の調査で出土した土器には、「香山」「香」「山」と書かれており、同皇子の邸宅がこの地にあったことが裏付けられた。さらに、この北には高市皇子の挽歌に歌われた「哭沢《なきさわ》の神社」が鎮座する（『万葉集』巻二・二〇二。現、畝尾都多本《うねおつたもと》神社）。これも高市皇子の邸宅が香久山西麓の一画にあったことを裏付けている。

次に高市皇子の葬列はどこを通り葬地まで運ばれたのか検討してみたい。

葬地は原則の②によって、西飛鳥の古墳に葬られた可能性が強い。『万葉集』の高市皇子の挽歌には、「香久山宮」と「皇子の御門」の表記がある（巻二・一九九、二〇一、二〇二、巻一三・三三二四、三三二五、三三二六）。これ以外に「城上《きのへ》宮（木上宮）」があり、題詞には「城上の殯宮《あらきのみや》」とある。つまり高市皇子は自邸で亡くなった後、これ以降の葬送儀礼は、自邸では執行されず城上殯宮で営まれたことがわかる（原則①）。このほか、葬列に関連する語として、「城上の道」や「磐余《いわれ》（石村）を見つつ」、あるいは「磐余の山」「百済の原」や「埴安《はにやす》の御門の原」などの地名が歌われており、葬列の経路を地図上において推定することが可能となる。

高市皇子の葬送経路を詳しく考察されたのは渡里《わたり》恒信《つねのぶ》氏と和田萃氏である。渡里氏は以下に触れるように殯宮の場所（渡里説「木部」）を考究されたが、最終の目的地である葬地には触れていない（渡里一九九八）。和田氏は殯宮の場所を明日香村の中ツ道と阿部山田道《あべやまだみち》が交差する付近とし（和田説「木部」）、葬地を広陵町三立岡とされた（和田一九九五）。しかし、殯宮が藤原京内であることや、葬列がどのような経路で京内を回避したか、あるいは葬地を三立岡に比定する点にも問題を残している。

そこで筆者は、高市皇子の葬列の経路を図57のように復元した。

まず、高市の遺体は自邸の香久山宮の南門から東三坊坊間小路に出てすぐに「横大路」まで北進した。約一・五kmの道のりである。この交差点あたりまで「百済の原」が広がっている。百済の原については、壬申の乱のときに大海人軍の武将であった大伴吹負《おおとものふけい》の自邸が「百済の家」とよばれており、彼は南門から飛鳥寺の西まで出撃している。大伴吹負の自邸は、現在の橿原市東竹田町付近といわれていることから、耳成山の東側一帯から横大路までを百済の原とよんだと推測される。

横大路まできた葬列は、つぎに東に折れて「城上殯宮」をめざした。明治初期の地籍に残された地名に「木部」があり、横大路の北にある桜井市東新堂や上之庄《かみのしょう》に点在している。この木部のあたりを城上殯宮の地と考える渡里説が穏当な解釈である。恐らく、ここには高市皇子の別宮があったのであろう。ここを「城上殯宮」とし、埋葬までの間、皇子に対する殯宮儀礼が行われたのである。

なお殯宮までの途上で「磐余山」や「磐余（石村）を見つつ」などの地名が万葉歌に歌われている。磐余は百済の原の東の地を指すため、香久山の東に続く丘陵を「磐余山」とよんだと思われる。横大路を東にとれば、南に位置する低い丘陵である。

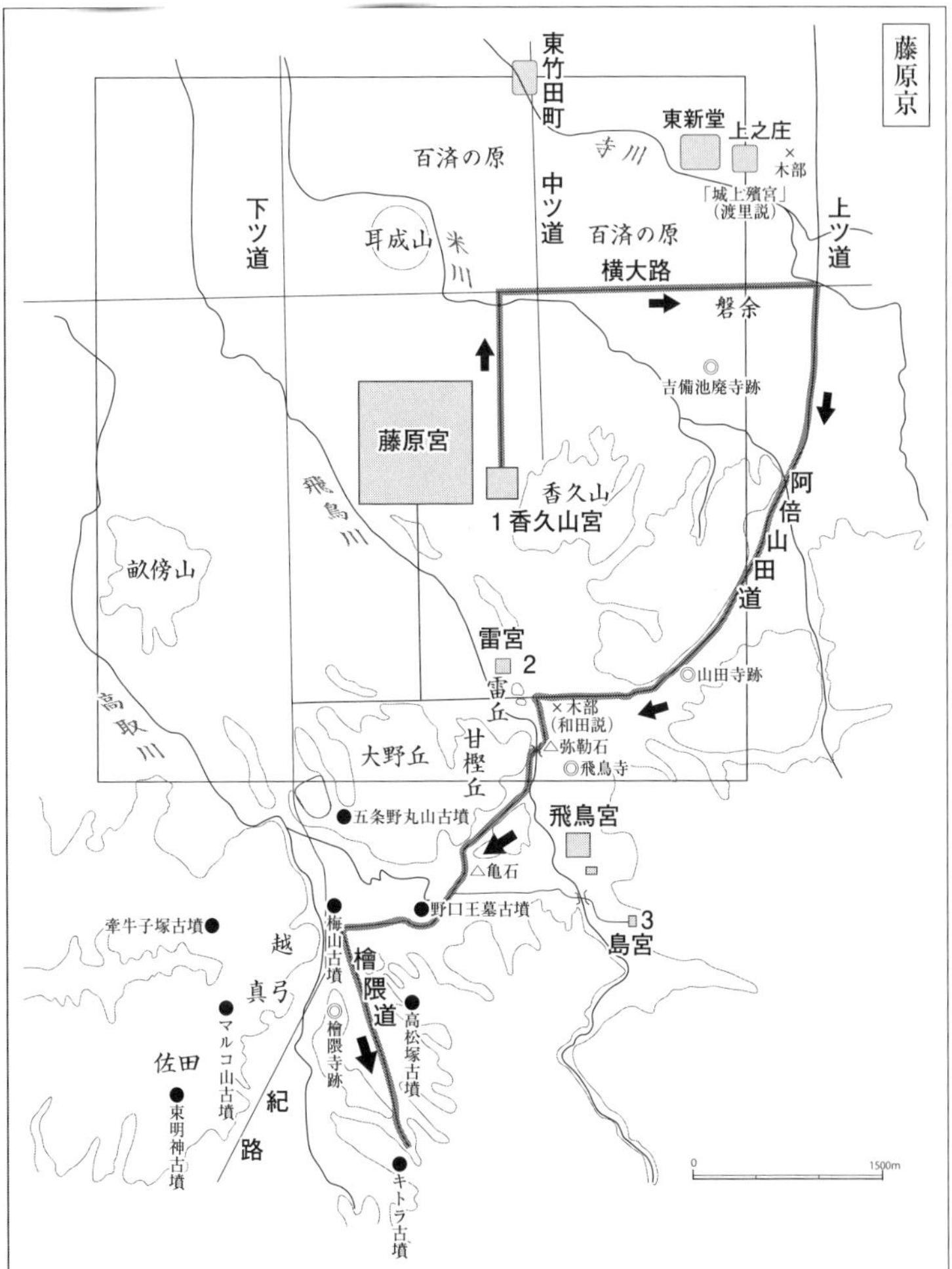

□1：高市皇子「香久山宮」　□2：忍壁皇子「雷宮」
□3：草壁皇子「島宮」　●古墳　◎寺院跡

図57　高市皇子の葬送経路（→印）

横大路と上ツ道が交わる磐余は、五世紀から六世紀にかけて大王の重要な宮地であった（履中〜用明天皇の宮推定地）。またこのあたりを流れる百済川（現在の米川か）のほとりには、舒明天皇の百済宮と百済大寺（吉備池廃寺をさす）があり、舒明の殯宮（百済大殯）も宮の北に営まれた。高市皇子の「城上殯宮」や舒明の「百済殯宮」は藤原京の東限付近にあったことになる。なお、明治時代の地籍には、藤原宮跡に東・西百済の地があり、また北流する百済川が記されている。

殯宮儀礼が終了した後、高市皇子の葬列は、城上殯宮から再び横大路に入り埋葬地に向けて東進する。磐余山を過ぎて「上ツ道」との交差点に差しかかると、ここで飛鳥の入口である「阿倍山田道」に入り南進する。阿倍山田道は磐余山の南側にあたり、丘陵の裾に沿って敷かれた官道である。この道を南西に進み山田寺を越せば、再び飛鳥である。高市皇子の邸宅からは真南の位置にあたる。葬列が香久山と磐余山の裾を通る大回りのルートは、藤原京ばかりでなく、神山としての香久山をも回避した経路となっている。

阿倍山田道の西端には雷丘《いかづちのおか》があり、この北には忍壁皇子《おさかべのみこ》の雷宮《いかづちのみや》があった。葬列は雷丘まできて南に折れ、飛鳥川の右岸に立つ弥勒石付近で渡河したと想定される。ここから西飛鳥の地域に入ることになる。

甘樫丘東麓の斜め道からさらに亀石の傍を通り南下すると、すぐに天武・持統の両天皇が葬られた野口王墓古墳がある。このあたりから、かつて草壁皇子の葬列が通った「檜隈道」に入り、さらに西進して、欽明天皇陵（梅山古墳）付近から南に折れて檜隈の中心域にいたるのである。

以上が葬列の経路である。

次に高市皇子の葬列はなぜ檜隈の地を目指したのであろうか。ここには皇子と檜隈を結びつける深い関係があった。皇子と檜隈の関係を物語るのは、『万葉集』巻二・二〇二の「哭沢《なきさわ》の神社《もり》に神酒《みわ》すゑいのれども、わご王は高日《たかひ》知らぬ」の歌に対して、「檜隈女王《ひのくまのおおきみ》の泣沢神社を怨みし歌なり」と注記される女王の存在である。檜隈女王（檜前女王とも記す）の名は、『正倉院文書』の相模国司が七三五年（天平七）に報告した文書の中に、高市皇子の兄弟である舎人《とねり》親王や、娘の山形女王《やまがたじょうおう》、息子の鈴鹿王《すずかのおおきみ》の名とともに記されている。高市皇子の娘とされている実在した人物である。さらに『続日本紀』天平九年の綬位記事に、従四位下檜前王の名が見えるが、同一人物である。ここで注目したいのは、女王に「檜隈」という地名を冠していることである。父の高市皇子が高市県主のもとで養育されたために「高市」を冠しているように、檜隈女王も幼少期に檜隈の地で養育されていたことが推測される。

檜隈は東漢氏《やまとのあやうじ》が根拠地としたが、高市皇子との結びつきは壬申の乱にまでさかのぼる。壬申の乱が始まる直前まで高市皇子は近江に滞在していたが、乱が勃発してのち、近江からの脱出を助けた武将七人のうち、民直大火《たみのあたいおおひ》、大蔵直広隅《おおくらのあたいひろすみ》、坂上直国麻呂《さかのうえのあたいくにまろ》の三人は、高市郡に居住した東漢氏系の兵士（舎人《とねり》）であった。このような由縁で高市皇子と東漢氏との間に深い関係が生まれたのであろう。遠山美都男氏は「高市県主の後身である大和国高市郡は檜隈忌寸《ひのくまのいみき》（東漢直《やまとのあやのあたい》）が集住した土地であった。（中略）高市皇子が生育した環境に東漢直ら渡来人系の人々の占める割合が多かった事実を見逃すわけにはいかない」（遠山一九九六、六〇頁）といわれ、高市皇子と東漢氏、そして檜隈との関係に注意している。このように、檜隈の地は、高市皇子にとってきわめて重要な土地であったことから、生前からの関わりによって、この地が葬地に選ばれたと考えられる。

高市皇子が葬られた古墳は檜隈の地にある二つの古墳、すなわちキトラ古墳と高松塚古墳のどちらであろうか。両古墳が造られた時期は石室構造によって新旧に分けることができる。キトラ古墳のほうが高松塚古墳よりも先に造られた古墳であることが判明している（第二章、七五～七七頁参照）。したがって、川嶋皇子以降の諸皇子のうち、より早くに亡くなっていた人物が、キトラ古墳の被葬者に該当する。また、キトラ古墳からは五〇～六〇歳の男性の人骨が出土しているが、諸皇子の中で没年がこの年齢にもっとも近いのが高市皇子であり、他の皇子はいずれも若くして亡くなっている。このような事情から推せば、キトラ古墳の被葬者を高市皇子とするのがもっとも妥当な理解ということになる。

（四）高松塚古墳の被葬者

それでは、高松塚古墳の被葬者は誰であろうか。候補としては高市皇子の死後に亡くなった弓削皇子《ゆげのみこ》（六九九年没）、忍壁皇子（七〇五年没）、葛野王（七〇五年没）、文武天皇（七〇七年没）が挙げられる。しかし、文武天皇の葬地が中尾山古墳であることは動かないので、ここで検討すべき人物は弓削皇子、葛野王、忍壁皇子の三人に絞られる。

弓削皇子

高松塚古墳の北には文武陵に比定される中尾山古墳がある。文武天皇は七〇七年に亡くなり、古墳を中心に方三町の兆域《ちょういき》（葬地の範囲）が設けられた。一般的に、天皇陵の兆域内に他の葬地が営まれることはない。ところが高松塚古墳はこの範囲に入っていることから、文武天皇陵すなわち中尾山古墳が築造される前に造られたと考えられる。つまり高松塚古墳の被葬者は、七〇七年以前に没した人物に限られることになる。

一方、高松塚古墳から出土した副葬品に海獣葡萄鏡《かいじゅうぶどうきょう》がある。第二章で述べたように、この鏡は中国西安市の独孤思貞《どっこしてい》（六九八年没）の墓から出土した鏡と同型鏡である。七〇二年（大宝二）に再開された遣唐使が帰国したのがその二年後の七〇四年である。この鏡が我が国に請来されたのはこの時のことと思われる。そしてこの鏡が入手できるのは、七〇四年当時に生存している人物となる。以上の条件から、高松塚古墳の被葬者に該当するのは、七〇四年から七〇七年の間に亡くなった人物となる。三人の中では、六九九年に亡くなった弓削皇子は候補者からは除外される。

葛野王と忍壁皇子はともに七〇五年に亡くなっているので、両皇子の生前の功績や地位を確認し、高松塚古墳の副葬品と適合するか検証してみよう。

葛野王

葛野王は大友皇子の第一皇子として十市皇女《とおちのひめみこ》との間に出生した。壬申の乱が収束した時は幼児期にあり、また十市皇女が早く亡くなったことから、成人するまで天武天皇のもとで養育された。長じて皇親政治に参画するが、父が大友皇子であり、母は天武の第一皇女であったことから朝廷内では微妙な立場にあったのは事実であろう。人物像や功績について、『懐風藻《かいふうそう》』にはその生前の伝を記すのみで不明な部分が多い。卒年の位階は正四位上で式部卿《しきぶきょう》に叙任されたという。

忍壁皇子

六七九年（天武天皇八）五月の吉野の誓盟で定められた忍壁皇子の序列は、六人の皇子の中では第五番目であった。大津皇子（第二番目）と同じ年に生まれ、また第一位の草壁皇子とは一歳違いであることからすれば、いささか低い扱いだった。事績としては、天武・持統朝から文武朝では帝紀や律令の編纂に参画したものの、これらは他の皇子との共同事業であった。

次期天皇を約束された草壁皇子は天武天皇の死後、即位しないまま没した。その子の軽皇子《かるのみこ》（文武天皇）がまだ幼かったことから、鸕野讃良皇后《うののさららのひめみこ》が即位した（持統天皇）。やがて持統は六九七年に軽皇子に譲位して太上天皇となり、七〇二年に亡くなるまで文武天皇を補佐し共治体制がとられた。

七〇三年（大宝三）一月、前年に亡くなった持統太上天皇の殯宮が営まれ、元日には朝賀が停止され、親王以下百官人が殯宮を拝する儀式があった。そして同月二〇日、三品の忍壁皇子が文武天皇を補佐する知太政官事《ちだいじょうかんじ》に就いた。これは高市皇子が六年間、持統天皇の国政を補佐した太政大臣に準じる官職である。持統の殯宮儀礼から二〇日後の就任というのは、国政に空白期間を作らないための人事なのであろう。三品の位階にある忍壁皇子にあっては、皇親の中では最高位の地位に就いたことになる。ちなみに、このころの諸皇子の位階のうち、忍壁皇子より上位であったのは長親王《ながしんのう》、舎人親王《とねり》、穂積《ほづみ》親王の三人がいる。

忍壁皇子の邸宅は、『万葉集』巻三・二三五の左注の忍壁皇子に献じた歌の中に「雷山宮」とみえる。雷丘《いかづちのおか》の北（左京十一条三坊西北坪・西南坪）の二町区画の敷地内に主殿と考えられる四面庇の東西建物と主殿を囲む脇殿が確認されたことで、ここが忍壁皇子の邸宅に比定された。また、この付近を通る阿倍山田道が雷丘を南に折れる地点は、高市皇子の葬列が通過したところに近い。ただ、忍壁皇子が没した時の殯宮記事がないため、文献の記録から葬地を推定することはできない。

以上のように、葛野王と忍壁皇子の生前の事績などを検証したが、葛野王についてはほとんど跡づけるものがない。これに対して、忍壁皇子は前半生こそ目だった功績はないものの、後半生の持統から文武朝においては、高市皇子亡き後の朝廷内で政治を主導する立場にあったことは確かである。

それでは高松塚古墳の被葬者としてこの両者のどちらが該当するであろうか。最後に儀式の場で佩用された大刀外装具をもとに検証しておこう。本章（一）で触れたとおり、金装大刀は天皇が佩用したことは言うまでもない。次のランクに位置づけられるのが銀装大刀であり、キトラ・高松塚古墳から出土している。マルコ山古墳からは金銅製大刀の外装具が出土しているが、銀製と金銅製の違いは、後者は銅製品に金メッキを施す製品であり、銀製品より下位とされる。ちなみにマルコ山古墳の被葬者は前述したように、六九一年に没した川嶋皇子が想定される。川嶋皇子の位階は浄大参《じょうだいさん》（正五位下相当）であり、高市皇子（浄広壱）や忍壁皇子（三品）より低い。副葬された大刀も生前の位階を反映していると推測される。

このように、高松塚古墳の副葬品の中で儀式大刀が銀製品であるという点や、生前における朝廷での官職が天皇を補佐する地位にあったということから、高松塚古墳の被葬者として比定される人物は忍壁皇子をおいて外にいない。これがもっとも整合的な解釈であろう。

エピローグ――本書のまとめ

最後に、これまで本書において述べてきたことをまとめておこう。

第一章では、西飛鳥に分布する古墳について概観した。西飛鳥には古墳時代の終末期（六世紀末〜八世紀初頭）に築造された古墳が集中している。大王や後の天皇が葬られた古墳、飛鳥時代の政治を主導した有力豪族（蘇我氏など）の古墳、あるいは朝鮮半島の先進技術を倭国にもたらした渡来系氏族（東漢氏など）の古墳など、歴史的、考古学的に重要な古墳が築造された地域であった。

このなかで、飛鳥時代の後半期の野口王墓古墳（天武・持統天皇合葬陵）は特異な古墳である。この古墳は当地域の北東隅の丘陵頂部に〝八角墳〟として築かれた。墓の位置を決めるにあたっては、持統天皇の強い意向が反映されたことは想像に難くない。その理由は、①古墳が天武天皇が構想し建設に着手した藤原宮の真南に位置すること、②この古墳から南西部一帯の西飛鳥を天武系譜の天皇や皇后、皇子・皇女らの葬地としていることが挙げられる。野口王墓古墳はいわば扇の要の位置を占め、そこから扇状に広がる地域に皇族墓が営まれた。そして、こうした重要な地域に築造されたのがキトラ・高松塚古墳なのである。

第二章では、近年行われた高松塚古墳の解体調査の成果を受けて、終末期の古墳がどのような技術を用いて築造されたのかを検証した。そして高松塚古墳の築造には、自然地形を造成すること（測量技術の駆使）から、石室の構築（石材の調整と漆喰の使用）、墳丘の築造（版築）にいたるまで、すべての技術において、寺院造営に関わる諸技術が駆使されていたことを明らかにした。そもそもキトラ・高松塚古墳などが築造された七、八世紀は、中国・朝鮮半島の土木・建築の諸技術が渡来人や遣唐使節らによってもたらされ、飛鳥寺をはじめとする諸寺院が槌音高く造営された時代であった。古墳は三世紀後半より盛んに造られたが、飛鳥地域では、古墳の築造でもまた外来文化の影響を受けて変容を遂げることになったのである。

寺院造営に関わる諸技術は古墳内部の壁画においても見られる。第三章ではこの問題を主題に、壁画を描くための技術的側面（壁面の割付けと壁画の作画方法）と、壁画で使用された顔料について検討した。高松塚古墳壁画の発見から五〇年が経ち、多くの重要な研究が蓄積されてきたが、壁面の割付けについては、これまであまり顧みられなかった。キトラ・高松塚古墳の壁画を眺めると、そこに統一感を見てとれるが、作画作業の前に行われた壁面の割付け作業に注目することでそれを可能にした要因が明らかとなった。そして、キトラ・高松塚古墳の作画法が、法隆寺金堂壁画の作画法に共通していることを指摘したが、美術史分野ではこのような視点での研究は少なかった。

また、本章では壁画顔料の問題にもスポットをあてたが、この点は類書にはあまりみられない本書の特徴になるであろう。壁画顔料については、従来、分析化学による材料の特定研究が中心であった。

しかし、考古学の関心からは、壁画顔料がどこからもたらされたのか、どこで調達されたのかが問題となる。筆者（泉）も踏査を行いつつ、この問題にアプローチしてきた。ベンガラについて、とくにパイプ状ベンガラという鉄バクテリアの分泌物が原料になるということ、それが縄文時代から広く利用されていたという新知見を得られたことは、古代の美術史をひもとくうえでも有効な成果となろう。キトラ・高松塚壁画についてみると、青色顔料のラピスラズリが輸入品である以外は、金・銀を含めて、飛鳥に近いエリアから顔料の原料の調達が容易に行えたことがわかってきた。

第二章・第三章のキトラ・高松塚古墳の築造と壁画制作を通じてみれば、両古墳は寺院造営の現場で働く技術者（土木・建築技術者）や画工たちが、おそらく臨時工のようなかたちで古墳造営のために徴発され、そして日ごろから慣れ親しんだ技術を駆使することで、古墳を築造し、また壁画を制作したということができるのではないだろうか。飛鳥時代に最先端技術を駆使できたのは、いったいどのような人々であったのであろうか。今は名も知れない彼らの姿を、彼らが残した技術の痕跡を通じて、さらに探究できたらと思う。

最後に第四章では、キトラ・高松塚古墳の最大の関心事ともいえる被葬者について筆者の見解を述べた。さまざまな条件から検討すると、キトラ古墳は高市皇子、高松塚古墳は忍壁皇子が葬られたと推定される。できるだけ新しい史料を用い解釈の見直しを行ったとはいえ、被葬者の検証は多岐にわたる問題を孕んでおり、本書に述べたのは仮説の域を出ないことをお断りしておきたい。

なお、この地域の古墳の被葬者をめぐっては数多くの研究があるが、本書の性格上、煩瑣な研究史はできるだけ省略した。主要な古墳の被葬者については前園実知雄氏（二〇一五）が網羅的に考察されているので、詳しくはそちらを参照していただきたい。また、キトラ・高松塚古墳の壁画と被葬者との関連性についても詳しく言及しなかった。この点は、拙著『キトラ・高松塚古墳の星宿図』（二〇一八）で検討を行っている。結論だけいうならば、壁画の主題は持統天皇による天武王権の正当性の根拠（天武天皇が天帝から地上の支配を委ねられる受命儀式の場面）を壁画として描かせたものであるとの見解を得ている。しかし、被葬者に想定される高市皇子・忍壁皇子と壁画との間には大きな関連性は認められない。

参考文献

略号

- 奈良文化財研究所飛鳥資料館　→　飛鳥資料館
- 奈良県立橿原考古学研究所　→　橿原考古学研究所
- 奈良県立橿原考古学研究所附属博物館　→　橿原考古学研究所附属博物館
- 国立文化財機構奈良文化財研究所　→　奈良文化財研究所

相原嘉之編　二〇二二『高松塚古墳壁画の世界――高松塚壁画館案内』高松塚壁画館

青木美香　二〇一四「多田銀銅山の歴史」『多田銀銅山遺跡（銀山地区）詳細調査報告書』猪名川町教育委員会

飛鳥資料館編　一九九二『高松塚壁画の新研究』飛鳥資料館

――　二〇〇六『キトラ古墳と発掘された壁画たち』飛鳥資料館

――　二〇一八『よみがえる飛鳥の工房――日韓の技術交流を探る』飛鳥資料館

――　二〇二二『飛鳥美人――高松塚古墳の魅力』飛鳥資料館

明日香村教育委員会文化財課編　二〇〇七『カヅマヤマ古墳発掘調査報告書――飛鳥の磚積石室の調査』明日香村文化財調査報告書第五集、明日香村教育委員会文化財課

――　二〇〇九『国宝　高松塚古墳壁画』古都飛鳥保存財団高松塚壁画館

――　二〇一〇『真弓鑵子塚古墳発掘調査報告書――飛鳥の穹窿状横穴式石室墳の調査』明日香村文化財調査報告書第七集、明日香村教育委員会文化財課

――― 二〇一三『牽牛子塚古墳発掘調査報告書――飛鳥の刳り抜き式横口式石槨の調査』明日香村文化財調査報告書第一〇集、明日香村教育委員会文化財課
――― 二〇二二『未来へつなぐ高松塚――高松塚古墳壁画発見五〇周年記念シンポジウム資料』明日香村教育委員会文化財課
――― ・関西大学文学部考古学研究室編 二〇二〇『中尾山古墳』現地説明会資料
網干善教 一九七九「八角方墳とその意義」橿原考古学研究所編『橿原考古学研究所論集』第五
――― 二〇〇六『壁画古墳の研究』学生社
――― 二〇〇七『高松塚への道』草思社
有賀祥隆 二〇〇六「キトラ古墳壁画の白虎をみるために――あるいは高松塚古墳壁画比較論」飛鳥資料館編『キトラ古墳と発掘された壁画たち』飛鳥資料館
斑鳩町教育委員会・斑鳩文化財センター編 二〇二二『若草伽藍の壁画展――古代寺院の荘厳』斑鳩町教育委員会・斑鳩文化財センター
池田善文 一九八九「岩絵の具瀧ノ下緑青」山口県教育庁文化課編『諸職と用具』未指定文化財総合調査報告書第六集、山口県教育委員会
――― 二〇一五『長登銅山跡』同成社
生駒市誌編纂委員会編 一九八五『生駒市誌V』生駒市
泉 武 二〇一八『キトラ・高松塚古墳の星宿図』同成社
――― 二〇二二「八角墳成立論」博古研究会『博古研究』第六二号
稲垣紘武 一九六五「奈良県鉱物誌（予報）」日本砿物趣味の会『地学研究』特集号 ※同論文に山崎一雄一九五五の分析値を掲載している。

猪熊兼勝　一九八三「益田岩船考証」『関西大学考古学研究室開設参拾周年記念考古学論集』関西大学考古学研究室
ウィリアム・ゴーランド　一九八八『日本古墳文化論――ゴーランド考古論集』上田宏範校注・稲本忠雄訳、創元社
上原和　一九八〇「敦煌壁画から見た日本古代美術」太陽社編『敦煌の美術――莫高窟の壁画・塑像』大日本絵画巧芸美術株式会社
遠藤浩巳　二〇一三『シリーズ遺跡を学ぶ90　銀鉱山王国――石見銀山』新泉社
大阪歴史博物館編　二〇〇三『復元前期難波宮』展示の見所4、大阪歴史博物館
大阪府立近つ飛鳥博物館編　二〇一〇『ふたつの飛鳥の終末期古墳――河内飛鳥と大和飛鳥』大阪府立近つ飛鳥博物館
大野彩　二〇〇三『フレスコ画への招待』岩波書店、岩波アクティブ新書
岡林孝作　二〇一一「高松塚古墳木棺および棺台の復元的研究」橿原考古学研究所編『高松塚古墳――奈良県立橿原考古学研究所附属博物館保管資料の再整理報告』橿原考古学研究所
奥田尚　一九九〇「水銀鉱の産地」橿原考古学研究所『青陵』七三
奥山誠義・卜部行弘・泉武　二〇一三「下池山古墳染織品の材料学的研究」『研究紀要』第一八集、由良大和古代文化協会
奥義次　二〇一五「弥生時代の辰砂採掘遺跡――松阪市太田・臼ケ谷遺跡の概要」三重郷土会『三重の古文化』一〇〇号
橿原考古学研究所編　一九七二『壁画古墳　高松塚　調査中間報告』奈良県教育委員会・明日香村
橿原考古学研究所附属博物館編　二〇一八「小山田遺跡（第九次調査）」『大和を掘る三六――二〇一七

年度発掘調査速報展』橿原考古学研究所附属博物館
――二〇二二『よみがえる極彩色壁画――国宝高松塚古墳壁画発見五〇周年記念展図録』橿原考古学研究所附属博物館
橿原市教育委員会編　二〇一四『史跡植山古墳』橿原市埋蔵文化財調査報告第九冊、奈良県橿原市教育委員会
――二〇一五『菖蒲池古墳』橿原市埋蔵文化財調査報告第一〇冊、奈良県橿原市教育委員会
金子晋　一九九〇『よみがえった古代の色』学生社
河上邦彦　一九八五「凝灰岩使用の古墳――飛鳥地域における終末期後半の古墳の意義」『末永先生米寿記念献呈論文集』乾、末永先生米寿記念会・奈良明新社
――・菅谷文則・和田萃編著　一九九六『飛鳥学第一巻 飛鳥学総論』人文書院
元興寺文化財研究所編　二〇〇七『川上村白屋地区文化財民俗調査報告書』国土交通省近畿地方整備局紀の川ダム統合管理事務所・元興寺文化財研究所
岸俊男　一九九一『古代史からみた万葉歌』学生社
北野信彦　二〇一三『ベンガラ塗装史の研究』雄山閣
北川和夫　一九八六「古代の金箔」飛鳥保存財団『飛鳥風』一八
キトラ古墳学術調査団編　一九九九『キトラ古墳学術調査報告書』明日香村文化財調査報告書第三集、明日香村教育委員会文化財課
来村多加史　二〇〇八『高松塚とキトラ――古墳壁画の謎』講談社
日下雅義　二〇一二『地形からみた歴史――古代景観を復元する』講談社、講談社学術文庫
御所市教育委員会編　二〇一一『京奈和自動車道関連遺跡発掘調査概報』御所市文化財調査報告書、御

所市教育委員会
西光慎治　二〇〇二「飛鳥地域の地域史研究（三）――今城谷の合葬墓」『明日香村文化財調査研究紀要』第二号
――編　二〇一二「真弓テラノマエ古墳の研究」『明日香村文化財調査研究紀要』第一一号
――編　二〇一三「王陵の地域史研究――飛鳥地域の後・終末期古墳測量調査報告Ⅶ」『明日香村文化財調査研究紀要』第一二号
――編　二〇一六「王陵の地域史研究――飛鳥地域の後・終末期古墳測量調査報告Ⅹ」『明日香村文化財調査研究紀要』第一五号
渋沢敬三・神奈川大学日本常民文化研究所編　一九八四『絵巻物による日本常民文化生活絵引（復刻版）』平凡社
白石太一郎　一九八九「古墳の終末 八角墳の出現」白石太一郎編『古代を考える 古墳』吉川弘文館
末永雅雄　一九七二「大刀外装部分品の調査」橿原考古学研究所編『壁画古墳 高松塚 調査中間報告』奈良県教育委員会・明日香村
菅谷文則　一九七五「特殊遺物の調査――赤色顔料と石材の調査」橿原考古学研究所編『宇陀・丹切古墳群』奈良県教育委員会
須藤定久・小村良二　二〇〇〇『鉱物資源図中部近畿』地質調査所
高崎市教育委員会編　一九九二『観音塚古墳調査報告書』高崎市教育委員会
高橋克壽　二〇〇八「漆塗木棺の復元」『特別史跡キトラ古墳発掘調査報告』文化庁・奈良文化財研究所・橿原考古学研究所・明日香村教育委員会
高松塚古墳総合学術調査会編　一九七四『高松塚古墳壁画調査報告書』便利堂

竹田政敬　二〇〇一「五条野古墳群の形成とその被葬者についての憶説」橿原考古学研究所『考古学論攷』第二四冊
──　二〇一八「蘇我氏の領域と古墳」『泉森皎先生喜寿記念論集』泉森皎先生喜寿記念会
辰巳俊輔　二〇一六「飛鳥の始祖王──梅山古墳の歴史的意義」『明日香村文化財調査研究紀要』第一五号
谷口一夫　二〇〇七『シリーズ遺跡を学ぶ39　武田軍団を支えた甲州金──湯之奥金山』新泉社
地学団体研究会大阪支部編　一九九九『大地のおいたち──神戸・大阪・奈良・和歌山の自然と人類』築地書館
津田秀郎　一九六〇「奈良県神生水銀鉱山の鉱床」『和歌山大学学芸部紀要──自然科学』一〇集
──　一九六四「和歌山県鉱物誌」『和歌山大学学芸部紀要──自然科学』一四集
土淵正一郎　一九九一『高松塚は高市皇子の墓』新人物往来社
遠山美都男　一九九六『壬申の乱──天皇誕生の神話と史実』中央公論新社、中公新書
徳田誠志・清喜裕二　一九九八「欽明天皇 檜隈坂合陵整備工事区域の調査」『書陵部紀要』第五〇号
百橋明穂　二〇一〇『古代壁画の世界──高松塚・キトラ・法隆寺金堂』吉川弘文館
中村威・先山徹　一九九五「兵庫県下の鉱物資源」『兵庫県立人と自然の博物館紀要　人と自然』No.6
奈良県編　一九七〇『宇陀川水系における水銀分布に関する地質調査報告書』奈良県
──　二〇二二『高松塚が目覚めた日──極彩色壁画の発見　高松塚古墳壁画発見五〇周年記念シンポジウム資料』奈良県
奈良文化財研究所編　二〇一六『キトラ古墳天文図星座写真資料』奈良文化財研究所研究報告第一六冊
八賀晋　一九九九「古代の鉄生産について──美濃・金生山の鉄をめぐって」京都国立博物館『学叢』

No.21

平野邦雄　一九九三『帰化人と古代国家』吉川弘文館
廣瀬覚・建石徹　二〇二二『シリーズ遺跡を学ぶ155　極彩色壁画の発見――高松塚古墳・キトラ古墳』新泉社
福尾正彦　二〇一三「八角墳の墳丘構造――押坂内陵・山科陵・檜隈大内陵を中心に」明日香村教育委員会編『牽牛子塚古墳発掘調査報告書――飛鳥の刳り貫き式横口式石槨墳の調査』明日香村文化財調査報告書第一〇集、明日香村教育委員会文化財課
文化庁監修　二〇〇四『国宝　高松塚古墳壁画』中央公論美術出版
文化庁・東京国立博物館・奈良文化財研究所・朝日新聞社編　二〇一四『特別展　キトラ古墳壁画』朝日新聞社
文化庁・奈良文化財研究所・橿原考古学研究所・明日香村教育委員会編　二〇〇八『特別史跡キトラ古墳発掘調査報告』文化庁・奈良文化財研究所・橿原考古学研究所・明日香村教育委員会
――二〇一七『特別史跡高松塚古墳発掘調査報告――高松塚古墳石室解体事業にともなう発掘調査』文化庁・奈良文化財研究所・橿原考古学研究所・明日香村教育委員会
便利堂編　二〇二〇『壁画発見四十五年記念　高松塚古墳壁画撮影物語』便利堂ブックレット叢書2
前園実知雄　二〇一五「飛鳥の終末期後半期の古墳の被葬者像」河上邦彦先生古稀記念会編『河上邦彦先生古稀記念献呈論文集』河上邦彦先生古稀記念会
――二〇二二『律令国家前夜――遺跡から探る飛鳥時代の大変革』新泉社
三重県埋蔵文化財センター編　二〇〇四『勢和村水銀採掘坑跡群発掘調査報告』三重県埋蔵文化財センター

森浩一　一九六五『古墳の発掘』中央公論社、中公新書
森下惠介　二〇二〇『大和の古墳を歩く』同成社
安田博幸　一九七二「高松塚古墳壁画顔料について――その化学的調査」橿原考古学研究所編『壁画古墳 高松塚 調査中間報告』奈良県教育委員会・明日香村
――　一九八五「若狭のベンガラ」森浩一編『技術と民俗 上巻――海と山の生活技術』日本民俗文化大系13、小学館
柳沢孝　一九七五「金堂の壁画」『法隆寺 金堂壁画』奈良の寺8、岩波書店
藪内清　一九七五「壁画古墳の星図」国立天文台『天文月報』一〇
山崎一雄　一九五五は掲載論文不明。稲垣紘武一九六五「褐鉄鉱」の表二に引用されている。
山田幸一　一九八一『壁』ものと人間の文化史45、法政大学出版局
山本忠尚　二〇一〇『高松塚・キトラ古墳の謎』吉川弘文館
若杉智弘・井上直夫　二〇一六「キトラ天文図描画方法の検討」奈良文化財研究所編『キトラ古墳天文図星座写真資料』奈良文化財研究所
和田萃　一九九五「東アジアの古代都城と葬地」『日本古代の儀礼と祭祀・信仰』上、塙書房
和田萃　二〇〇三『飛鳥――歴史と風土を歩く』岩波書店、岩波新書
渡辺明義　一九八四「技法と表現」猪熊兼勝・渡辺明義編『高松塚古墳』日本の美術6、至文堂
渡里恒信　一九九八「城上宮について――その位置と性格」『日本歴史』五九八

写真提供

口絵
キトラ古墳壁画　奈良文化財研究所
キトラ古墳出土品　奈良文化財研究所
キトラ古墳発掘時写真　奈良文化財研究所
高松塚古墳壁画　明日香村教育委員会

図8　中尾山古墳調査風景　明日香村教育委員会
図9　小山田古墳北側堀跡・貼石　橿原考古学研究所
図11　植山古墳東石室　橿原市教育委員会
図13　菖蒲池古墳石室　橿原市教育委員会
図14　真弓鑵子塚古墳　明日香村教育委員会
図15　カヅマヤマ古墳　明日香村教育委員会
図20　二上山麓の凝灰岩石切り場跡　泉　武
図21　高松塚古墳の石材調整痕跡　文化庁
図23　高松塚古墳石室側壁の組合せ　文化庁
図26　高松塚古墳石室天井部・側壁部の漆喰目地留め　文化庁
図30　墳丘上の搗き棒とムシロ痕跡　文化庁
図46　露天掘りの辰砂採掘跡　泉　武
図49　宇陀市赤埴の鉄バクテリア　泉　武
図51　筋彫りによる形取り　文化庁

高松塚古墳出土品　奈良文化財研究所
長谷池の築堤下の鉄バクテリア集塊　泉　武
高松塚古墳発掘時写真　奈良文化財研究所

あとがき

本書の執筆動機は、二〇一七年に高松塚古墳の石室解体に伴う調査の報告書が刊行されたことにある。同報告書は大部なものであり、手軽に読めるような仕様ではない。そこでキトラ古墳と高松塚古墳の最新成果を分かりやすく、しかも当時の古墳づくりが最新技術をもって行われたことを紹介する目的で本書が企画された。

共著者の長谷川は、明日香村教育委員会文化財課の専門家として、キトラ・高松塚古墳の調査に参加した経験があった。泉もちょうど高松塚壁画について小著を刊行していたが、これに高松塚古墳の報告書を活用することはかなわなかった。そこで、本書の構成のように、考古学を愛好されている読者を対象として、キトラ・高松塚古墳の本を新たに企画したのである。高松塚古墳が調査されて五〇年が経過し、その間に多くの研究が蓄積されたが、まだ多くの未解決な課題が残されていることも否めない。

その大きな課題のひとつが壁画の始まりのことである。飛鳥寺（五八八年創建）の調査では、これまで壁画が描かれた痕跡を示すものは出土していない。しかも厄介なことに、近年、法隆寺若草伽藍跡の調査で五〇〇〇点以上の壁画片が出土した。若草伽藍は厩戸皇子によって六〇七年（推古一五）に創建され、六七〇年（天智九）に焼失した寺院である。飛鳥寺の建立からそれほど年代は隔たっていない。この後に、天武・持統天皇によって再建が行われた。これが西院伽藍である。西院伽藍の金堂や塔には、再び壁画が描かれて仏教寺院として荘厳されたことになる。

しかし、壁画の成立が厩戸皇子の時期までさかのぼると素直に考えてよいのか。厩戸皇子の建立発願が六〇七年にあたり、焼失したのが六七〇年である。この間、六〇年以上の時の経過がある。大王（天皇）も推古―舒明―皇極―孝徳―斉明―天智と代替わりした。

若草伽藍は初期寺院の堂塔建設とはいえ、六〇年に及ぶ建設期間はあまりにも長い。しかも厩戸皇子は六二一年に亡くなったことから、建設工事の開始から十数年しかたっていない。恐らく工事は一旦中断された可能性を考える必要があろう。

そしてこの事業を引き継いだのが天智天皇であると推測されるが、天智天皇が法隆寺の建設に関与したことは『日本書紀』やその他の史料ではみられない。しかし、わざわざ焼失記事を『日本書紀』に記したのは、天智天皇が法隆寺の建設に関与していたことと無関係ではないだろう。

天智天皇の関与した若草伽藍は、六七〇年に近いころに完成していたか、あるいは完成の間際にあたっていて、そのときには壁画も完成していたとみられる。しかし、開眼法要も行うことなく落雷によって焼失してしまったのである。

天智天皇が若草伽藍の建設に関与した最大の理由は、厩戸皇子（上宮王家）を覆滅に追いやったのが蘇我入鹿であったことである。上宮王家の滅亡は六二一年である。この事件があって後、乙巳の変

（六四五年）でその入鹿を滅亡に追いやったのが天智（中大兄皇子）だからである。この二つの政変は、国家の主導権をめぐる王家と大豪族蘇我氏という根本的な対立が底流にあったといえる。天智にとって、厩戸皇子が創建し、中断した事業を引き継ぐことは、大王家の王権のシンボルが厩戸皇子であったことと深く関係した。

そして、若草伽藍が消滅した後の再建も、壬申の乱という兄弟同士の戦闘があったにもかかわらず、非蘇我という立場のシンボルであった厩戸皇子の遺志を継いだ天智をさらに引き継ぐ形で、西院伽藍を再建したのが天武・持統天皇なのである。

したがって、わが国の壁画の始まりは、六七〇年より少し前、若草伽藍に描かれた仏教絵画に求められると推測する。

ここで今井珠泉《いまいしゅせん》さんのことに触れておきたい。一九七二年三月に高松塚の壁画が発見されると、同年一〇月、文化庁は前田青邨《せいそん》を総監修者として五名の日本画家に壁画模写の制作を依頼した。そして平山郁夫や守屋多々志など、東京藝術大学の著名な日本画家にまじって今井珠泉さんが最若手として加わった。

実は、今井さんは二〇一八年ごろに高松塚壁画館に来館されたが、模写図が展示されてからはじめての来館だといわれた。この事業から五〇年近い歳月が流れていたが、模写を担当された西壁の白虎像の前に立たれたとき、実に感慨深げに長い時間をかけて見学され、当時のことを思い出されていた。

そして模写に関わる興味深い話を披露していただいた。

その一つは、白虎の真上の月像のまわりの朱線（赤い横方向の直線――雲を表現する）を見られたとき、フリーハンドで書かれた直線について「太いですね」と言われた。今井さんは壁画館に来られる前に、壁画の修理施設で修復されている実物を見ていたのである。その後、壁画館に展示されている自身の模写図を見ての感想であった。

当時の模写は、実物大の写真をもとに描いたが、一度だけ、しかも一〇分間の制限付きで石室内の実物の壁画を観察されたという。つまり、この時の実物壁画の記憶が模写図を制作する原点だったわけだ。たった一〇分間の記憶である。

模写を行う工房では、一つの画題に対して一人の画家が担当するという体制がとられたようである。そして最後に、すべての模写図を横に並べて違和感のないように調整する重役を担当されたのが今井さんであった。この作業は模写全体の色のバランスと、石材のつなぎ目の部分の漆喰の白が自然に見えるようにする調整であったという。

この模写図のつなぎ目をひとつの壁面として、また実物のように見せるのがとても困難であったといわれた。なにしろ今井さんにとっては、模写に参加された画家はいずれも著名な先輩方であった。このような中で、最後の仕上げの全権を託されて模写図は完成したのである。

今井さんは、高松塚壁画の模写を担当される以前に、法隆寺金堂壁画の模写にも参加されていた。長い画業の経歴をお持ちであったが、二〇二三年一月一五日に九三歳でご逝去されたことを付記しておきたい。

本書は企画から刊行まで数年の日月が経過した。この間、泉森皎さんには法藏館へ紹介の労をとっていただいた。また、本書の図面類の製図は箕倉永子さんによるものである。さらに編集の実務は、法蔵館編集部の今西智久さんに担当していただいた。本書が読みやすいものになっているのは今西さんの編集のたまものである。

泉森皎、箕倉永子、今西智久の各氏と法藏館に感謝いたします。

二〇二三年一〇月

泉　武

長谷川透

泉　武（いずみ　たけし）
1951年、奈良県生まれ。立命館大学文学部卒業。高松塚壁画館元学芸員。奈良県立橿原考古学研究所共同研究員、NPO法人沖縄伝承話資料センター会員。著書に、『キトラ・高松塚古墳の星宿図』『シマに生きる 沖縄の民俗社会と世界観』『沖縄学事始め』（いずれも同成社）などがある。

長谷川透（はせがわ　とおる）
1980年、愛知県生まれ。奈良大学大学院博士前期課程修了。独立行政法人奈良文化財研究所研究補佐員を経て、現在、明日香村教育委員会文化財課係長。著書に、『飛鳥史跡事典』（共著、吉川弘文館）、『飛鳥の考古学図録⑨ 整備された飛鳥の遺跡』（単著、明日香村）がある。

古墳と壁画の考古学　キトラ・高松塚古墳

二〇二三年一一月二五日　初版第一刷発行

著　者　泉　武
　　　　長谷川透
発行者　西村明高
発行所　株式会社 法藏館
　　　　京都市下京区正面通烏丸東入
　　　　郵便番号　六〇〇－八一五三
　　　　電話　〇七五－三四三－〇〇三〇（編集）
　　　　　　　〇七五－三四三－五六五六（営業）

装　幀　野田和浩
印刷・製本　中村印刷株式会社

©Takeshi Izumi & Toru Hasegawa 2023
Printed in Japan
ISBN 978-4-8318-7769-7　C0021
乱丁・落丁本の場合はお取り替え致します

文物に現れた北朝隋唐の仏教【法蔵館文庫】　礪波　護著　一、二〇〇円

風水講義【法蔵館文庫】　三浦國雄著　一、二〇〇円

聖武天皇「天平の皇帝」とその時代【法蔵館文庫】　瀧浪貞子著　一、三〇〇円

天平芸術の工房【法蔵館文庫】　武者小路穣著　一、二〇〇円

藤原道長【法蔵館文庫】　山中　裕著　一、二〇〇円

安倍晴明の一千年「晴明現象」を読む【法蔵館文庫】　田中貴子著　一、二〇〇円

行基と歩く歴史の道　泉森　皎著　二、〇〇〇円

法藏館　価格は税別